utb 5846

Eine Arbeitsgemeinschaft der Verlage

Brill | Schöningh – Fink · Paderborn
Brill | Vandenhoeck & Ruprecht · Göttingen – Böhlau Verlag · Wien · Köln
Verlag Barbara Budrich · Opladen · Toronto
facultas · Wien
Haupt Verlag · Bern
Verlag Julius Klinkhardt · Bad Heilbrunn
Mohr Siebeck · Tübingen
Narr Francke Attempto Verlag – expert verlag · Tübingen
Psychiatrie Verlag · Köln
Ernst Reinhardt Verlag · München
transcript Verlag · Bielefeld
Verlag Eugen Ulmer · Stuttgart
UVK Verlag · München
Waxmann · Münster · New York
wbv Publikation · Bielefeld
Wochenschau Verlag · Frankfurt am Main

Dr. Rolf Marschner ist Rechts- und Fachanwalt für Sozialrecht mit dem Schwerpunkt Recht von Menschen mit Behinderungen und Dozent für Recht im Masterstudiengang Mental Health der Hochschule München.

Dagmar Brosey ist Professorin für Zivilrecht an der Fakultät für Angewandte Sozialwissenschaften der Technischen Hochschule Köln. Sie ist Prodekanin für Forschung und Vorstandsmitglied des Betreuungsgerichtstags.

Rechtliche Grundlagen psychiatrischer Arbeit

Rolf Marschner, Dagmar Brosey

Psychiatrie Verlag

Rolf Marschner, Dagmar Brosey
Rechtliche Grundlagen psychiatrischer Arbeit
1. Auflage 2022

Bibliografische Information der Deutschen Nationalbibliothek
Die Deutsche Nationalbibliothek verzeichnet diese Publikation
in der Deutschen Nationalbibliografie;
detaillierte bibliografische Daten sind im Internet über
http://dnb.d-nb.de abrufbar.

© Psychiatrie Verlag, Köln 2022
Alle Rechte vorbehalten. Kein Teil des Werks darf ohne Zustimmung
des Verlags vervielfältigt, digitalisiert oder verbreitet werden.
Lektorat: Karin Koch, Köln
Umschlagkonzeption: Atelier Reichert, Stuttgart
unter Verwendung eines Fotos von Godruma / shutterstock.com
Typografiekonzeption und Satz: Iga Bielejec, Nierstein
Druck und Bindung: medienHaus Plump GmbH, Rheinbreitbach

utb-Band 5846
ISBN-Print: 978-3-8252-5846-7
ISBN-E-Book: 978-3-8385-5846-2

Abkürzungsverzeichnis 10

Vorwort 11

1. Handlungsfelder und berufsrechtliche Grundlagen 14

1.1 Tätigkeitsfelder und Berufsgruppen ... 14   1.2 Berufsrechtliche Regelungen ... 16
1.2.1 Bundesärzteordung ... 16   1.2.2 Psychotherapeutengesetz ... 16
1.2.3 Heilpraktikergesetz ... 17   1.2.4 Pflegeberufegesetz ... 17   1.2.5 Soziale Arbeit ... 18

1.3 Fachliche Standards ... 19   1.4 Wiederholungsfragen ... 20
1.5 Vertiefungsmöglichkeiten ... 20

2. Psychische Erkrankung und seelische Behinderung in gesetzlichen Regelungen 21

2.1 Krankheitsbegriff ... 21
2.1.1 Gesetzesterminologie ... 21   2.1.2 Begriff der Behinderung ... 22

2.2 Feststellung von Krankheit und Behinderung ... 23   2.3 Wiederholungsfragen ... 25
2.4 Vertiefungsmöglichkeiten ... 25

3. Teilhabe und Selbstbestimmung 26

3.1 Inklusion und Teilhabe ... 26
3.1.1 Grund- und Menschenrechte ... 26   3.1.2 Benachteiligungsverbot ... 29

3.2 Das Recht auf Selbstbestimmung und seine Grenzen ... 30
3.2.1 Das Recht auf Selbstbestimmung ... 30
3.2.2 Eingriffe in das Selbstbestimmungsrecht ... 31   3.2.3 Freier Wille ... 32
3.2.4 Selbstbestimmung durch Vorausverfügung und Vollmacht ... 35

3.3 Wiederholungsfragen ... 38   3.4 Vertiefungsmöglichkeiten ... 38

4. Teilnahme am Rechtsleben 39

4.1 Geschäftsfähigkeit ... 39   4.2 Prozess- und Verfahrensfähigkeit ... 42
4.3 Testierfähigkeit ... 43   4.4 Deliktsfähigkeit ... 44   4.5 Wiederholungsfragen ... 44
4.6 Vertiefungsmöglichkeiten ... 45

5. Behandlung, Betreuung und Assistenz 46

5.1 Behandlung ... 46
5.1.1 Behandlungsvertrag ... 47   5.1.2 Patientenverfügungen und Behandlungsvereinbarungen ... 50   5.1.3 Zwangsbehandlung gegen den Willen der betroffenen Person ... 52

5.2 Betreuung und Assistenz ... 54   5.3 Wiederholungsfragen ... 55
5.4 Vertiefungsmöglichkeiten ... 55

6. Der Umgang mit Informationen   57

6.1 Das Recht auf informelle Selbstbestimmung ... 57   6.2 Schweigepflicht ... 58
6.2.1 Verletzung von Privatgeheimnissen ... 58   6.2.2 Geheimnis ... 59
6.2.3 Offenbarungen gegenüber Dritten ... 60   6.2.4 Befugnis zur Offenbarung ... 60
6.2.4.1 Schweigepflichtentbindung ... 61   6.2.4.2 Gesetzliche Offenbarungspflichten ... 61
6.2.4.3 Zeugenpflicht vor Gericht ... 62

6.3 Datenschutz ... 63   6.4 Dokumentation und Akteneinsicht ... 65
6.4.1 Dokumentationspflichten ... 65   6.4.2 Akteneinsicht ... 66

6.5 Widerruf einer ärztlichen Diagnose ... 67   6.6 Fahreignung ... 68
6.7 Wiederholungsfragen ... 69   6.8 Vertiefungsmöglichkeiten ... 70

7. Grundbegriffe und Grundsätze des Sozialrechts   71

7.1 Sozialrechtliche Grundbegriffe ... 71
7.1.1 Arbeitsunfähigkeit ... 72   7.1.2 Erwerbsminderung, Erwerbsfähigkeit, Berufsunfähigkeit ... 73   7.1.3 Minderung der Erwerbsfähigkeit ... 74
7.1.4 Grad der Behinderung oder Grad der Schädigung ... 74

7.2 Antragstellung und Entscheidungsfristen im Sozialrecht ... 75
7.2.1 Antragstellung ... 75   7.2.2 Aufklärung und Beratung ... 76   7.2.3 Mitwirkungspflichten ... 76   7.2.4 Entscheidungsfristen ... 76   7.2.5 Sozialrechtliches Dreiecksverhältnis ... 77   7.2.6 Verträge mit Leistungserbringern ... 78   7.2.7 Vereinbarungen im Eingliederungshilferecht ... 79

7.3 Wiederholungsfragen ... 80   7.4 Vertiefungsmöglichkeiten ... 80

8. Existenzsicherung psychisch erkrankter Menschen   81

8.1 Leistungsvoraussetzungen ... 81   8.2 Entgeltersatzleistungen der Sozialversicherung ... 82
8.2.1 Krankengeld ... 82   8.2.2 Übergangsgeld ... 83   8.2.3 Arbeitslosengeld ... 83
8.2.4 Erwerbsminderungsrente ... 84

8.3 Sozialhilfeleistungen zur Sicherung des Lebensunterhalts ... 85
8.3.1 Arbeitslosengeld II ... 85   8.3.2 Grundsicherung bei Erwerbsminderung ... 87
8.3.3 Hilfe zum Lebensunterhalt ... 87   8.3.4 Feststellung der Erwerbsfähigkeit ... 88
8.3.5 Höhe der Leistungen ... 88   8.3.6 Einsatz von Einkommen und Vermögen im SGB II und SGB XII ... 90
8.3.6.1 Einsatz des Einkommens und Zuverdienstgrenzen ... 91   8.3.6.2 Einsatz des Vermögens ... 92   8.3.6.3 Unterhaltspflicht und Heranziehung von Angehörigen ... 93

8.4 Kindergeld ... 93   8.5 Wohngeld ... 94   8.6 Wiederholungsfragen ... 95
8.7 Vertiefungsmöglichkeiten ... 95

9. Sozialrechtliche Grundlagen der psychiatrischen Versorgung   96

9.1 Aufgaben und Leistungsgrundsätze des Sozialgesetzbuchs bei psychischen Erkrankungen ... 96   9.2 Wahl der richtigen Hilfeform ... 97   9.3 Versicherung in der Krankenversicherung ... 99
9.3.1 Versicherungspflicht ... 100   9.3.2 Familienversicherung ... 100   9.3.3 Freiwillige Versicherung ... 101   9.3.4 Beitragsschulden in der gesetzlichen Krankenversicherung ... 101
9.3.5 Zuzahlungen und Belastungsgrenze in der gesetzlichen Krankenversicherung ... 102

9.4 Stationäre Behandlung ... 103
9.4.1 Krankenhausbehandlung ... 104   9.4.2 Unterbringung und Krankenhauskosten ... 105

9.5 Ambulante Behandlung und Versorgung ... 106
9.5.1 Ärztliche und psychotherapeutische Behandlung ... 107   9.5.2 Ergotherapie ... 108
9.5.3 Soziotherapie ... 108   9.5.4 Ambulante Psychiatrische Krankenpflege ... 111
9.5.5 Institutsambulanzen ... 112

9.6 Integrierte Versorgung und Modellvorhaben ... 112   9.7 Wiederholungsfragen ... 113
9.8 Vertiefungsmöglichkeiten ... 113

10. Grundzüge des Rehabilitationsrechts   114

10.1 Rehabilitation und Teilhabe behinderter Menschen ... 114
10.1.1 Leistungsgruppen ... 115   10.1.2 Vereinheitlichung des Rehabilitationsrechts ... 115
10.1.3 Psychosoziale Leistungen ... 116   10.1.4 Kooperation und Koordination ... 117
10.1.5 Beratung ... 118

10.2 Leistungen zur medizinischen Rehabilitation ... 118
10.2.1 Rehabilitationseinrichtungen für psychisch kranke und behinderte Menschen ... 119
10.2.2 Belastungserprobung und Arbeitstherapie ... 120   10.2.3 Stufenweise Wiedereingliederung ... 121   10.2.4 Ergänzende Leistungen zur medizinischen Rehabilitation ... 121

10.3 Leistungen zur Teilhabe am Arbeitsleben ... 122
10.3.1 Integrationsfachdienste ... 123   10.3.2 Werkstatt für behinderte Menschen ... 123
10.3.3 Unterstützte Beschäftigung ... 124

10.4 Leistungen zur Sozialen Teilhabe ... 125
10.4.1 Eingliederungshilfe für Menschen mit Behinderungen ... 125
10.4.2 Assistenzleistungen ... 126   10.4.3 Verfahren und Wünsche der Betroffenen ... 127
10.4.4 Einsatz von Einkommen und Vermögen im Eingliederungshilferecht ... 127
10.4.5 Bedarfsermittlung und Teilhabeplanung ... 128

10.5 Eingliederungshilfe für seelisch behinderte Kinder und Jugendliche ... 128
10.6 Zuständigkeiten und Zugang zu Leistungen ... 130
10.6.1 Zuständigkeiten im Rehabilitationsrecht ... 130
10.6.2 Leistender Rehabilitationsträger ... 131

10.7 Persönliches Budget ... 133   10.8 Wiederholungsfragen ... 136
10.9 Vertiefungsmöglichkeiten ... 136

11. Leistungen bei Pflegebedürftigkeit 138

11.1 Pflegeversicherung und Hilfe zur Pflege ... 138
11.1.1 Pflegebedürftigkeit ... 139   11.1.2 Pflegegrade ... 140

11.2 Leistungen der Pflegeversicherung ... 140   11.3 Verhältnis der Leistungen bei Pflegebedürftigkeit zur Eingliederungshilfe ... 142   11.4 Wiederholungsfragen ... 142
11.5 Vertiefungsmöglichkeiten ... 143

12. Schwerbehindertenrecht 144

12.1 Feststellung der Behinderung ... 144   12.2 Schwerbehinderung und Arbeitsrecht ... 147
12.3 Wiederholungsfragen ... 148   12.4 Vertiefungsmöglichkeiten ... 148

13. Der Umgang mit psychischen Krisen 149

13.1 Psychiatrische Notfallversorgung und Krisenintervention ... 149
13.1.1 Notdienst ... 150   13.1.2 Pflichten der behandelnden Ärzte und Therapeutinnen ... 151

13.2 Aufgaben des Öffentlichen Gesundheitsdienstes und der Polizei ... 151
13.2.1 Aufgaben der Gesundheitsämter ... 151   13.2.2 Vorsorgende und nachsorgende Hilfen ... 152   13.2.3 Krisendienste ... 152   13.2.4 Sozialpsychiatrische Dienste ... 153
13.2.5 Maßnahmen zur Vermeidung einer Unterbringung ... 153   13.2.6 Aufgaben der Polizei ... 154   13.2.7 Hilfen und Maßnahmen nach PsychK(H)G ... 154

13.3 Unterbringung nach PsychK(H)G ... 155
13.3.1 Voraussetzungen einer Unterbringung ... 156
13.3.1.1 Gefahrbegriff ... 156   13.3.1.2 Selbstgefährdung ... 157   13.3.1.3 Fremdgefährdung ... 158
13.3.2 Unterbringungsverfahren ... 158
13.3.2.1 Regelverfahren ... 159   13.3.2.2 Vorläufige und sofortige Unterbringung ... 159
13.3.3 Offene Unterbringung ... 161

13.4 Zwangsmaßnahmen nach PsychK(H)G ... 161
13.4.1 Voraussetzungen einer Zwangsbehandlung ... 162   13.4.2 Patientenverfügung und PsychK(H)G ... 164   13.4.3 Besondere Sicherungsmaßnahmen ... 164

13.5 Unterbringung in der Kinder- und Jugendpsychiatrie ... 165
13.6 Wiederholungsfragen ... 165   13.7 Vertiefungsmöglichkeiten ... 166

14. Die rechtliche Betreuung von Menschen mit chronischen psychischen Erkrankungen 167

14.1 Die rechtliche Betreuung und ihre Funktion ... 167
14.2 Die Voraussetzungen einer Betreuerbestellung ... 170   14.3 Betreuungstypen ... 172
14.4 Rechtliche Betreuerinnen und ihre Aufgaben ... 173   14.5 Unterbringung und freiheitsentziehende Maßnahmen im Betreuungsrecht ... 174
14.5.1 Voraussetzungen einer Unterbringung ... 176
14.5.2 Mittel und Voraussetzungen von freiheitsentziehenden Maßnahmen ... 178
14.5.3 Einwilligung in eine ärztliche Zwangsmaßnahme ... 180

14.6 Wiederholungsfragen ... 181   14.7 Vertiefungsmöglichkeiten ... 182

15. Straftaten psychisch kranker Menschen — 183

15.1 Schuldfähigkeit ... 183   **15.2** Rechtsfolgen ... 184
15.2.1 Unterbringung in einem psychiatrischen Krankenhaus ... 184   15.2.2 Unterbringung in einer Entziehungsanstalt ... 185   15.2.3 Aussetzung der Unterbringung zur Bewährung und Erledigung der Unterbringung ... 185   15.2.4 Prognoseentscheidung ... 186

15.3 Maßregelvollzug ... 187
15.3.1 Vollzugslockerungen ... 187   15.3.2 Zwangsbehandlung im Maßregelvollzug ... 188
15.3.3 Entlassung und Nachsorge ... 188   15.3.4 Wiedereinvollzugsetzung zur Krisenintervention ... 189

15.4 Wiederholungsfragen ... 189   **15.5** Vertiefungsmöglichkeiten ... 190

16. Haftung psychiatrisch Tätiger — 191

16.1 Rechtliche Grundlagen der Haftung ... 191   **16.2** Garantenstellung ... 193
16.3 Sorgfaltspflichten und berufliche Standards ... 194
16.3.1 Pflichten zur Verhinderung eines Suizids ... 195   16.3.2 Sorgfaltspflichten in Heimen ... 197   16.3.3 Schadensersatzansprüche bei Unterbringung und Fixierung ... 197
16.3.4 Schadensersatzansprüche bei Medikamentenbehandlung ... 198   16.3.5 Aufsichtspflichtverletzung ... 198   16.3.6 Haftung von Betreuerinnen und Betreuern ... 199

16.4 Wiederholungsfragen ... 199

17. Wege zum Recht: Rechtswahrnehmung und Interessenvertretung — 200

17.1 Beratung und Unterstützung ... 200
17.1.1 Patientenfürsprecher, Besuchskommissionen und Beschwerdestellen ... 200
17.1.2 Heimaufsicht ... 201   17.1.3 Unterstützung bei Behandlungsfehlern ... 202

17.2 Rechtswahrnehmung und Vertretung in behördlichen und gerichtlichen Verfahren ... 202
17.2.1 Widerspruch ... 202   17.2.2 Klage beim Sozialgericht bzw. Verwaltungsgericht ... 202
17.2.3 Antrag auf einstweilige Anordnung ... 203   17.2.4 Beratungs- und Prozess- bzw. Verfahrenskostenhilfe ... 203

17.3 Interessenvertretung in Betreuungs- und Unterbringungsverfahren ... 204
17.4 Wiederholungsfragen ... 205   **17.5** Vertiefungsmöglichkeiten ... 205

Anhang — 206

Wichtige Internetadressen ... 206
Zeitschriften ... 207
Weiterführende Literatur ... 207

Abkürzungsverzeichnis

AGG = Allgemeines Gleichbehandlungsgesetz
BAG = Bundesarbeitsgericht
BAR = Bundesarbeitsgemeinschaft für Rehabilitation
BayObLG = Bayerisches Oberstes Landesgericht
BDSG = Bundesdatenschutzgesetz
BGB = Bürgerliches Gesetzbuch
BGG = Gesetz zur Gleichstellung behinderter Menschen / Behindertengleichstellungsgesetz
BGH = Bundesgerichtshof
BSG = Bundessozialgericht
BT-Drs = Bundestagsdrucksache
BTHG = Bundesteilhabegesetz
BtMG = Betäubungsmittelgesetz
BtOG = Betreuungsorganisationsgesetz
BtPrax = Fachzeitschrift »Betreuungsrechtliche Praxis«
BVerfG = Bundesverfassungsgericht
BVerwG = Bundesverwaltungsgericht
BVG = Bundesversorgungsgesetz
DRV = Deutsche Rentenversicherung
DSGVO = Datenschutz-Grundverordnung
EStG = Einkommensteuergesetz
FamFG = Gesetz über das Verfahren in Familiensachen und in den Angelegenheiten der freiwilligen Gerichtsbarkeit
FeV = Fahrerlaubnis-Verordnung
GAF = Global Assessment of Functioning
GdB = Grad der Behinderung
GdS = Grad der Schädigungsfolgen
GG = Grundgesetz
GKV = Gesetzliche Krankenversicherung
ICD = Internationale Klassifikation der Krankheiten und verwandter Gesundheitsprobleme
ICF = Internationale Klassifikation der Funktionsfähigkeit, Behinderung und Gesundheit
IfSG = Infektionsschutzgesetz
MBO-Ä = (Muster-)Berufsordnung für die deutschen Ärztinnen und Ärzte
MdE = Minderung der Erwerbsfähigkeit
MD = Medizinischer Dienst
MRVG = Maßregelvollzugsgesetz
OLG = Oberlandesgericht
ÖGD = Öffentlicher Gesundheitsdienst
PfBG = Pflegeberufegesetz

PPP-RL = Personalausstattung Psychiatrie und Psychosomatik-Richtlinie
PT-RL = Psychotherapie-Richtlinie
PsychK(H)G = Psychisch-Kranken-(Hilfe-)Gesetz
R&P = Fachzeitschrift »Recht & Psychiatrie«
RPK = Rehabilitationseinrichtung für psychisch kranke Menschen
SGB I = Sozialgesetzbuch Erstes Buch – Allgemeiner Teil
SGB II = Sozialgesetzbuch Zweites Buch – Grundsicherung für Arbeitsuchende
SGB III = Sozialgesetzbuch Drittes Buch – Arbeitsförderung
SGB V = Sozialgesetzbuch Fünftes Buch – Gesetzliche Krankenversicherung
SGB VI = Sozialgesetzbuch Sechstes Buch – Gesetzliche Rentenversicherung
SGB VII = Sozialgesetzbuch Siebtes Buch – Gesetzliche Unfallversicherung
SGB VIII = Sozialgesetzbuch Achtes Buch – Kinder- und Jugendhilfe
SGB IX = Sozialgesetzbuch Neuntes Buch – Rehabilitation und Teilhabe von Menschen mit Behinderungen
SGB X = Sozialgesetzbuch Zehntes Buch – Verwaltungsverfahren
SGB XI = Sozialgesetzbuch Elftes Buch – Gesetzliche Pflegeversicherung
SGB XII = Sozialgesetzbuch Zwölftes Buch – Sozialhilfe
StäB = Stationsäquivalente Behandlung
StGB = Strafgesetzbuch
StPO = Strafprozessordnung
TVöD = Tarifvertrag für den öffentlichen Dienst
UN-BRK = Übereinkommen über die Rechte von Menschen mit Behinderungen
VAG = Versicherungsaufsichtsgesetz
VBVG = Vormünder- und Betreuervergütungsgesetz
VVG = Versicherungsvertragsgesetz
WBVG = Wohn- und Betreuungsvertragsgesetz
WfbM = Werkstatt für behinderte Menschen
WTG = Wohn- und Teilhabegesetze
ZPO = Zivilprozessordnung

Vorwort

Die Psychiatrie ist längst kein rechtsfreier Raum mehr. Psychisch erkrankte Menschen haben dieselben Rechte wie alle anderen Menschen auch. Insbesondere können sie sich auf die im Grundgesetz verankerten Grundrechte berufen und im Rahmen des Sozialstaats ihre sozialen Rechte wahrnehmen. Menschen mit Psychiatrieerfahrung fordern daher immer selbstbewusster ihre Rechte auf Selbstbestimmung und Teilhabe ein. Gleichzeitig werden die Anforderungen an das berufliche Handeln in der Psychiatrie durch die Diskussion über berufliche Qualitätsstandards innerhalb der verschiedenen Berufsgruppen immer genauer umschrieben, aber auch durch die Gesetzgebung und Rechtsprechung. Es ist daher sinnvoll, sich in der Ausbildung oder berufsbegleitend mit den wesentlichen rechtlichen Grundlagen der Arbeit in der Psychiatrie vertraut zu machen. Dies erhöht die Sicherheit des eigenen Handelns und dient der Wahrung der Grund- und Menschenrechte der Betroffenen.

Ausgelöst durch die UN-Konvention über die Rechte von Menschen mit Behinderungen (UN-BRK) wird die aktuelle Diskussion von der Frage bestimmt, inwieweit überhaupt besondere rechtliche Regelungen zulässig sind, die an das Merkmal der psychischen Krankheit oder seelischen Behinderung anknüpfen und in die Rechte der Betroffenen eingreifen und Entscheidungen gegen ihren Willen zulassen. Es geht daher in erster Linie nicht mehr darum, für Menschen mit psychischen Erkrankungen und seelischen Behinderungen zu handeln oder stellvertretende Entscheidungen zu treffen, sondern sie bei ihrer eigenen Entscheidungsfindung zu unterstützen und zu einer eigenen Entscheidung zu befähigen.

Die seit Langem geforderte Gleichstellung psychisch erkrankter Menschen mit körperlich erkrankten Menschen ist im Sozialrecht immer noch nicht vollständig umgesetzt, auch wenn in den letzten Jahren die Rechte der Betroffenen durch eine Vielzahl von Gesetzen und gerichtlichen Entscheidungen insbesondere des Bundesverfassungsgerichts gestärkt wurden. Zu nennen sind in diesem Zusammenhang neben der UN-BRK die Regelungen über die Patientenverfügung, das Patientenrechtegesetz, die Neuregelungen der rechtlichen Grundlagen der Zwangsbehandlung und Fixierung sowie die aktuelle Reform des Betreuungsrechts.

Eine wesentliche Rolle spielt die Sozialgesetzgebung, die zwar einerseits den Teilhabeanspruch psychisch erkrankter Menschen sowie der Menschen mit Behinderungen immer stärker in den Vordergrund stellt, aber nach wie vor von unübersichtlichen Strukturen und Zuständigkeiten gekennzeichnet ist und durch die Betonung der Sparsamkeit und Wirtschaftlichkeit finanzielle Grenzen auch für die psychiatrische Versorgung zieht.

Die in diesem Buch angesprochenen rechtlichen Fragen betreffen die berufsrechtliche Stellung der Mitarbeitenden psychiatrischer Hilfeangebote, die rechtliche Stellung der Betroffenen und vor allem die Beziehung zwischen beiden und die sich daraus ergebenden Rechte und Pflichten unter Berücksichtigung des Grundsatzes der unterstützten Entscheidungsfindung.

Der Schwerpunkt liegt auf den für die tägliche Berufspraxis relevanten Fragestellungen, die sich in den verschiedenen Berufsfeldern ergeben können. Die Darstellung umfasst den ambulanten wie den stationären Bereich von der Krise über die Behandlung im psychiatrischen Krankenhaus bis zur Rehabilitation und Assistenz im Sozialraum und in besonderen Wohnformen. Dabei geht es um den Umgang mit Informationen der Betroffenen, die soziale Sicherung psychisch erkrankter Menschen und die sozialrechtlichen Grundlagen der psychiatrischen Versorgung, um die Behandlung, aber auch um die Anwendung und insbesondere Vermeidung von Zwang sowie die Einbeziehung Dritter, der Angehörigen und der rechtlichen Betreuerinnen und Betreuer. Im Vordergrund steht eine an den Rechten und der Selbstbestimmung der Betroffenen orientierte Herangehensweise an rechtliche Fragestellungen. Gleichzeitig sind die berechtigten Interessen der Mitarbeitenden psychiatrischer Hilfeangebote zu berücksichtigen, die sich gegebenenfalls für ihr Handeln rechtlich verantworten müssen und deshalb einen klaren rechtlichen Rahmen für ihr Handeln brauchen.

Die rechtlich relevanten Regelungen verteilen sich auf das gesamte Recht. Vorschriften finden sich im Zivilrecht, im Strafrecht und im öffentlichen Recht. Das führt in einer sowieso immer komplizierter werdenden Rechtsordnung dazu, dass die entsprechenden Vorschriften nicht immer leicht zu finden sind. Deswegen werden die wesentlichen rechtlichen Vorschriften angegeben. Sie sind ohne Probleme im Internet abrufbar. Gerichtsentscheidungen werden, soweit möglich, mit den Fundstellen in der Fachzeitschrift »Recht & Psychiatrie« (R&P) sowie mit Gericht, Datum und Aktenzeichen angegeben. Die Gerichtsentscheidungen der letzten Jahre sind mit diesen Angaben im Internet unter den Adressen der jeweiligen Gerichte zu finden, weiterführende Literatur- 📖 und Internetquellen finden sich jeweils am Ende der einzelnen Kapitel und im Anhang.

Wir möchten mit diesem Buch die Navigation in den verschiedenen Bereichen des Rechts erleichtern und für die in der psychiatrischen Arbeit so wichtigen menschenrechtsorientierte Haltung den rechtlichen Rahmen skizzieren. Wir freuen uns, wenn die Reibungspunkte, die sich in der täglichen Arbeit auch ergeben, konstruktiv zur Weiterentwicklung der bestehenden Vorschriften eingesetzt werden.

Rolf Marschner und Dagmar Brosey

1 Handlungsfelder und berufsrechtliche Grundlagen

In diesem Kapitel geht es um einen Überblick über die in den verschiedenen Bereichen der Psychiatrie tätigen Berufsgruppen sowie rechtliche Grundlagen für Ausbildung, Studium und Berufsausübung. Im Fokus stehen die eigenen Rechte und Pflichten und das Rechtsverhältnis zu den Klientinnen und Klienten.

1.1 Tätigkeitsfelder und Berufsgruppen

Die rechtlichen Anforderungen an die Mitarbeitenden in der Psychiatrie hängen einerseits von ihren Tätigkeitsfeldern ab, andererseits von ihrem Beruf. Gerade die berufsrechtlichen Grundlagen der ärztlich, psychologisch, sozialpädagogisch, ergotherapeutisch oder in der Pflege Tätigen sind sehr unterschiedlich. Von Bedeutung ist auch, ob die Tätigkeit im stationären oder ambulanten Bereich oder in besonderen Wohnformen, im Angestelltenverhältnis oder in freier Praxis, im Team oder allein stattfindet.

Bei der stationären Behandlung im Krankenhaus werden die in der Psychiatrie tätigen Berufsgruppen in der Personalausstattung Psychiatrie und Psychosomatik-Richtlinie (PPP-RL) festgelegt. In § 5 PPP-RL sind als Berufsgruppen genannt für die Erwachsenenpsychiatrie

- Ärztinnen und Ärzte,
- Pflegefachpersonen,
- Psychologinnen und Psychologen,
- Therapeutinnen und Therapeuten aus den Bereichen Ergotherapie, Kunsttherapie, Bewegungs- und Physiotherapie sowie
- Sozialarbeiterinnen und Sozialarbeiter, Sozialpädagoginnen und Sozialpädagogen.

Für die Kinder- und Jugendpsychiatrie kommen noch das pädagogisch-pflegerische Fachpersonal sowie Sprachheiltherapeutinnen und Logopäden dazu. In § 2 Abs. 10 PPP-RL ist auch von Genesungsbegleitung die Rede. Die Tätigkeit der Genesungsbegleitung bzw. der Peerberatung spielt zunehmend auch in der stationären Behandlung eine Rolle. Der multiprofessionelle Ansatz unter Einbeziehung nichtmedizinischen Fachpersonals im Bereich der stationären psychiatrischen Behandlung wird auch in der Rechtsprechung des Bundessozialgerichts hervorgehoben (BSG vom 16.02.2005 – Az. B 1 KR 18/03; R&P 2005, 145 ff.).

Vergleichbare Anforderungen sind für den Bereich der ambulanten und stationären Rehabilitation in der RPK-Empfehlungsvereinbarung geregelt. Einrichtungen der medizinischen Rehabilitation müssen unter ständiger ärztlicher Verantwortung stehen (§§ 107 Abs. 2 Nr. 2 SGB V, 15 Abs. 2 Satz 1 SGB VI), es sei denn, die Art der Behandlung erfordert dies nicht (§ 15 Abs. 2 Satz 2 SGB VI). Dies betrifft vor allem die Rehabilitation von Menschen mit Suchterkrankungen. Im Bereich der Teilhabe am Arbeitsleben werden zusätzlich Fachkräfte in der beruflichen Rehabilitation und betriebliche Fachanleiter genannt.

Im Bereich der ambulanten Versorgung und in besonderen Wohnformen sind im Wesentlichen dieselben Berufsgruppen tätig, allerdings mit anderen Arbeitsschwerpunkten. Einzelheiten ergeben sich aus den Vereinbarungen mit den Kostenträgern. § 97 SGB IX verpflichtet die Leistungserbringer im Bereich der Eingliederungshilfe zur Beschäftigung von Fachkräften unterschiedlicher Fachdisziplinen. Diese sollen neben einer Fachausbildung über Kenntnisse des Sozial- und Verwaltungsrechts verfügen, den leistungsberechtigten Personenkreis und ihre Teilhabebedarfe und Teilhabebarrieren kennen, mit dem regionalen Sozialraum vertraut sein sowie die Fähigkeit zur Kommunikation mit allen Beteiligten besitzen. Es besteht eine Fortbildungspflicht. In den Gemeinsamen Empfehlungen zu den Anforderungen an die Leistungserbringer für Soziotherapie nach § 37a SGB V ist festgelegt, dass hierfür Fachkrankenkräfte für Psychiatrie sowie Sozialpädagoginnen und Sozialarbeiter mit Berufserfahrung in Betracht kommen.

Gesetzliche Regelungen gibt es auch im öffentlichen Gesundheitsrecht. In den meisten PsychK(H)G ist festgelegt, dass die Sozialpsychiatrischen Dienste in der Regel unter der Leitung einer Ärztin oder eines Arztes mit abgeschlossener psychiatrischer Weiterbildung stehen müssen (so z. B. § 8 Abs. 1 NRWPsychKG) und mit dem für die Aufgabenstellung angemessenen und bedarfsgerechten psychiatrischen und psychosozialen Fachpersonal auszustatten sind (so z. B. § 6 Abs. 1 PsychKG MV). In der arbeitsrechtlichen Rechtsprechung wurde die Tätigkeit von Sozialarbeiterinnen und Sozialarbeitern im Sozialpsychiatrischen Dienst im Zusammenhang der Eingruppierung nach dem Tarifrecht des öffentlichen Dienstes thematisiert. Eine höhere Eingruppierung hängt davon ab, ob die Tätigkeit Maßnahmen zur Gefahrenabwehr oder zur zwangsweisen Unterbringung von Menschen mit psychischen Krankheiten mit einschließt. Dies kann je nach gesetzlicher Aufgabenstellung in den Bundesländern unterschiedlich sein (bejahend für Brandenburg: BAG vom 17.05.2017 – Az. 4 AZR 798/14, differenzierend für NRW: BAG vom 19.10.2016 – Az. 4 AZR 727/14).

1.2 Berufsrechtliche Regelungen

Berufsrechtliche Vorschriften regeln in erster Linie die Aus-, Fort- und Weiterbildung sowie die Berufsausübung einschließlich der Zulassung zum Beruf. In den letzten Jahren wurden die Ausbildungen für Psychotherapeutinnen und Psychotherapeuten sowie für die Pflegeberufe neu geregelt.

1.2.1 Bundesärzteordung

Berufsrechtliche Regelungen gibt es vor allem für die berufsständisch organisierte Ärzteschaft. Für die Ausübung des Arztberufs benötigen Ärztinnen und Ärzte nach der Bundesärzteordnung (BÄO) einen Fähigkeitsnachweis, die Approbation.

1.2.2 Psychotherapeutengesetz

Einen Fähigkeitsnachweis benötigen nach dem Psychotherapeutengesetz (PsychThG) auch Psychotherapeutinnen und Psychotherapeuten, die die Ausbildung nach diesem Gesetz absolviert haben. Psychotherapie ist danach die mittels wissenschaftlich anerkannter psychotherapeutischer Verfahren oder Methoden durchgeführte Tätigkeit zur Feststellung, Heilung oder Linderung von Störungen mit Krankheitswert einschließlich der Beratung, Prävention und Rehabilitation (§ 2 Abs. 3 und 4 PsychThG).

Die Berufsbezeichnung Psychotherapeutin oder Psychotherapeut darf daneben nur von Ärztinnen und Ärzten sowie von Psychologischen Psychotherapeutinnen und Psychotherapeuten sowie Kinder- und Jugendlichenpsychotherapeutinnen und -psychotherapeuten geführt werden, die die Approbation nach altem Recht besitzen (§ 1 PsychThG).

Die Ausbildung findet seit der letzten Änderung des Psychotherapeutengesetzes 2019 an den Universitäten statt (Bachelor- und Masterstudium) und wird mit einer staatlichen psychotherapeutischen Prüfung abgeschlossen, die zur Erteilung der Approbation berechtigt. Um in das Arztregister eingetragen und damit zur ambulanten psychotherapeutischen Behandlung im System der gesetzlichen Krankenversicherung zugelassen zu werden, bedarf es einer nach Landesrecht organisierten Weiterbildung.

1.2.3 Heilpraktikergesetz

Wer die Heilkunde ohne Approbation ausüben will, bedarf der Erlaubnis (§ 1 Abs. 1 HPG).

Heilkunde im Sinn des Heilpraktikergesetzes ist jede berufs- oder gewerbsmäßig vorgenommene Tätigkeit zur Feststellung, Heilung oder Linderung von Krankheiten, Leiden oder Körperschäden bei Menschen, auch wenn sie im Dienste anderer ausgeübt wird (§ 1 Abs. 2 HPG).

Keine Ausübung der Heilkunde ist die Beratung in sozialen Konflikten (siehe § 1 Abs. 3 PsychThG). Die Abgrenzung kann insbesondere bei psychosozialen Beratungsstellen (Sozialpsychiatrische Dienste, Suchtberatungsstellen) im Einzelfall schwierig sein.

Die Erteilung der Heilpraktikererlaubnis setzt keinen der Approbation entsprechenden Fähigkeitsnachweis voraus, obwohl Eignungsprüfungen hinsichtlich grundlegender berufsbezogener Fachkenntnisse stattfinden. Es handelt sich um eine Unbedenklichkeitsbescheinigung, die in erster Linie dem Ziel dient, Schäden für die Gesundheit der Allgemeinheit zu vermeiden.

Nach der Rechtsprechung bedürfen auch psychotherapeutisch tätige Psychologen der Heilpraktikererlaubnis, wenn sie nicht approbiert sind.

1.2.4 Pflegeberufegesetz

Die Ausbildung zur Pflegefachfrau bzw. zum Pflegefachmann kann nach der Neuregelung durch das Pflegeberufegesetz (PflBG), das zum 01.01.2020 in

Kraft getreten ist, im Rahmen einer Lehre oder eines Hochschulstudiums absolviert werden. Das Führen der Berufsbezeichnung bedarf der Erlaubnis nach erfolgreich abgeschlossener Ausbildung.

Bestimmte berufliche Tätigkeiten im Bereich der Erhebung und Feststellung des individuellen Pflegebedarfs, der Organisation, Gestaltung und Steuerung des Pflegeprozesses sowie der Analyse, Evaluation, Sicherung und Entwicklung der Qualität der Pflege sind Pflegefachpersonen vorbehalten (§ 4 PflBG). Für sie besteht ferner die Möglichkeit der Weiterbildung im Fach Psychiatrie bzw. Gerontopsychiatrie.

Auch Ergotherapeutinnen und Physiotherapeuten erhalten ihre Berufsbezeichnung nach Absolvierung einer gesetzlich geregelten Ausbildung.

1.2.5 Soziale Arbeit

Vergleichbare Regelungen fehlen für die in der Psychiatrie tätigen Sozialpädagoginnen und Sozialarbeiter. Zwar absolvieren sie ein Bachelor- und gegebenenfalls ein Masterstudium, allerdings erwerben sie in ihrem Studium nicht automatisch spezifische Kenntnisse für die Arbeit in der Psychiatrie. Das ist nur dann der Fall, wenn dies das Angebot der jeweigen Hochschule ermöglicht oder es sich um ein einschlägiges Masterstudium handelt.

In der Praxis sind Sozialpädagoginnen und Sozialarbeiter im Rahmen der stationären Behandlung und der medizinischen Rehabilitation als Mitglied eines multiprofessionellen Teams zunehmend in die therapeutische Arbeit integriert. Da die vorgenannten Ausbildungen sich aber inhaltlich gegenüber psychotherapeutischen und psychiatrischen Tätigkeiten abgrenzen und schwerpunktmäßig die Aufarbeitung sozialer Konflikte, die selbstständige Alltagsbewältigung oder die Förderung gesellschaftlicher Teilhabe zum Ziel haben (siehe § 2 Abs. 2 PsychThG), ist nicht davon auszugehen, dass es sich um heilkundliche Tätigkeiten im Sinne des Heilpraktikergesetzes handelt.

Als Anbieter von Soziotherapie haben sie die Aufgabe, schwer psychisch Kranken die Inanspruchnahme von ärztlichen und psychotherapeutischen Leistungen zu ermöglichen.

1.3 Fachliche Standards

Die Musterberufsordnung für die deutschen Ärztinnen und Ärzte (MBO-Ä) legt die allgemeinen ärztlichen Berufspflichten fest. Diese dienen in erster Linie der Gewährleistung des Patientenschutzes und gelten sowohl für in freier Praxis als auch in einem Beschäftigungsverhältnis tätige Ärztinnen und Ärzte. Sie beinhalten insbesondere

- die Pflicht zur Fortbildung und Qualitätssicherung,
- die Pflichten gegenüber Patientinnen und Patienten (Aufklärungspflicht, Schweigepflicht, Dokumentationspflicht),
- Regeln für das berufliche Verhalten (erlaubte Information und berufswidrige Werbung, kollegiale Zusammenarbeit, Zusammenarbeit mit der Industrie),
- Grundsätze für den Umgang mit Patientinnen und Patienten sowie Behandlungsgrundsätze.

Vergleichbare Regelungen finden sich in den Heilberufsgesetzen der Bundesländer für die psychotherapeutisch tätigen Personen.

Die gesetzliche Regelung der in der Ausbildung zu erwerbenden fachlichen Kenntnisse und Standards ist deswegen von Bedeutung, weil sie auch Grundlage für die Beurteilung der Sorgfaltspflichten und der Qualität der Arbeit ist, die bei der Ausübung des Berufs verlangt werden.

Die nicht berufsständisch organisierten Berufe versuchen vergleichbare Standards durch die Einführung von Leitlinien sicherzustellen. Die Mitgliedschaft in den Berufsverbänden ist aber anders als bei der Ärzteschaft nicht Pflicht. Dies hat zur Folge, dass es sich bei den entsprechenden Leitlinien nicht zwingend um für alle Mitglieder der jeweiligen Berufsgruppe verbindliche Standards handelt. Berufliche Pflichten ergeben sich bei diesen Berufsgruppen aber auch aus allgemeinen rechtlichen Vorschriften (UN-BRK, GG, BGB, StGB) sowie im Fall der abhängigen Beschäftigung aus dem Arbeitsvertrag.

Besondere Verpflichtungen können sich bei der Beschäftigung durch kirchlich oder weltanschaulich gebundene Arbeitgeber ergeben. Bei Verstoß gegen berufsrechtliche Regelungen oder berufliche Sorgfaltspflichten kommt eine Haftung der Mitarbeitenden in der Psychiatrie in Betracht (hierzu S. 191).

1.4 Wiederholungsfragen

? Welche Berufsgruppen sind im Bereich Psychiatrie tätig?
? Welche berufsrechtlichen Regeln kennen Sie?
? Was beinhalten die berufsrechtlichen Regeln?
? Was sind Genesungsbegleiter bzw. Peerberatende?

1.5 Vertiefungsmöglichkeiten

1.5.1 Internet

Bundesärzteordnung:
https://www.gesetze-im-internet.de/b_0/BJNR018570961.html

Psychotherapeutengesetz:
https://www.gesetze-im-internet.de/psychthg_2020/

Heilpraktikergesetz:
https://www.gesetze-im-internet.de/heilprg/BJNR002510939.html

Pflegeberufegesetz: https://www.gesetze-im-internet.de/pflbg/

Richtlinie des Gemeinsamen Bundesausschusses über die Durchführung von Soziotherapie in der vertragsärztlichen Versorgung:
https://www.g-ba.de/downloads/62-492-2466/ST-RL_2021-03-18_iK-2021-04-01.pdf

Experten durch Erfahrung in der Psychiatrie: https://ex-in.de/

Dachverband Gemeindepsychiatrie (2016): Experten aus Erfahrung – Menschen mit psychischen Erkrankungen als Mitarbeiter in Behandlungsteams: https://www.dvgp.org/fileadmin/user_files/dachverband/dateien/PIelaV/Broschueren/experten.pdf (15.01.2022)

2 Psychische Erkrankung und seelische Behinderung in gesetzlichen Regelungen

In diesem Kapitel geht es um die Frage, wie Betroffene mit psychischen Erkrankungen oder seelischen Beeinträchtigungen in Gesetzen bezeichnet werden und wie das Vorliegen einer psychischen Erkrankung oder seelischen Beeinträchtigung im Recht festgestellt wird.

2.1 Krankheitsbegriff

Der Umgang mit den Betroffenen ist auch sprachlich von zentraler Bedeutung, um Diskriminierung und Etikettierung als Folge psychiatrischer Diagnosen zu vermeiden. Dem wird die gesetzliche Terminologie bisher nur teilweise gerecht. Der juristische Krankheitsbegriff ist dabei nicht mit dem medizinischen Krankheitsbegriff zu verwechseln, beide sind zudem abhängig von gesellschaftlichen Entwicklungen und politischen Entscheidungen.

Durch die Vorschriften der UN-BRK und die Neufassung des § 2 SGB IX wurde der Begriff der Behinderung dem heutigen Verständnis von Behinderung angepasst. Die Diskussion um die Beschreibung des leistungsberechtigten Personenkreises im Bereich der Eingliederungshilfe (§ 99 SGB IX) beleuchtet die Schwierigkeiten bei der Begriffsbestimmung unter Berücksichtigung sozialpolitischer Ziele (keine Veränderung des anspruchsberechtigten Personenkreises).

2.1.1 Gesetzesterminologie

In verschiedenen rechtlichen Regelungen und Kontexten werden die Begriffe »psychische Krankheit«, »seelische Behinderung« oder ähnliche Ausdrücke verwendet. Es ist dem Gesetzgeber bisher nicht gelungen, sich in den unterschiedlichen Gesetzen auf eine zeitgemäße, einheitliche und diskriminierungsfreie Terminologie zu verständigen. So finden sich antiquierte und diskriminierende Umschreibungen wie »krankhafte Störung der Geistestätigkeit« (§ 104 BGB) neben Begriffen wie »krankhafte seelische Störung« und »schwere andere seelische Störung« (§ 20 StGB) sowie psychiatrische Begriffe wie »Psychose«, »psychische Störung« oder »mit dem Verlust der Selbstkontrolle einhergehende Abhängigkeit von Suchtstoffen« (in verschiedenen PsychKG). Erst mit dem Betreuungsrecht (1992) tauchten dann die Begriffe »psychische Krankheit« und »seelische Behinderung« auf, die längere Zeit auch im Sozialrecht verwendet wurden.

In der ab 2023 geltenden Fassung des Betreuungsrechts ist bei den Voraussetzungen der Betreuerbestellung nur noch von »Krankheit« und »Behinderung« die Rede (§ 1814 BGB), bei den Voraussetzungen der freiheitsentziehenden Unterbringung, den freiheitsentziehenden Maßnahmen und den ärztlichen Zwangsmaßnahmen wird weiterhin von »psychischer Krankheit« und »geistiger« oder »seelischer Behinderung« gesprochen (§§ 1831, 1832 BGB). Die Begriffe »Krankheit«, »Störung« und »Behinderung« werden meistens undifferenziert nebeneinander verwendet.

2.1.2 Begriff der Behinderung

Im SGB IX wird seit 2018 in Anknüpfung an die Terminologie in Artikel 1 UN-BRK von »seelischen« oder »geistigen Beeinträchtigungen« gesprochen. Danach sind Menschen mit Behinderungen Menschen, die körperliche, geistige, seelische oder Sinnesbeeinträchtigungen haben, die sie in Wechselwirkung mit einstellungs- und umweltbedingten Barrieren an der gleichberechtigten Teilhabe an der Gesellschaft mit hoher Wahrscheinlichkeit länger als sechs Monate hindern können (§ 2 Abs. 1 SGB IX, ähnlich § 3 BGG). Dieser Behinderungsbegriff orientiert sich an der Internationalen Klassifikation der Funktionsfähigkeit, Behinderung und Gesundheit (ICF) und bezieht die Wechselwirkung zwischen einer Person mit einem Gesundheitsproblem und den Kontextfaktoren mit ein. Es geht also immer um das Verhältnis zwischen einer Beeinträchtigung und der Umwelt.

Die ICF beschreibt Gesundheit und mögliche Störungen auf drei Ebenen:
- der Person mit körperlichen sowie geistig-psychischen Funktionen: Affektivität, Antrieb, Aufmerksamkeit, Ausdauer, emotionale Stabilität,

Merkfähigkeit, Motivation, Orientierung, Selbstvertrauen, Selbstwertgefühl, Wahrnehmung u.a.;
- der Person als autonom handelndes Subjekt: Fähigkeiten zur zielgerichteten Ausführung von Aktivitäten, z. B. zur Bewältigung der Alltagsanforderungen, zur Erfüllung der beruflichen Anforderungen, zum Aufbau und zur Pflege sozialer Kontakte;
- der Person als Subjekt in Gesellschaft und Umwelt: Teilhabe an Ausbildung, am Arbeitsleben, am sozialen, kulturellen und sozialen Leben.
- Grundsätzlich liegt dieses Verständnis von Behinderung auch der UN-BRK zugrunde.

Das biopsychosoziale Krankheitsmodell hat sich von einer rein biologischen Sichtweise gelöst. Nur auf der ersten Ebene wird das Problem auf der Grundlage der Internationalen Klassifikation der Krankheiten (ICD) beschrieben. Auf der zweiten Ebene sind die sozialen Verhältnisse im Sinne einer Teilhabeorientierung einzubeziehen. Das entspricht dem in der Sozialpsychiatrie bereits seit Langem vertretenen mehrdimensionalen Krankheitsbegriff.

Eine Behinderung im Sinne der UN-BRK liegt insbesondere vor, wenn und solange Betroffene aufgrund ihrer Beeinträchtigung stigmatisiert werden und daraufhin soziales Vermeidungsverhalten zeigen. Dies hat das Bundesarbeitsgericht für einen Betroffenen mit einer symptomlosen HIV-Infektion entschieden (BAG vom 19.12.2013 – Az. 6 AZR 190/1; R&P 2014, 151). Die Grundsätze dieser Entscheidung lassen sich gut auf Menschen mit psychischen Erkrankungen übertragen.

2.2 Feststellung von Krankheit und Behinderung

Die Feststellung, ob eine psychische Krankheit oder seelische Behinderung im Sinne der jeweiligen Gesetze vorliegt, obliegt dem zuständigen Gericht oder (im Verwaltungs- und Sozialrecht) der zuständigen Behörde in eigener Verantwortung. Allerdings muss das Gericht grundsätzlich ein psychiatrisches Sachverständigengutachten einholen, wenn es um die Feststellung einer psychischen Krankheit geht.

Sachverständige beraten das Gericht. Richterschaft und Sachverständige müssen sich über die unterschiedlichen Begrifflichkeiten der zugrunde liegenden Systeme – der Psychiatrie auf der einen, des Rechts auf der anderen Seite – verständigen. Nur dann kann das Gericht im Ergebnis entscheiden, ob die Anknüpfungstatsachen und Schlussfolgerungen aus dem psychiatrischen Fachgebiet zur Annahme einer Krankheit oder Behinderung im rechtlichen Sinn führen.

In gesetzlichen Regelungen sind Krankheit oder Behinderung juristische Begriffe, selbst wenn das Gesetz eine psychiatrische Terminologie verwendet.

Dies gilt grundsätzlich entsprechend für Entscheidungen der Verwaltungsbehörden. Diese werden in der Regel ebenfalls auf der Grundlage ärztlicher Berichte, Atteste und Zeugnisse getroffen, die vom Betroffenen vorgelegt werden.

Auch ärztliche Zeugnisse müssen die wesentlichen entscheidungserheblichen Anknüpfungstatsachen enthalten. Dabei ist zu berücksichtigen, dass es sich auch bei psychiatrischen Diagnosen um keine naturwissenschaftlichen Tatsachen handelt, sondern um das Ergebnis eines interaktiven Geschehens, eines wechselseitigen Verstehens oder Missverstehens zwischen zwei Personen, an dessen Ende eine mehr oder weniger zutreffende Diagnose als Wahrnehmung des Betroffenen durch den Sachverständigen steht (siehe Crefeld in R&P 1994, 102 ff.). Daher sind auch außerhalb des Sozialrechts die Handlungsperspektiven des Betroffenen und damit seine sozialen Kompetenzen in die rechtlichen Entscheidungen einzubeziehen.

Die Mehrstufigkeit des Krankheits- und Behinderungsbegriffs zeigt sich in unterschiedlicher Ausprägung in allen gesetzlichen Regelungen, da neben einer Erkrankung oder Beeinträchtigung im medizinischen Sinne immer die weiteren gesetzlichen Voraussetzungen zu beachten sind, z. B. dass die Person ihre Angelegenheiten ganz oder teilweise nicht besorgen kann, sie eine Gefahr für sich oder andere darstellt oder eine Teilhabebeeinträchtigung besteht. Zwar sind unter Zugrundelegung der psychiatrischen Klassifikationssysteme ICD-10 bzw -11 oder DSM-5 die Krankheitsbilder zu konkretisieren, die unter die gesetzlichen Krankheitsbegriffe fallen können, nach der Rechtsprechung hat die Zuordnung zu dem psychiatrischen Befund eines Klassifikationssystems aber keine Verbindlichkeit für die Annahme einer Krankheit im juristischen Sinne, sondern stellt lediglich einen – wenn auch wesentlichen – Anhaltspunkt für deren Vorliegen dar. Das zuständige Gericht hat dann in einem weiteren Schritt unter Zugrundelegung des jeweiligen gesetzlichen Kontextes und des Grundsatzes der Verhältnismäßigkeit zu prüfen, ob eine psychische Krankheit oder seelische Behinderung im juristischen Sinne vorliegt.

Diese Auslegung, die im Kontext der konkreten Gesetzeszwecke erforderlich ist, kann bei unterschiedlichen Gesetzen zu unterschiedlichen Ergebnissen hinsichtlich der Annahme einer psychischen Krankheit führen: Wenn es um die Teilhabe an sozialen Rechten geht, ist der Krankheitsbegriff eher weit auszulegen; wenn es um Grundrechtseingriffe geht – Betreuung gegen den Willen des Betroffenen, Unterbringung –, ist der juristische Krankheitsbegriff eher eng auszulegen. So ist nach der Rechtsprechung eine Suchterkrankung zweifellos eine Krankheit im Sinne der sozialrechtlichen Vorschriften, nicht aber im Sinne des Betreuungsrechts, wenn keine andere psychische Krankheit hinzutritt (BGH vom 17.08.2011 – XII ZB 241/11; R&P 2012, 34). Vor allem bei Persönlichkeitsstörungen ist, wenn es um Grundrechtseingriffe geht, ein bestimmter Schweregrad erforderlich, um auch im juristischen Sinne die Anforderungen an den Krankheitsbegriff zu erfüllen.

2.3 Wiederholungsfragen

? Was ist der Unterschied zwischen Krankheit und Behinderung?
? Wer stellt eine Behinderung im juristischen Kontext fest?
? Was ist eine Behinderung im Sinne der UN-BRK?

2.4 Vertiefungsmöglichkeiten

2.4.1 Internet

Die UN-Behindertenrechtskonvention:
https://www.institut-fuer-menschenrechte.de/das-institut/monitoring-stelle-un-brk/die-un-brk (11.02.2022)

3 Teilhabe und Selbstbestimmung

In diesem Kapitel geht es um die Grund- und Menschenrechte bei Vorliegen einer psychischen Erkrankung oder seelischen Beeinträchtigung. In dem Kontext werden das Diskriminierungsverbot behandelt sowie die Frage, unter welchen Voraussetzungen das Selbstbestimmungsrecht eingeschränkt werden kann, also im äußersten Fall Unterbringung, Zwangsbehandlung und Fixierung möglich sind. Dabei werden auch die Möglichkeiten zum Schutz der Selbstbestimmung durch Vorausverfügungen thematisiert.

3.1 Inklusion und Teilhabe

Die rechtliche Stellung psychisch erkrankter oder seelisch beeinträchtigter Menschen unterscheidet sich zunächst nicht von der Rechtsstellung anderer Menschen, auch nicht von der somatisch erkrankter oder körperbehinderter Menschen.

3.1.1 Grund- und Menschenrechte

Psychisch erkrankte und seelisch beeinträchtigte Menschen sind heute unbestritten Trägerinnen und Träger von Grund- und Menschenrechten – unabhängig von ihrer tatsächlichen psychischen Verfassung. Deshalb unterscheidet unsere Rechtsordnung zunächst nicht zwischen psychisch erkrankten und nicht psychisch erkrankten Menschen. Davon gibt es allerdings Ausnahmen. Dies betrifft insbesondere die Frage, ob und inwieweit psychisch erkrankte oder seelisch beeinträchtigte Menschen die ihnen zustehenden Rechte auch selbstständig wahrnehmen und ausüben können.

Die vorstehenden Ausführungen zum Krankheitsbegriff zeigen außerdem, dass es in unserer Rechtsordnung besondere Vorschriften für psychisch erkrankte oder seelisch beeinträchtigte Menschen gibt. Diese verfolgen unterschiedliche Zwecke:

Sozialrechtliche Vorschriften sollen die Teilhabe der Betroffenen in allen Lebensbereichen sicherstellen und krankheits- oder behinderungsbedingte Nachteile ausgleichen.

Betreuungsrechtliche Vorschriften dienen der Gewährleistung des Selbstbestimmungsrechts und dem Schutz der Betroffenen, um ihre Entscheidungs- und Handlungsfähigkeit sicherzustellen zu Zeiten, in denen sie krankheitsbedingt Unterstützungsbedarf beim rechtlichen Handeln haben, nicht selbst entscheiden und handeln können und auch nicht zu einer eigenen Entscheidung befähigt werden können. Dann kann z. B. ein rechtlicher Betreuer als rechtliche Vertretung handeln, er muss dabei allerdings die Rechte, den Willen und die Präferenzen der betreuten Person achten (siehe S. 173f.). Dem Schutz des Betroffenen dient auch die Unterbringung zur Abwehr von erheblichen Lebens- oder Gesundheitsgefahren.

Andere Vorschriften, insbesondere in den PsychK(H)G und im Strafrecht, dienen dem Schutz Dritter oder der Allgemeinheit. Hier werden psychisch erkrankte Menschen insoweit anders behandelt als nicht psychisch erkrankte Menschen, weil diese Gesetze an eine psychische Erkrankung anknüpfen.

Für psychisch erkrankte Menschen besteht also ein Sonderrecht, das zumindest teilweise dem allgemeinen Gleichheitsgrundsatz des Art. 3 GG und den Grundgedanken der UN-Konvention über die Rechte von Menschen mit Behinderungen (UN-BRK) widerspricht.

Danach ist jede Unterscheidung, Ausschließung oder Beschränkung aufgrund einer Behinderung diskriminierend, die zum Ziel oder zur Folge hat, die auf die Gleichberechtigung mit anderen gegründete Anerkennung, Inanspruchnahme oder Ausübung aller Menschenrechte oder Grundfreiheiten zu beeinträchtigen oder zu vereiteln (Art. 2 der UN-BRK). Obwohl die UN-BRK seit 26.03.2009 in Deutschland verbindliches Recht ist, bestehen immer noch unterschiedliche Auffassungen, ob bzw. in welchem Umfang die bestehenden rechtlichen Vorschriften den Anforderungen der UN-BRK genügen. Allerdings nehmen alle Reformen der letzten Jahre insbesondere im Sozialrecht und im Betreuungsrecht, aber auch bei der Novellierung der PsychK(H)G für sich in Anspruch, die UN-BRK (endlich) umzusetzen. Ob dies vollständig geschehen ist, bleibt im Betreuungs- und

Unterbringungsrecht für die Zwangsmaßnahmen und bei dem betreuungsrechtlichen Einwilligungsvorbehalt nach wie vor umstritten. Legitimiert wird die Ungleichbehandlung bisher im Einzelfall mit der Entscheidungs- und Handlungsunfähigkeit des Betroffenen, die durch die psychische Erkrankung bedingt ist, und dem Vorhandensein einer erheblichen Gefahr für den Betroffenen, die dieser gerade wegen seiner psychischen Erkrankung nicht erkennen kann. Aber gerade hier gewährleistet Art. 12 Abs. 2 UN-BRK behinderten Menschen nicht nur gleichberechtigte Rechtsfähigkeit, sondern auch gleichberechtigte Handlungsfähigkeit.

Unterstützung vor Vertretung: Falls erforderlich, muss Menschen mit Behinderung der Zugang zu Unterstützung verschafft werden, die sie bei der Ausübung ihrer Rechts- und Handlungsfähigkeit gegebenenfalls benötigen (Art. 12 Abs. 3 UN-BRK).

Die Unterstützung kann durch soziale Hilfen oder eine rechtliche Betreuung geleistet werden. Alle Möglichkeiten der Kommunikation und der Willenserkundung sowie der Unterstützung bei der Entscheidungsfindung bei psychisch erkrankten und seelisch beeinträchtigten Menschen müssen ausgeschöpft werden. Hierfür sind genügend Zeit und eine repressionsfreie Atmosphäre erforderlich.

Handlungen ohne oder gegen den Willen der Betroffenen kommen nur noch in eng zu begrenzenden Ausnahmefällen in Betracht. Werden sie vorgenommen, ist es notwendig, dass der Vertreter sich am mutmaßlichen Willen des Betroffenen orientiert. Vorausverfügungen wie Patientenverfügungen oder Behandlungsvereinbarungen sind umzusetzen. Und die Eingriffe in die Grundrechte der Betroffenen unterliegen einer strengen Verhältnismäßigkeitsprüfung.

Art. 14 UN-BRK fordert für den Bereich der Freiheitsentziehung ausdrücklich eine diskriminierungsfreie Beschreibung der Unterbringungsvoraussetzungen. Allerdings besteht bei einem völligen Verzicht auf den Krankheits- bzw. Behinderungsbegriff als eingrenzendes Kriterium bei Grundrechtseingriffen die Gefahr einer Ausweitung der Eingriffsbefugnisse und damit der sozialen Kontrolle des Staates.

Seit der Psychiatrie-Enquete im Jahr 1975 besteht die Forderung nach der Gleichstellung psychisch erkrankter Menschen mit körperlich erkrankten oder behinderten Menschen, insbesondere im Sozialrecht. Diese Forderung ist bis heute nicht vollständig eingelöst. Zwar betont das Sozialrecht im Recht der Krankenversicherung (§ 27 Abs. 1 Satz 4 SGB V) und im Recht der Teilhabe und Rehabilitation behinderter Menschen (§ 1 Satz 2 SGB IX), dass den besonderen Bedürfnissen psychisch kranker bzw. seelisch behinderter Menschen Rechnung zu tragen ist. Dies ändert aber nichts daran, dass gerade Assistenzleistungen im Bereich der psychiatrischen Versorgung nach dem Eingliederungshilferecht finanziert und damit nachrangig sind. Dies hat immer noch zur Folge, dass gegebenenfalls das Einkommen und das Vermögen der Betroffenen in bestimmten Grenzen eingesetzt werden müssen. Das gilt weitergehend auch bei den Leistungen der Hilfe zur Pflege nach dem SGB XII. Im Ergebnis bedeutet dies, dass auch im Sozialrecht zumindest teilweise von besonderen Regelungen auszugehen ist, die sich nicht zum Vorteil, sondern zum Nachteil der Betroffenen auswirken. Auch insoweit wird von Juristen und Psychiatern zunehmend von einem Verstoß gegen die Grundsätze der UN-BRK ausgegangen und eine menschenrechtsorientierte neue Psychiatrie-Enquete gefordert.

3.1.2 Benachteiligungsverbot

1994 wurde das Benachteiligungsverbot behinderter Menschen in das Grundgesetz aufgenommen (Art. 3 Abs. 3 Satz 2 GG). Dieses wurde durch das Gesetz zur Gleichstellung behinderter Menschen (Behindertengleichstellungsgesetz, BGG) vom 27.04.2002 und entsprechende Gesetze in den Bundesländern konkretisiert. Ziel des Gesetzes ist es, die Benachteiligung behinderter Menschen zu beseitigen und zu verhindern sowie die gleichberechtigte Teilhabe behinderter Menschen an der Gesellschaft zu gewährleisten und ihnen eine selbstbestimmte Lebensführung zu ermöglichen (§ 1 BGG).

Obwohl auch im BGG niedergelegt ist, dass den besonderen Bedürfnissen behinderter Menschen Rechnung zu tragen ist, orientiert sich das Gesetz mit dem Begriff der Barrierefreiheit weitgehend an den Lebenslagen körperbehinderter Menschen. Dagegen fehlt es an konkreten Maßnahmen und Hilfen für psychisch kranke Menschen.

Das Allgemeine Gleichbehandlungsgesetz (AGG) vom 14.08.2006 konkretisiert das Benachteiligungsverbot behinderter Menschen im Arbeitsrecht und im Zivilrecht. So darf die Verweigerung eines Vertragsabschlusses in der Regel nicht mit dem Vorliegen einer Behinderung begründet werden. Bei privatrechtlichen Versicherungsverträgen z. B. darf eine unterschiedliche Behandlung behinderter Menschen nur noch aufgrund einer versicherungsmathematisch und statistisch abgesicherten Risikoabwägung erfolgen, nicht aber aufgrund der Behinderung selbst (§ 20 Abs. 2 AGG). Eine Ungleichbehandlung im Sinne des AGG kann auch in der Kündigung eines behinderten Arbeitnehmers wegen seiner Behinderung bestehen. Bevor es zu einer Kündigung kommen kann, hat der Arbeitgeber angemessene Vorkehrungen zu ergreifen, um den Arbeitsplatz zu erhalten (BAG vom 19.12.2013 – Az. 6 AZR 190/12; R&P 2014, 151).

3.2 Das Recht auf Selbstbestimmung und seine Grenzen

Aus dem Benachteiligungsverbot behinderter Menschen lässt sich ableiten, dass psychisch erkrankte oder seelisch beeinträchtigte Menschen – wie andere auch – selbst über ihre Angelegenheiten entscheiden können.

3.2.1 Das Recht auf Selbstbestimmung

Das Recht auf Selbstbestimmung ergibt sich unmittelbar auch aus dem Grundrecht des Art. 2 Abs. 1 GG.

Für jeden Menschen gilt das Grundrecht auf freie Entfaltung der Persönlichkeit und das Recht auf Selbstbestimmung, was bedeutet, dass jeder sein Leben nach seinen eigenen Vorstellungen gestalten kann.

Dies gilt insbesondere für
- die Aufenthaltsbestimmung,
- die ärztliche Behandlung – und damit das Recht auf informierte Einwilligung in eine Behandlung sowie das Recht auf ihre Ablehnung (Freiheit zur Krankheit, S. 32ff. u. S. 178),

- den Umgang mit persönlichen Daten (Recht auf informationelle Selbstbestimmung, S. 57f.),
- die Inanspruchnahme staatlicher Hilfen.

So ist im Recht der Rehabilitation und Teilhabe ausdrücklich geregelt, dass die Leistungen zur Teilhabe der Zustimmung des Betroffenen bedürfen (§ 8 Abs. 4 SGB IX). Ebenso unterliegen die in den Psychisch-Kranken-Gesetzen (PsychKGs) geregelten Hilfen dem Prinzip der Freiwilligkeit (siehe z. B. § 3 Abs. 2 Satz 2 NRWPsychKG).

Auch die Bestellung einer Betreuerin oder eines Betreuers gegen den Willen des Betroffenen stellt einen Eingriff in das Grundrecht des Art. 2 Abs. 1 GG dar. Daher darf ein Betreuer gegen den freien Willen des Betroffenen nicht bestellt werden (§ 1814 Abs. 2 BGB). Damit sind aber gleichzeitig auch die Grenzen des Selbstbestimmungsrechts psychisch kranker Menschen aufgezeigt.

3.2.2 Eingriffe in das Selbstbestimmungsrecht

Das Bundesverfassungsgericht hat bezogen auf das Grundrecht der Freiheit der Person entschieden, dass es zwar allen Menschen freistehe, Hilfe zurückzuweisen, sofern nicht Rechtsgüter anderer oder der Allgemeinheit in Mitleidenschaft gezogen werden. Der Freiheitsanspruch dürfe aber nicht losgelöst von den tatsächlichen Möglichkeiten des Betroffenen gesehen werden, sich frei zu entschließen. Ist dessen Fähigkeit zur Selbstbestimmung durch eine psychische Krankheit beeinträchtigt, ist dem Staat fürsorgerisches Eingreifen auch dort erlaubt, wo beim Gesunden Einhalt geboten ist.

Dies beinhaltet die Befugnis, psychisch kranke Menschen zwangsweise in einer geschlossenen Einrichtung unterbringen zu können, wenn so eine ihnen drohende gewichtige gesundheitliche Schädigung abgewendet werden kann – Voraussetzung ist, dass die Betroffenen infolge ihres Gesundheitszustandes und der damit verbundenen fehlenden Einsichtsfähigkeit die Schwere ihrer Erkrankung und die Notwendigkeit von Behandlungsmaßnahmen nicht beurteilen können oder trotz einer solchen Erkenntnis sich nicht zu einer Behandlung entschließen können. Allerdings muss im Hinblick auf den Verhältnismäßigkeitsgrundsatz bei weniger gewichtigen

Fällen eine derartige Maßnahme unterbleiben, denn auch psychisch kranke Menschen haben in gewissen Grenzen die Freiheit zur Krankheit (BVerfG vom 23.03.1998 – Az. 2 BvR 2270/96; R&P 1998, 101).

Das Bundesverfassungsgericht hat diese Rechtsprechung inzwischen auf die Zwangsbehandlung erweitert. Danach ist ein Eingriff in das Selbstbestimmungsrecht ausnahmsweise dann gerechtfertigt, wenn der Betroffene zur Einsicht in die Schwere seiner Krankheit und die Notwendigkeit von Behandlungsmaßnahmen oder zum Handeln gemäß dieser Einsicht nicht fähig ist und die Behandlung dazu dient, die tatsächlichen Voraussetzungen freier Selbstbestimmung wiederherzustellen. Das Bundesverfassungsgericht sieht darin keinen Verstoß gegen die UN-BRK. Diese Grundsätze eröffnen aber keine Vernunfthoheit des Staates in den Fällen, in denen der Betroffene eine aus ärztlicher Sicht erforderliche Behandlung ablehnt, ohne dass seine Entscheidungsfähigkeit krankheitsbedingt aufgehoben ist (BVerfG vom 23.03.2011 – Az. 2 BvR 882/09; R&P 2011, 168). Der Bundesgerichtshof hat dies dahingehend konkretisiert, dass die Betroffenen gerade bei behandlungsbedürftigen psychischen Erkrankungen in den vorgenannten Grenzen selbst entscheiden können, ob sie das Durchleben ihrer Krankheit der Behandlung in einer psychiatrischen Klinik vorziehen (BGH vom 01.02.2006 – Az. XII ZB 236/05; R&P 2006, 141).

Auch die Fixierung hat das Bundesverfassungsgericht in diesen engen Grenzen zur Abwehr von Gefahren für den Betroffenen selbst als auch für Dritte als gerechtfertigt angesehen (BVerfG vom 24.07.2018 – Az. 2 BvR 309/15 und 502/16; R&P 2018, 236). Bei drohenden gesundheitlichen Beeinträchtigungen kann nach Auffassung des Bundesverfassungsgerichts bei nicht einsichtsfähigen Betroffenen unter strengen Voraussetzungen sogar eine Schutzpflicht des Staates bestehen, eine ärztliche Behandlung als letztes Mittel gegen den natürlichen Willen der Betroffenen – also zwangsweise – durchzuführen (BVerfG vom 26.07.2016 – 1 BvL 8/15; vgl. R&P 2016, 245).

3.2.3 Freier Wille

Eingriffe in die Grundrechte des Art. 2 Abs. 2 GG (Freiheit und körperliche Unversehrtheit) und in das durch Art. 2 Abs. 1 GG geschützte Selbstbestimmungsrecht der Betroffenen sind nur auf gesetzlicher Grundlage und unter Beachtung des Grundsatzes der Verhältnismäßigkeit zulässig. Entsprechende gesetzliche Grundlagen finden sich im Strafrecht, in den Psychisch-Kranken-Gesetzen PsychK(H)G der Bundesländer sowie im Betreuungsrecht. Sie betreffen einerseits die Abwehr von Gefahren für Dritte und die Allgemeinheit, andererseits die Abwehr von Gefahren für den Betroffenen selbst.

Zusätzlich gilt, dass auf der Grundlage dieser besonderen gesetzlichen Regelungen für psychisch kranke Menschen Eingriffe nur zulässig sind, soweit die freie Willensbestimmung des Betroffenen aufgehoben ist. Dies gilt für die Betreuerbestellung wie für die Unterbringung und Behandlung gegen den Willen des Betroffenen.

Das Konzept der freien Willensbestimmung liegt auch den Regeln der Geschäftsunfähigkeit in § 104 BGB und den strafrechtlichen Vorschriften der Schuldunfähigkeit bzw. verminderten Schuldfähigkeit nach §§ 20, 21 StGB zugrunde.

Dem Rechtsbegriff des freien Willens kommt eine Schlüsselstellung zu, wenn es um Eingriffe in das Selbstbestimmungsrecht geht. Unabhängig von philosophischen Diskussionen und naturwissenschaftlichen Erkenntnissen geht der Gesetzgeber von dem Bestehen eines freien Willens aus.

Der freie Wille ist die Regel, die Aufhebung des freien Willens die Ausnahme.

Die Annahme einer Aufhebung des freien Willens knüpft dabei in allen gesetzlichen Kontexten an das Vorliegen einer psychischen Erkrankung oder seelischen Beeinträchtigung an, die einen bestimmten Schweregrad überschritten hat und sich auf die sogenannte Einsichts- oder Steuerungsfähigkeit des Betroffenen auswirkt. Entscheidend ist, ob Betroffene krankheits- oder behinderungsbedingt außerstande sind, die Notwendigkeit einer Unterbringung bzw. Behandlung einzusehen oder nach dieser Einsicht zu handeln (so §§ 1831 Abs. 1 Ziff. 2 und 1832 Abs. 1 Satz 1 Nr. 2 BGB), und ob sie sich dadurch selbst gefährden bzw. außerstande sind, das Unrecht einer Straftat einzusehen oder nach dieser Einsicht zu handeln (so § 20 StGB), und dadurch andere gefährden. Der Begriff des freien Willens beinhaltet also immer einen kognitiven und einen voluntativen Aspekt. Die Beeinträchtigungen unterscheiden sich je nach Krankheitsbild.

Diese Konzeption der Aufhebung der freien Willensbestimmung als Voraussetzung für Grundrechtseingriffe ist nicht unumstritten. Gerade aus der Perspektive der UN-BRK wird die Auffassung vertreten, dass die Aufhebung der freien Willensbestimmung keine Grundrechtseingriffe rechtfertigen kann, sondern dass diese nur gerechtfertigt sind, wenn andere höherrangige Rechtsgüter geschützt werden sollen.

Der in dieser Argumentation wichtige Begriff von der »Freiheit zur Krankheit« bereitet manchen in der Psychiatrie tätigen Berufsgruppen Probleme, insbesondere den Ärztinnen und Ärzten. Nach ihrer Auffassung liegt krankheitsbedingt oft keine freie Entscheidung der Betroffenen und damit keine Selbstbestimmung vor. In diesen Fällen sei die psychiatrische Behandlung immer notwendig, um die Selbstbestimmung der Betroffenen wiederherzustellen. Diese Sichtweise verkennt die verfassungsrechtlich gebotene Güterabwägung.

Unterbringung, Zwangsbehandlung und Fixierung sind schwere Grundrechtseingriffe. Daher müssen die Gründe für diese Maßnahmen gewichtig sein. Behandlungsbedürftigkeit aus psychiatrischer Sicht genügt hierfür nicht.

Dies bedeutet, dass nach unserem Grundrechtsverständnis bestimmte Handlungen psychisch kranker Menschen gegenüber Dritten und auch in Bezug auf sich selbst hinzunehmen sind, ohne dass ein staatliches Eingreifen unter Anwendung von Zwang zulässig ist. Dies entspricht im Übrigen auch der Sichtweise vieler Betroffener, die die Gewaltanwendung in der Psychiatrie als traumatisierend erleben, aber auch der Sichtweise vieler psychiatrisch Tätiger, die bis auf akute Krisensituationen Gewalt in der Psychiatrie für verzichtbar halten.

3.2.4 Selbstbestimmung durch Vorausverfügung und Vollmacht

Auch im Fall psychiatrischer Krisen oder akuter Krankheitszustände, in denen die Möglichkeit der freien Willensbildung nicht besteht oder zumindest angezweifelt werden könnte, kann die Selbstbestimmung und damit die eigene Entscheidung sichergestellt werden. Dies wird durch eine sogenannte Vorausverfügung möglich (Patientenverfügung), durch die eine künftige Entscheidung vorweggenommen bzw. Behandlungs- und Nichtbehandlungswünsche niedergelegt werden.

Mit einer Vollmacht kann man eine oder mehrere Personen des Vertrauens zur Stellvertretung berechtigen, die dann die Vorausverfügung umzusetzen haben. Alternativ gibt es die Möglichkeit einer Betreuungsverfügung, in der eine Person für eine künftige Betreuung festgelegt wird.

Diese Instrumente, die in der öffentlichen Diskussion vor allem für den Fall des Verlustes der Entscheidungsfähigkeit aufgrund altersbedingter Demenz diskutiert wurden, sind ebenso anwendbar für den Fall des vorübergehenden Verlustes oder der Einschränkung der Entscheidungsfähigkeit in akuten psychischen Krisen. Vorausverfügungen und Vollmachten können alle Lebensbereiche betreffen und sind vor allem für die ärztliche Behandlung – nicht nur am Lebensende – von Bedeutung (zur Patientenverfügung siehe auch S. 37 u. S. 50f.).

Abbildung 1 Selbstbestimmung in der Psychiatrie: Möglichkeiten der Vorsorgen (Vollmann und Gieselmann 2018, S. 18f.)

WAS KANN EIN PATIENT TUN?

VORSORGEINSTRUMENTE – ENTSCHEIDUNGSRELEVANTE FRAGEN IM BEHANDLUNGSFALL

Abfassung einer Patientenverfügung
- Vorteil einer Patientenverfügung ist, dass Ihre Angehörigen und Ärzte über Ihre Wünsche genau informiert sind.
- Reflektieren Sie Ihre Behandlungswünsche!
- Besprechen Sie relevante medizinische Entscheidungssituationen und mögliche Inhalte einer Patientenverfügung mit Ihrem behandelnden Arzt.
- Überlegen Sie, ob Sie einen Vertreter bevollmächtigen möchten.
- Überlegen Sie, ob Sie eine Patientenverfügung oder ein vergleichbares Instrument, z. B. eine Vorsorgevollmacht oder Behandlungsvereinbarung abfassen möchten.
- Informieren Sie sich über geeignete Vordrucke und wichtige Inhalte, z. B. unter https://wegweiser-betreuung.de/psychiatrie/patientenverfuegung

Gespräche über Behandlungswünsche
- Auch wenn Sie keine Patientenverfügung abfassen möchten, ist es wichtig, dass Ihre Angehörigen über Ihre Behandlungswünsche informiert sind.
- Sprechen Sie mit Ihren Angehörigen!

Anstehende Therapieentscheidung
Beispiele:
- Ansetzen bzw. Absetzen neuer Medikation
- EKT-Behandlung

↓

Ist der Patient einwilligungsfähig?
Wichtige Kriterien:
- Informationsverständnis
- Krankheits- und Behandlungseinsicht
- Urteilsfähigkeit
- Entscheidung treffen und kommunizieren können

↓ NEIN

Ist eine Patientenverfügung vorhanden?

↓ NEIN

Liegen zuvor geäußerte Behandlungswünsche vor, z. B. in Form einer Behandlungsvereinbarung?

↓ NEIN

Ist die Ermittlung des mutmaßlichen Willens möglich?

↓ NEIN

Handeln nach »bestem Interesse«
Durchführung medizinisch indizierter Maßnahmen (gesundheitliches Wohl) anhand von Kriterien, die allgemeinen Wertvorstellungen entsprechen

Das Recht auf Selbstbestimmung und seine Grenzen

GESETZLICHE GRUNDLAGEN

JA →
Therapieentscheidung gemäß dem aktuellen Patientenwillen
Aktueller, selbstbestimmter Patientenwille hat Vorrang und gilt unabhängig vom Vorliegen einer Patientenverfügung oder gesetzlichen Betreuung.

Umsetzung der Patientenverfügung (§ 1827 Abs. 1 BGB)
durch Betreuer, Bevollmächtigte, Arzt und ggf. Angehörige.

↑ JA

JA →
NEIN
Ist die Patientenverfügung gültig?
Wichtige Kriterien:
- Ist der Patient bei Abfassung einwilligungsfähig und volljährig?
- Sind konkrete Maßnahmen beschrieben?
- Passt die Patientenverfügung zur aktuellen Lebens- und -Behandlungssituation?

JA →
Therapieentscheidung gemäß zuvor geäußerten Behandlungswünschen (§ 1827 Abs. 2 BGB)
Ermittlung durch Betreuer, Bevollmächtigte, Arzt und Angehörige anhand von früheren mündlichen oder schriftlichen Willensäußerungen, die die Kriterien einer Patientenverfügung im engeren Sinne nicht erfüllen.

JA →
Therapieentscheidung anhand des mutmaßlichen Patientenwillens (§ 1827 Abs. 2 BGB)
Ermittlung des mutmaßlichen Patientenwillens anhand von Wertvorstellungen des Patienten durch Betreuer, Bevollmächtigte, Arzt und Angehörige.
Beispiele für Anhaltspunkte zur Ermittlung des mutmaßlichen Willens:
- ethische und religiöse Überzeugungen
- andere persönliche Wertvorstellungen
- nicht: als gemeinhin »vernünftig« geltende Kriterien

3.3 Wiederholungsfragen

? Lesen Sie Art. 12 UN-BRK: Was sollen alle Maßnahmen, die die Rechts- und Handlungsfähigkeit betreffen, sicherstellen?
? Welche Bedeutung hat das Selbstbestimmungsrecht im Zusammenhang mit psychischen Erkrankungen?
? Welche Anforderungen formuliert das Bundesverfassungsgericht an Zwangsmaßnahmen (siehe BVerfG vom 23.03.2011 – Az. 2 BvR 882/09 und BVerfG vom 24.07.2018 – Az. 2 BvR 309/15 und 502/16)?
? Wie kann man seine Selbstbestimmung für die Zukunft regeln?

3.4 Vertiefungsmöglichkeiten

3.4.1 Internet

Monitoring-Stelle UN-BRK beim Deutschen Institut für Menschenrechte: https://www.institut-fuer-menschenrechte.de/das-institut/abteilungen/monitoring-stelle-un-behindertenrechtskonvention

Brosey, D. (2010): Psychiatrische Patientenverfügung nach dem 3. Betreuungsrechtsänderungsgesetz. BtPrax, 19 (4), S. 161–167. https://www.bgt-ev.de/fileadmin/Mediendatenbank/Themen/Einzelbeitraege/Brosey/Aufsatz_Brosey_BtPrax_4-2010_mit_Bestell_gesichert.pdf (21.01.2022)

3.4.2 Literatur

Armbruster, J.; Dieterich, A.; Hahn, D.; Ratzke, K. (Hg.) (2015): 40 Jahre Psychiatrie-Enquete. Blick zurück nach vorn. Köln: Psychiatrie Verlag.

Zinkler, M.; Mahlke, C.; Marschner, R. (2019): Selbstbestimmung und Solidarität. Unterstützte Entscheidungsfindung in der psychiatrischen Praxis. Köln: Psychiatrie Verlag.

4 Teilnahme am Rechtsleben

In diesem Kapitel geht es um die Klärung von Grundbegriffen bei der Teilnahme von Menschen mit psychischen Erkrankungen oder seelischen Beeinträchtigung am Rechtsleben. Konkret betrifft das z. B. den Abschluss von Verträgen oder die Handlungsfähigkeit in Verwaltungs- und Gerichtsverfahren.

4.1 Geschäftsfähigkeit

Der Begriff Geschäftsfähigkeit betrifft die Frage, ob jemand rechtsgeschäftliche Willenserklärungen abgeben kann, also Verträge abschließen kann (z. B. Miet-, Arbeits-, Kaufverträge), Kündigungen wirksam erklären kann (etwa in Zusammenhang mit Miet- oder Arbeitsverträgen) oder rechtswirksame Anträge im Sozialrecht oder in anderen Behördenangelegenheiten stellen kann.

Nicht unter den Begriff der Geschäftsfähigkeit fallen Einwilligungen in Rechtsgutverletzungen, also z. B. in die körperliche Integrität oder die Freiheit der Person. In diesen Fällen geht es um die Einwilligungsfähigkeit, die unabhängig von der Geschäftsfähigkeit zu beurteilen ist (zur Einwilligungsfähigkeit siehe S. 48ff.).

Grundsätzlich geht das Gesetz davon aus, dass volljährige Personen geschäftsfähig sind.

Geschäftsunfähig ist, wer sich in einem die freie Willensbestimmung ausschließenden Zustand krankhafter Störung der Geistestätigkeit befindet, sofern nicht der Zustand seiner Natur nach ein vorübergehender ist (§ 104 Nr. 2 BGB).

Die Willenserklärung eines Geschäftsunfähigen ist nach geltendem Recht nichtig (§ 105 Abs. 1 BGB), also nicht wirksam. Dies gilt ebenso für

Willenserklärungen, die im Zustand der Bewusstlosigkeit oder vorübergehender Störungen der Geistestätigkeit abgegeben werden (§ 105 Abs. 2 BGB). Auf die Dauer der Beeinträchtigung der freien Willensbestimmung kommt es dabei nicht an. Auch hochgradige Trunkenheit kann im Einzelfall zur Geschäftsunfähigkeit führen.

Geschäftsunfähigkeit ist keine Eigenschaft, sondern immer einzelfallorientiert zu beurteilen. Dennoch ist fraglich, ob die Vorschriften über die Geschäftsunfähigkeit mit Art. 12 der UN-Konvention über die Rechte behinderter Menschen (UN-BRK) vereinbar sind. Danach genießen Menschen mit Behinderungen in allen Lebensbereichen gleichberechtigt mit anderen Rechts- und Handlungsfähigkeit. Zulässig sind nur Unterstützungsmaßnahmen, die sie bei der Ausübung ihrer Rechts- und Handlungsfähigkeit benötigen.

Geschäftsunfähigkeit muss sich nicht notwendigerweise auf alle denkbaren Rechtsgeschäfte beziehen. In Betracht kommt auch eine partielle Geschäftsunfähigkeit, die sich auf bestimmte Rechtsgeschäfte beschränkt (z. B. Miet- und Wohnungsangelegenheiten, Sozialangelegenheiten). So kommt es häufig vor, dass jemand krankheitsbedingt die Post von Behörden und Gerichten nicht öffnet und dadurch Fristen versäumt. Nicht selten ist auch, dass sich jemand nicht um seine Wohnungsangelegenheiten kümmert und dadurch die Wohnung zu verlieren droht. Das Berufen auf Geschäftsunfähigkeit kann in solchen Fällen durchaus hilfreich sein, um versäumte Fristen nachholen zu können (Wiedereinsetzung in den vorigen Stand).

Nicht akzeptiert wird von der Rechtsprechung dagegen eine sogenannte relative, auf besonders schwierige Rechtsgeschäfte beschränkte Geschäftsunfähigkeit. § 105a BGB sieht allerdings vor, dass Geschäfte des täglichen Lebens, die von einer volljährigen geschäftsunfähigen Person vorgenommen werden, gültig bleiben, soweit Leistung und Gegenleistung bewirkt sind, also die Leistungen ausgetauscht wurden. Geschäfte des täglichen Bedarfs sind z. B. Einkäufe mit geringfügigen Mitteln oder Kinobesuche.

Eine Betreuerbestellung hat keine Auswirkungen auf die Geschäftsfähigkeit der Betroffenen.

Die sogenannte natürliche Geschäftsunfähigkeit ist immer nach §§ 104, 105 BGB zu beurteilen, unabhängig davon, ob ein Betreuer bestellt ist oder nicht. Die Beurteilung hat sich allein an dem tatsächlichen Zustand des Betroffenen zu orientieren und – anders als im früheren Entmündigungsrecht – nicht an der formalen Bestellung eines Betreuers.

Für die Feststellung der Geschäftsunfähigkeit muss die freie Willensbestimmung krankheitsbedingt ausgeschlossen sein.

In Betracht kommen akute Krankheitsbilder aus dem Bereich der Psychosen, vor allem bei manischen oder depressiven Zustandsbildern. Schwierig ist die Annahme von Geschäftsunfähigkeit im Bereich von Neurosen und Persönlichkeitsstörungen, da hier zumindest in der Regel die freie Willensbestimmung nicht beeinträchtigt ist. Selbst bei schweren Zwangsstörungen kann Geschäftsfähigkeit bestehen. Die Beurteilung ist immer im Einzelfall vorzunehmen und bedarf im Streitfall einer sachverständigen Beurteilung.

Da gerichtliche Auseinandersetzungen um die Wirksamkeit von Verträgen oder anderen Willenserklärungen häufig erst lange nach Vertragsschluss oder Abgabe der Willenserklärung stattfinden, sind Sachverständige meistens auf eine rückblickende Beurteilung angewiesen. Hierfür müssen dann die Krankengeschichte (soweit vorhanden) oder fremdanamnestische Angaben (Zeugenaussagen) sorgfältig ausgewertet werden. Außergerichtlich ist zu empfehlen, ein qualifiziertes fachärztliches Zeugnis vorzulegen, das kurz die wesentlichen Befundtatsachen und die Auswirkungen auf die freie Willensbestimmung zum maßgeblichen Zeitpunkt darlegt.

Wenn zusätzlich zur Betreuerbestellung ein Einwilligungsvorbehalt nach § 1825 BGB angeordnet wird, ist der Betroffene unabhängig von seinem tatsächlichen Gesundheitszustand beschränkt geschäftsfähig und bedarf zu einer Willenserklärung, die einen Aufgabenbereich der Betreuung betrifft, der Einwilligung des Betreuers oder der Betreuerin. Voraussetzung ist allerdings eine erhebliche Gefahr für die Person oder das Vermögen des Betroffenen. Auch die Anordnung eines Einwilligungsvorbehalts gegen den freien Willen des Betroffenen ist unzulässig (§ 1825 Abs. 1 Satz 2

BGB). Ob damit den Vorgaben des Art. 12 UN-BRK entsprochen wird, ist allerdings umstritten.

Die Geschäftsunfähigkeit einer betroffenen Person (nicht die Bestellung eines Betreuers) hat auch Auswirkungen in anderen Rechtsbereichen, z. B. im Familienrecht. Wer geschäftsunfähig ist, kann keine Ehe eingehen (§ 1304 BGB), ein Einwilligungsvorbehalt ist unzulässig (§ 1825 Abs. 2 BGB). Die elterliche Sorge eines geschäftsunfähigen Elternteils ruht und kann während dieser Zeit nicht ausgeübt werden (§§ 1673 Abs. 1, 1675 BGB). Auch in diesen Bereichen ist die Geschäftsfähigkeit immer in Bezug auf den konkreten Lebensbereich und nicht allgemein für alle denkbaren Rechtsgeschäfte zu beurteilen.

4.2 Prozess- und Verfahrensfähigkeit

Die Bestellung eines Betreuers als solche hat keine Auswirkungen auf die Prozessfähigkeit der betroffenen Person (§ 53 Abs. 1 ZPO). Wer allerdings geschäftsunfähig ist, ist auch nicht prozessfähig (§ 52 ZPO), d.h., er kann sich in einem gerichtlichen Verfahren nicht selbst vertreten. Für ihn muss ein Betreuer bzw. eine Bevollmächtigte im Sinne des § 1814 Abs. 2 Satz 2 BGB handeln.

Wird eine betreute Person in einem Gerichtsverfahren durch eine Betreuerin vertreten, kann die Betreuerin gegenüber dem Gericht erklären, dass der Rechtsstreit fortan ausschließlich durch sie geführt wird. Dann wird die betroffene Person einer nicht prozessfähigen Person gleichgestellt, selbst wenn sie geschäftsfähig ist (§ 53 Abs. 2 ZPO). Die Ausschließlichkeitserklärung kann jedoch jederzeit widerrufen werden.

Diese Grundsätze gelten auch in sozial- und verwaltungsrechtlichen Gerichtsverfahren sowie in Verwaltungsverfahren (§ 11 Abs. 3 SGB X). Dadurch sollen widersprechende Handlungen der Betreuung und der Betroffenen im Verfahren verhindert werden. Ausnahme: In Betreuungs- und Unterbringungssachen sind Betroffene immer – ohne Rücksicht auf die Geschäftsfähigkeit – verfahrensfähig, können also ihre Rechte selbst wahrnehmen (§§ 275, 316 FamFG).

4.3 Testierfähigkeit

Die Testierunfähigkeit ist eine Unterform der Geschäftsunfähigkeit. Sie wird im Erbrecht eigenständig geregelt. Nach § 2229 Abs. 4 BGB kann eine Person ein Testament nicht errichten, wenn sie wegen krankhafter Störung der Geistestätigkeit, wegen Geistesschwäche oder wegen Bewusstseinsstörung nicht in der Lage ist, die Bedeutung einer von ihr abgegebenen Willenserklärung einzusehen und nach dieser Einsicht zu handeln.

Auch hier hat die Bestellung einer Betreuerin als solche keine Auswirkungen auf die Testierfähigkeit, d.h., auch eine rechtlich betreute Person kann ein Testament errichten, wenn sie testierfähig ist.

Die Beurteilung der Testierfähigkeit ist wie die Beurteilung der Geschäftsfähigkeit im Einzelfall vorzunehmen. Dabei kommt es nach der Rechtsprechung darauf an, ob Betroffene in der Lage sind, sich über die Gründe, die für oder gegen eine letztwillige Verfügung sprechen, ein klares, von krankhaften Vorstellungen und Gedanken nicht beeinflusstes Urteil zu bilden und nach diesem Urteil frei von Einflüssen etwaig interessierter Dritter zu handeln.

Testamente, die am Anfang eines demenziellen Prozesses errichtet werden, bereiten in der Praxis Schwierigkeiten, weil sich hier unterschiedliche Zustandsbilder abwechseln können und nicht immer geklärt werden kann, ob die Errichtung des Testaments durch die Demenz beeinflusst worden ist. Im Streitfall ist auch hier – wie bei der Beurteilung der Geschäftsfähigkeit – die Einholung eines Sachverständigengutachtens erforderlich.

Lässt sich die Frage der Testierunfähigkeit nicht klären, trägt die Beweislast in der Regel derjenige, der sich darauf beruft. Dies bedeutet, wenn eine Person behauptet, der Betroffene wäre zum Zeitpunkt der Testamentserrichtung wegen einer psychischen Krankheit testierunfähig gewesen, muss sie dies auch beweisen. Gelingt dies nicht, ist von Testierfähigkeit und damit von der Wirksamkeit des Testaments auszugehen.

4.4 Deliktsfähigkeit

Bei dem Begriff Deliktsfähigkeit geht es nicht um Willenserklärungen oder Rechtsgeschäfte, sondern um die Verantwortung für Rechtsgutverletzungen im zivilrechtlichen Sinne. Deliktsfähigkeit betrifft die zivilrechtliche Verantwortlichkeit für zugefügten Schaden und damit die Frage der Schadensersatzpflicht bei sogenannten unerlaubten Handlungen im Sinne des § 823 BGB.

Die Deliktsfähigkeit ist nicht mit der Schuldfähigkeit zu verwechseln, die die Frage betrifft, ob jemand, der eine Straftat begangen hat, dafür bestraft werden kann (hierzu S. 183f.).

Wer in einem Zustand der Bewusstlosigkeit oder krankhafter Störung der Geistestätigkeit, der die freie Willensbestimmung ausschließt, einem anderen Schaden zufügt, ist für den Schaden nicht verantwortlich (§ 827 Satz 1 BGB). Besondere Regelungen gelten bei akuter Alkoholisierung (§ 827 Satz 2 und 3 BGB). Jemand, der z. B. in einer akuten Psychose eine andere Person verletzt oder Sachschäden anrichtet, muss hierfür keinen Schadensersatz leisten. Auch eine Haftpflichtversicherung tritt in diesem Fall nicht ein, da ja gerade kein Schadensersatzanspruch besteht. Der Geschädigte bleibt auf seinem Schaden sitzen.

Allerdings muss der krankheitsbedingte Ausschluss der freien Willensbestimmung nach Überzeugung des Gerichts im Streitfall unter sachverständiger Beratung festgestellt werden. Andernfalls verbleibt es bei der Haftung, eine verminderte Deliktsfähigkeit – anders als eine verminderte Schuldfähigkeit – gibt es nicht.

Eine Betreuerbestellung hat keinen unmittelbaren Einfluss auf die Beurteilung der Deliktsfähigkeit, vielmehr ist diese aufgrund des tatsächlichen Krankheitsbildes der betroffenen Person festzustellen.

4.5 Wiederholungsfragen

? Was ist der Unterschied zwischen Rechtsfähigkeit und Handlungsfähigkeit?
? Was bedeutet die sogenannte natürliche Geschäftsunfähigkeit und in welchen Vorschriften ist sie geregelt?

? Hat die Bestellung eines Betreuers oder einer Betreuerin Auswirkungen auf die Geschäftsfähigkeit?
? Wie verhält es sich mit der Prozess- bzw. Verfahrensfähigkeit bei Menschen mit rechtlicher Betreuung?
? Auf welche Rechtsgeschäfte bezieht sich die Testierfähigkeit?
? Lesen Sie § 827 BGB: Welche rechtliche Folge hat die Deliktsunfähigkeit?

4.6 Vertiefungsmöglichkeiten

4.6.1 Internet

Zechert, C. (2017): Geschäftsfähigkeit bei Depressionen. Psychosoziale Umschau, 31 (2), S. 42. https://psychiatrie-verlag.de/wp-content/uploads/2019/06/Gesch%C3%A4ftsf%C3%A4higkeit_bei_Depressionen_2_2017.pdf (11.02.2022)

5 Behandlung, Betreuung und Assistenz

In diesem Kapitel geht es um die rechtlichen Begriffe der Behandlung, Betreuung und Assistenz von Menschen mit psychischen Erkrankungen und die darauf beruhenden Vereinbarungen, Verträge und Vorschriften.
Die Behandlung bezieht sich auf die medizinische Behandlung durch Ärztinnen und Ärzte. Daneben bzw. alternativ gibt es unterschiedliche therapeutische Behandlungen (hierzu S. 107 ff.) und Assistenzleistungen (S. 54). Durch die UN-BRK und das BTHG hat sich für die Alltagsunterstützung von Menschen mit Behinderungen der Begriff der Assistenz durchgesetzt, der als weniger paternalistisch betrachtet wird als der Begriff der Betreuung. Bei der Verwendung des Begriffs der Betreuung ist darauf zu achten, was mit Betreuung gemeint ist, denn ein besonderer Fall von Betreuung ist die gerichtlich bestellte rechtliche Betreuung nach den § 1814 BGB (hierzu S. 167 ff.).

5.1 Behandlung

Der medizinischen Behandlung liegen grundsätzlich ein Behandlungsvertrag sowie die informierte Einwilligung der Patientinnen und Patienten zugrunde. Nur im Ausnahmefall sind unter strengen Voraussetzungen Maßnahmen gegen den erklärten Willen – also Zwangsmaßnahmen – zulässig, um eine erhebliche Gesundheits- oder Lebensgefahr für den Betroffenen abzuwenden (siehe S. 161ff. u. S. 180f.).

Grundsätzlich wird in der psychiatrischen Praxis eine von allen Beteiligten akzeptierte Behandlungsgrundlage angestrebt; in diesem Zusammenhang sind z. B. Behandlungsvereinbarungen als Absprache für die Zukunft zu sehen (siehe S. 50f. u. Abbildung 1, S. 36f.). Auch der Einbezug von Vertrauenspersonen und Angehörigen der Betroffenen im Sinne eines trialogischen Ansatzes gehört dazu, wenn Betroffene damit einverstanden sind.

5.1.1 Behandlungsvertrag

Einer Behandlung liegt ein Vertrag zwischen behandelter und behandelnder Person zugrunde (§§ 630a ff. BGB). Ein solcher Vertrag kann schriftlich, mündlich oder durch schlüssiges Verhalten zustande kommen. Die behandelnde Person wird darin verpflichtet, die Behandlung zu erbringen.
Vergütungsanspruch Der Vertrag führt auch zu einem Vergütungsanspruch. Bei gesetzlich Krankenversicherten übernimmt die Vergütung die gesetzliche Krankenversicherung (hierzu S. 99ff.). Die behandelte Person wird hier meistens gar nicht involviert. Die gesetzliche Krankenversicherung zahlt die Behandlungskosten im Wege der Sachleistungen. Bei privat Versicherten ist es anders. Diese erhalten selbst die Rechnung und können die Kosten von ihrer Krankenversicherung erstattet bekommen, wenn sie die Rechnung bei der Krankenversicherung einreichen.

Die Wirksamkeit des Vertrags setzt die Geschäftsfähigkeit voraus (hierzu S. 39ff.). Ist der Patient also im Zeitpunkt des Vertragsabschlusses nicht geschäftsfähig, so wird er durch einen rechtlichen Betreuer oder eine Bevollmächtigte vertreten, wenn die Vertretung den entsprechenden Aufgabenbereich hat.

Behandelnde und behandelte Person sollen zur Durchführung der Behandlung zusammenwirken. Dabei hat die Ärztin dem Patienten in verständlicher Weise zu Beginn der Behandlung und – soweit erforderlich – in deren Verlauf sämtliche für die Behandlung wesentlichen Umstände zu erläutern, insbesondere die Diagnose, die voraussichtliche gesundheitliche Entwicklung, die Therapie und die während und nach der Therapie zu ergreifenden Maßnahmen.
Aufklärungspflicht Die Ärztin hat vor Durchführung der medizinischen Maßnahme den Patienten über sämtliche für die Einwilligung wesentlichen Umstände aufzuklären und die Einwilligung bzw. das Einverständnis einzuholen (§§ 630d Abs. 1 Satz 1, 630e Abs. 1 Satz 1 und Abs. 5 BGB.).
Entscheidungsassistenz Die Aufklärung muss für den Patienten verständlich sein. Dahinter steht der Grundsatz des selbstbestimmten Patienten, der – mit Unterstützung der Ärztin – selbst über den Gang seiner Behandlung entscheidet (informed consent). Dieses Selbstbestimmungsrecht gilt gleichermaßen im Bereich der psychiatrischen Behandlung. Benötigt ein Patient wegen einer Beeinträchtigung besondere Unterstützung, so gebiete

Art. 12 UN-BRK den Zugang zu dieser Unterstützung. Dies wird im medizinischen Bereich unter dem Begriff der Entscheidungsassistenz diskutiert. Darunter wird ein Verfahren verstanden, das die Selbstbestimmung von Patientinnen und Patienten fördert, die durch innere oder äußere Faktoren in der Verwirklichung des ihnen zukommenden Rechts eingeschränkt sind (Zeko 2016).

Neben dem Selbstbestimmungsrecht ist auch das Recht auf körperliche Unversehrtheit des Patienten aus Art. 2 Abs. 2 GG relevant. Eingriffe in dieses Recht brauchen immer eine Einwilligung des Patienten oder eine gesetzliche Grundlage und müssen verhältnismäßig sein (hierzu S. 162). Eine ärztliche Maßnahme (Untersuchung oder Behandlung) stellt rechtlich betrachtet eine Körperverletzung dar (§ 223 StGB), auch wenn die Behandlung indiziert ist und dem Patienten nützt. Der Patient entscheidet selbst, ob er ein Behandlungsangebot annimmt und ablehnt. Er kann eine bereits erteilte Einwilligung jederzeit – auch während einer laufenden Behandlung – widerrufen.

Wenn ein Patient in einer Situation wegen seiner psychischen Krankheit einwilligungsunfähig ist, liegt die Einscheidung bei der berechtigten Vertretung – der rechtlichen Betreuerin mit entsprechendem Aufgabenbereich oder dem Bevollmächtigten mit entsprechender Vollmacht –, vorausgesetzt, es gibt keine Patientenverfügung, die die Maßnahme gestattet oder untersagt (§ 630d Abs. 1 Satz 2 BGB). Aufgabe einer Vertretung (hierzu S. 167) ist es, die betreute Person bei ihrer Entscheidung zu unterstützen und nur stellvertretend für sie einzuwilligen, wenn dies erforderlich ist.

Einwilligungsfähigkeit (auch Einsichts- und Steuerungsfähigkeit) ist ein rechtlicher Begriff, der die Fähigkeit einer betroffenen Person beschreibt, in die Verletzung eines ihr zuzurechnenden Rechtsguts einzuwilligen. Einwilligungsfähig ist, wer Art, Bedeutung und Tragweite (Risiken) der ärztlichen Maßnahme erfassen kann (BGH vom 28.11.1957 – VII ZR42/57).

Die Einwilligungsfähigkeit ist bei erwachsenen Patienten die Regel und die Unfähigkeit zur Einwilligung die Ausnahme. Psychische Erkrankungen

wie Demenz, Psychose, Manie, Depression oder kognitive Beeinträchtigungen können Einfluss auf die situative Einwilligungsfähigkeit haben. Das Vorliegen einer solchen Erkrankung oder Beeinträchtigung allein ist aber kein Grund für eine Einwilligungsunfähigkeit. Vielmehr gilt eine Person bezüglich einer konkreten medizinischen Maßnahme als einwilligungsfähig, wenn zum Zeitpunkt der Entscheidung folgende Kriterien gegeben sind:
o Informationsverständnis,
o Einsicht,
o Urteilsvermögen,
o Kommunizieren einer Entscheidung (vgl. Amelung: Probleme der Einwilligungsfähigkeit; R&P 1995, 20).

Obliegt wegen der Einwilligungsunfähigkeit der behandelten Person die Entscheidung der rechtlichen Betreuerin oder dem Bevollmächtigten, dann kommt es auf die Wünsche oder – wenn diese nicht festzustellen sind – auf den mutmaßlichen Willen der betreuten Person im Hinblick auf die Behandlung an (§§ 1821, 1827 BGB). In diesem Fall ist auch die Vertretung entsprechend aufzuklären (§ 630e Abs. 4 BGB).

Bei Zweifeln an der Einwilligungsfähigkeit des Patienten können auch Patient und Vertretung die Einwilligung erteilen. Ist der Patient einwilligungsfähig, dann hat die Vertretung aber gar keine rechtliche Entscheidungsbefugnis, denn es handelt sich bei der Einwilligung in eine Behandlung um eine höchstpersönliche Entscheidung, die Vertretungsbefugnisse beschränkt.

In der Praxis sollte immer auch darauf geachtet werden, dass der Patient adressatengerecht aufgeklärt wird und an der Entscheidungsfindung mitwirkt und nicht über ihn, sondern mit ihm entschieden wird.

Von dem Erfordernis der Einwilligung durch den Patienten oder dessen Vertretung gibt es Ausnahmen. Zunächst einmal im Eilnotfall: Kann eine Einwilligung für eine unaufschiebbare Maßnahme nicht rechtzeitig eingeholt werden, darf sie ohne Einwilligung durchgeführt werden, wenn sie dem mutmaßlichen Willen des Patienten entspricht (§ 630d Abs. 1 Satz 4 BGB). Der Behandlungsvertrag wird in diesen Fällen über die Geschäftsführung ohne Auftrag ersetzt (§§ 677 ff. BGB). Ist jedoch ein ablehnender Wille gegen eine indizierte Behandlungsmaßnahme bekannt, so ist die Behandlung nicht durch die mutmaßliche Einwilligung gerechtfertigt.

Bei der Beurteilung der Zulässigkeit einer Behandlung ist zu unterscheiden, ob die Maßnahmen ohne Einwilligung des Patienten erfolgt oder ob sie gegen den Willen des Patienten durchgeführt wird. Liegt eine Willensäußerung des Patienten vor, die die angebotene Behandlung ablehnt, handelt es sich um eine Zwangsbehandlung (hierzu S. 52 f. u. S. 180 f.). Diese ist wegen der besonderen Eingriffsintensität nur unter bestimmten Voraussetzungen möglich und erfordert die Zustimmung des Betreuungsgerichts.

Behandelnde sind verpflichtet, zum Zweck der Dokumentation in unmittelbarem zeitlichem Zusammenhang mit der Behandlung eine Patientenakte in Papierform oder elektronisch zu führen. In diese Akte haben der Patient und seine Vertretung ein Einsichtsrecht (hierzu S. 66f.).

5.1.2 Patientenverfügungen und Behandlungsvereinbarungen

Seit 2009 sind Patientenverfügungen gesetzlich geregelt (§ 1901a BGB aF= § 1827 BGB). Dies hat das Selbstbestimmungsrecht und die Vorsorgemöglichkeiten für Menschen mit psychischen Erkrankungen gestärkt, denn Patientenverfügungen gelten unabhängig von Art und Stadium einer Erkrankung. Psychiatriepatientinnen und -patienten können im Vorfeld bestimmte Behandlungsformen oder bestimmte Medikamente rechtsverbindlich ablehnen oder ihnen zustimmen (Brosey 2010).

Notwendig ist, dass sich die Verfügung auf eine konkrete Lebens- und Behandlungssituation bezieht. Aber selbst wenn sie das nicht tut, entfaltet sie als Behandlungswunsch nach § 1827 Abs. 2 BGB Verbindlichkeit bzw. ist bei der Ermittlung des mutmaßlichen Willens heranzuziehen. Nützlich kann es daher sein zu vermerken, mit welchen Medikamenten oder Therapieformen in welcher Dosierung negative oder positive Erfahrungen gemacht wurden.

Eine Patientenverfügung nach § 1827 Abs. 1 BGB kann jederzeit formlos von der ausstellenden Person widerrufen werden. Mit dem wirksamen Widerruf endet ihre Verbindlichkeit, wobei rechtlich umstritten ist, ob der Widerruf die Einwilligungsfähigkeit des Betroffenen voraussetzt.

Liegen alle Voraussetzungen einer Patientenverfügung vor (§§ 1827, 1828 BGB), ist der Verfügung »Ausdruck und Geltung« zu verschaffen. Andernfalls muss die Vertretung auf der Basis der Behandlungs- bzw. Nichtbehandlungswünsche stellvertretend entscheiden. Dabei müssen Ärztin und Vertretung den Patientenwillen gemeinsam klären und gegebenenfalls noch weitere Personen hinzuziehen (§ 1828 BGB).

Eine Patientenverfügung ist von den Behandelnden zu beachten. In vielen Fällen wird eine Vertretung aber trotzdem sinnvoll sein, denn eine Patientenverfügung ist nur so gut wie ihre Interpretation. In der Praxis ist es daher ratsam, eine Vertrauensperson mit Vorsorgevollmacht zu beauftragen, die Patientenverfügung umzusetzen und gegenüber Ärzten und Klink zu vertreten.

Eine Patientenverfügung ist auch für eine gerichtlich bestellte Betreuung verbindlich. Selbstverständlich können Menschen, die rechtlich betreut werden, eine Patientenverfügung verfassen oder ihre Behandlungswünsche niederlegen. Die Betreuerin soll sie dabei unterstützen (§ 1827 Abs. 4 BGB).

Die Funktion der Vorsorge im Bereich von Behandlungen können auch ein Krisenpass oder eine Behandlungsvereinbarung übernehmen. Der Krisenpass umfasst die Niederschrift von Behandlungswünschen für den Fall, dass eine Intervention notwendig wird. Sie hilft dabei, den mutmaßlichen Willen des Patienten festzustellen.

Die Behandlungsvereinbarung ist eine in Zusammenarbeit mit der Klinik bzw. den Behandelnden erstellte systematische Übersicht der Maßnahmen, die bei künftigen Einweisungen ergriffen werden sollen. Sie kann je nach Ausgestaltung eine Patientenverfügung oder Behandlungswünsche enthalten (§ 1827 BGB).

Beide, Krisenpass und Behandlungsvereinbarung, sollten sowohl vom Patienten mitgeführt werden als auch in der Klinik hinterlegt sein, die der

Patient in der Regel aufsucht. In der Klinik sollte aber auch aktiv nachgefragt werden, ob solche Dokumente vorhanden sind.

5.1.3 Zwangsbehandlung gegen den Willen der betroffenen Person

Das Thema Zwangsbehandlung ist in der Psychiatrie immer wieder kontrovers diskutiert worden und war Gegenstand einiger Entscheidungen des Bundesverfassungsgerichts. Auch der deutsche Ethikrat hat eine ausführliche Stellungnahme vorgelegt (Deutscher Ethikrat 2018).

Zwangsbehandlung meint eine medikamentöse Behandlung gegen den natürlichen Willen des oder der Betroffenen. Diese liegt auch vor, wenn ein entgegenstehender Wille mit List und Tücke überwunden wird, z. B. wenn Medikamente in einen Joghurt untergerührt werden. Vor dem Hintergrund der UN-BRK mit Art. 12, 14, 15 und 16 ist eine solche Zwangsbehandlung unzulässig. Gestritten wurde vor allem über die Frage, ob eine Zwangsbehandlung zur Abwehr einer Gefahr für die betroffene Person oder für Dritte möglich ist.

Das Bundesverfassungsgericht hat im Jahr 2011 (BVerfG vom 23.03.2011 – Az. 2 BvR 882/09; R&P 2011, 168) zu den rechtlichen Voraussetzungen und Grenzen einer Zwangsbehandlung Stellung bezogen und eine klare gesetzliche Regelung gefordert. Danach wurden in den Folgejahren sowohl in den PsychK(H)Gs, den Maßregelvollzugsgesetzen als auch im Betreuungsrecht (§ 1906a BGB aF = § 1832 BGB) Regelungen geschaffen, die die Grundsätze der Rechtsprechung umsetzten.

Zu den rechtlichen Anforderungen an eine Zwangsbehandlung zur Abwehr einer Selbstgefährdung gehört, dass
- die ärztliche Zwangsmaßnahme notwendig ist, um einen drohenden erheblichen gesundheitlichen Schaden von dem Betroffenen selbst abzuwenden,
- der Betroffene aufgrund einer psychischen Krankheit oder einer geistigen oder seelischen Behinderung die Notwendigkeit der ärztlichen Maßnahme nicht erkennen oder nicht nach dieser Einsicht handeln kann,

- zuvor ernsthaft, mit dem nötigen Zeitaufwand und ohne Ausübung unzulässigen Drucks versucht wurde, den Betroffenen von der Notwendigkeit der ärztlichen Maßnahme zu überzeugen,
- die ärztliche Zwangsmaßnahme dem nach § 1827 BGB nF zu beachtenden Willen des Betroffenen entspricht,
- der drohende erhebliche gesundheitliche Schaden durch keine andere den Betroffenen weniger belastende Maßnahme abgewendet werden kann,
- der zu erwartende Nutzen der ärztlichen Zwangsmaßnahme die zu erwartenden Beeinträchtigungen deutlich überwiegt (so in § 1832 BGB).

Im Hinblick auf die Behandlung zur Abwehr einer Fremdgefährdung hat sich das Bundesverfassungsgericht 2021 geäußert (BVerfG vom 08.06.2021 – Az. 2 BvR 1866/17). Das Gericht hat zunächst noch einmal bestätigt, dass sich aus den staatlichen Schutzpflichten aus Art. 2 Abs. 2 Satz 1 und 2 GG gegenüber einer untergebrachten Person eine Rechtfertigung der Zwangsbehandlung nicht ableiten lässt, wenn diese Person die in Rede stehende Behandlung im Zustand der Einsichtsfähigkeit durch eine Patientenverfügung wirksam ausgeschlossen hat. Gleichzeitig sagt das Bundesverfassungsgericht, dass die staatliche Pflicht zum Schutz der Grundrechte anderer Personen, die mit dem Betroffenen in der Einrichtung des Maßregelvollzugs in Kontakt treten, davon unberührt bleibt. Die autonome Willensentscheidung des Patienten kann nur so weit reichen, wie seine eigenen Rechte betroffen sind. Über die Rechte anderer Personen kann er nicht verfügen.

Allerdings stellt sich immer die Frage, inwieweit zur Abwehr einer Fremdgefährdung eine Zwangsmedikation dem verfassungsrechtlichen Verhältnismäßigkeitsgrundsatz entsprechen kann oder ob es nicht auch andere mildere Mittel gibt, die den Betroffenen aus seiner Perspektive weniger beeinträchtigen, wie z. B. eine Isolierung oder Fixierung (hierzu S. 164).

Für in der Psychiatrie Tätige ist es wichtig, sich mit den Folgen von Zwangsbehandlungen für die Betroffenen zu befassen und insbesondere auch mit Alternativen zur Zwangsbehandlung (siehe Zinkler u. a. 2016; Deutscher Ethikrat 2018). Hierbei können Nachbesprechungen eine wichtige Rolle spielen (Mahler u.a. 2022).

5.2 Betreuung und Assistenz

Betreuung meint im folgenden Abschnitt die Unterstützung von Menschen mit psychischen Erkrankungen in ihrem Alltag. Davon zu unterscheiden ist die rechtliche Betreuung im Sinne des BGB. Die rechtliche Betreuerin ist für die rechtliche Unterstützung beim Treffen und Umsetzen von Entscheidungen zuständig und wird von dem Betreuungsgericht bestellt (hierzu S. 170 ff.).

Soziale Betreuung und rechtliche Betreuung haben in der Praxis Überschneidungen. Der Begriff der Betreuung wird allerdings im Zusammenhang mit Unterstützungen bei der selbstbestimmten und eigenständigen Bewältigung des Alltags einschließlich der Tagesstrukturierung nicht mehr verwendet. An seine Stelle rückte der Begriff Assistenzleistungen. In der Gesetzesbegründung zum Bundesteilhabegesetz (BTHG; hierzu S. 189) wird die mit der Verwendung des Begriffs verbundene Haltung verdeutlicht: »Der Begriff der Assistenz bringt in Abgrenzung zu förderzentrierten Ansätzen der Betreuung, die ein Über-/Unterordnungsverhältnis zwischen Leistungserbringern und Leistungsberechtigten bergen, auch ein verändertes Verständnis von professioneller Hilfe zum Ausdruck. Die Leistungsberechtigten sollen dabei unterstützt werden, ihren Alltag selbstbestimmt zu gestalten« (BT-Drs. 18/9522, S. 261).

Der Begriff der Betreuung ist damit aber nicht obsolet, denn in anderen Gesetzen, wie dem Wohn- und Betreuungsvertragsgesetz (WBVG), wird er weiter verwendet.

Grundlage einer sozialen Betreuung bzw. Assistenz ist ein Vertrag zwischen dem Leistungserbringer und der Nutzerin. Hier befinden wir uns wie bei der Behandlung in einem Dreiecksverhältnis mit einem Sozialleistungsträger, der die Kosten ganz oder teilweise übernimmt und Rahmenverträge mit den Leistungserbringern geschlossen hat. Zudem liegt der Leistungsbewilligung regelhaft ein Teilhabeplanverfahren zugrunde, das bereits Inhalte und Umfang der Leistung beschreibt (hierzu S. 118 u. S. 128). Dennoch ist es wichtig zu wissen, dass es die Nutzerinnen und Nutzer sind, die den Leistungserbringer durch einen Vertrag beauftragen, der Rechte und Pflichten für beide Seiten festlegt.

Auf Bundes- und auf Landesebene gibt es einige Gesetze, die besondere Anforderungen an diese Verträge stellen, so das WBVG oder die Wohn- und Teilhabegesetze (WTG) auf Landesebene, die das sogenannte Heimrecht regeln. Sie sollen sicherstellen, dass die Würde, die Rechte, die Interessen und Bedürfnisse der Menschen, die Wohn- und Betreuungsangebote nutzen, gewahrt und die den Leistungsanbieterinnen und Leistungsanbietern obliegenden Pflichten eingehalten werden (z. B. § 1 WTG NRW).

5.3 Wiederholungsfragen

? Was setzt eine Einwilligung in eine medizinische Behandlung voraus?
? Was bedeutet Entscheidungsassistenz?
? Was ist die Grundlage für eine Entscheidung, wenn die Patientin oder der Patient nicht einwilligungsfähig ist?
? Unter welchen Voraussetzungen darf eine Zwangsbehandlung vorgenommen werden?
? Warum wird der Begriff der Betreuung kritisch gesehen?
? Wodurch wird das Rechtsverhältnis zwischen dem Leistungserbringer und den Nutzerinnen und Nutzern geregelt?
? Welche Bedeutung hat das sozialrechtliche Dreiecksverhältnis?

5.4 Vertiefungsmöglichkeiten

5.4.1 Internet

Brosey, D. (2010): Psychiatrische Patientenverfügung nach dem 3. BtÄnderG. BtPrax, 19 (4), S. 161–167. https://www.bgt-ev.de/fileadmin/Mediendatenbank/Themen/Einzelbeitraege/Brosey/Aufsatz_Brosey_BtPrax_4-2010_mit_Bestell_gesichert.pdf (11.02.2022)

Deutscher Ethikrat (2018): Hilfe durch Zwang? Professionelle Sorgebeziehungen im Spannungsfeld von Wohl und Selbstbestimmung. https://www.ethikrat.org/fileadmin/Publikationen/Stellungnahmen/deutsch/stellungnahme-hilfe-durch-zwang.pdf (11.05.2021)

ZEKO – Zentrale Ethikkommission bei der Bundesärztekammer (2016): Entscheidungsfähigkeit und Entscheidungsassistenz in der Medizin. https://www.zentrale-ethikkommission.de/fileadmin/user_upload/downloads/pdf-Ordner/Zeko/SNEntscheidung2016.pdf (22.01.2022)
Projekt »Umsetzungsbegleitung Bundesteilhabegesetz« des Deutschen Vereins für öffentliche und private Fürsorge e.V.: https://umsetzungsbegleitung-bthg.de/bthg-kompass/bk-soziale-teilhabe/assistenzleistungen/

5.4.2 Literatur

Mahler, L.; Wullschleger, A.; Oster, A. (2022): Nachbesprechung von Zwangsmaßnahmen. Ein Praxisleitfaden. Köln: Psychiatrie Verlag.

Rosenow, R. (2021): Eingliederungshilfe und rechtliche Betreuung. RP Reha, 6 (2), S. 12–24.

Zinkler, M.; Laupichler, K.; Osterfeld, M. (Hg.) (2016): Prävention von Zwangsmaßnahmen. Menschenrechte und therapeutische Kulturen in der Psychiatrie. Köln: Psychiatrie Verlag.

Zinkler, M.; Mahlke, C.; Marschner, R. (2019): Selbstbestimmung und Solidarität. Unterstützte Entscheidungsfindung in der psychiatrischen Praxis. Köln: Psychiatrie Verlag.

6 Der Umgang mit Informationen

In diesem Kapitel geht es um den Umgang mit Informationen der Betroffenen bei der Wahrnehmung psychiatrischer Angebote, also insbesondere die berufliche Schweigepflicht und den Datenschutz, das Recht auf Akteneinsicht sowie die Rechte der Fahrerlaubnisbehörden bei Zweifeln an der Fahreignung.

6.1 Das Recht auf informelle Selbstbestimmung

Der Umgang mit Informationen über Menschen, die von psychischer Erkrankung oder seelischer Behinderung betroffen sind, ist ein rechtlich und therapeutisch sensibles Thema. Auch hier ist von dem Grundsatz auszugehen, dass jeder und damit auch jeder psychisch erkrankte Mensch selbst bestimmen kann und muss, was mit seinen persönlichen Daten geschieht, wem er sie anvertraut und an wen sie weitergegeben werden können. Das Bundesverfassungsgericht hat in seinem Volkszählungsurteil vom 15.12.1983 entschieden, dass das allgemeine Persönlichkeitsrecht des Art. 2 Abs. 1 GG in Verbindung mit Art. 1 Abs. 1 GG auch das Recht auf informationelle Selbstbestimmung umfasst. Seit diesem Grundsatzurteil sind Einschränkungen der Rechte an den persönlichen Daten nur in engen Grenzen und unter Beachtung des Grundsatzes der Verhältnismäßigkeit zulässig.

In seiner Entscheidung zum Akteneinsichtsrecht im Maßregelvollzug vom 06.01.2006 (Az. 2 BvR 443/02; R&P 2006, 94 ff.) hat das Bundesverfassungsgericht den hohen Wert dieses Rechts nochmals betont und ausgeführt: »Ärztliche Krankenunterlagen mit ihren Angaben über Anamnese, Diagnose und therapeutische Maßnahmen betreffen den Patienten unmittelbar in seiner Privatsphäre. Deswegen und wegen der möglichen erheblichen Bedeutung der in solchen Unterlagen enthaltenen Informationen für selbstbestimmte Entscheidungen des Behandelten hat dieser generell ein geschütztes Interesse daran, zu erfahren, wie mit seiner Gesundheit umgegangen wurde, welche Daten sich dabei ergeben haben und wie man die weitere Entwicklung einschätzt. Dies gilt in gesteigertem Maße für Informationen über die psychische Verfassung.«

Damit wird ein unmittelbarer Zusammenhang mit dem Selbstbestimmungsrecht des Patienten hinsichtlich der durchzuführenden Behandlung und damit zu den therapeutischen Inhalten hergestellt. Es geht um die Regelungen der beruflichen Schweigepflicht und des Datenschutzes, die Pflicht zur Dokumentation sowie das Recht auf Akteneinsicht in Behandlungs- und Behördenunterlagen.

6.2 Schweigepflicht

Regelungen der beruflichen Schweigepflicht finden sich in § 203 StGB, in Berufsordnungen (z. B. § 9 MBO-Ä) und in Arbeitsverträgen (z. B. nach § 3 Abs. 1 TVöD). Dabei knüpfen diese Regelungen entweder an die Zugehörigkeit zu einer bestimmten Berufsgruppe, ein bestimmtes Tätigkeitsfeld oder an ein Beschäftigungsverhältnis an. Je nach rechtlicher Grundlage greifen bei Verstößen unterschiedliche Sanktionen. Bei der strafbewehrten Berufsschweigepflicht des § 203 StGB kann eine Geldstrafe oder eine Freiheitsstrafe bis zu einem Jahr verhängt werden. Bei Verstoß gegen berufsrechtliche Regelungen können berufsrechtliche Maßnahmen eingeleitet werden, bei Verletzung des Arbeitsvertrages kann es zu einer Abmahnung oder Kündigung kommen. Weiter können bei Verletzung des allgemeinen Persönlichkeitsrechts Schadensersatzansprüche geltend gemacht werden.

6.2.1 Verletzung von Privatgeheimnissen

Die wichtigste Vorschrift über die berufliche Schweigepflicht findet sich in § 203 StGB (Verletzung von Privatgeheimnissen). Von den Mitarbeitenden in der psychiatrischen Versorgung betreffen sie das ärztliche und psychologisch ausgebildete Personal, Angehörige anderer Heilberufe mit staatlich geregelter Ausbildung (z. B. Krankenpflege, Ergotherapie), staatlich anerkannte Sozialarbeiter bzw. Sozialpädagoginnen sowie unabhängig von der Berufszugehörigkeit die Mitarbeitenden einer staatlich anerkannten Suchtberatungsstelle (§ 203 Abs. 1 Nr. 1, 2, 4, 5 StGB). Nicht dazu gehören etwa Erzieherinnen oder Pädagogen. Den vorgenannten Personen stehen gleich ihre berufsmäßigen Gehilfen sowie die bei ihnen in Vorbereitung für den Beruf tätigen Personen (§ 203 Abs. 3 StGB). Es handelt sich dabei vor allem um das Krankenpflegepersonal, soweit nicht bereits von den Heilberufen erfasst, aber auch um den Pförtner einer Klinik und vor allem um die Verwaltungsmitarbeiterinnen.

Durch die Schweigepflicht wird in erster Linie der persönliche Lebensbereich im Sinn der informationellen Selbstbestimmung geschützt, daneben aber auch das Vertrauen in die Verschwiegenheit bestimmter Berufsgruppen gefördert. Der Betroffene soll darauf vertrauen können, dass alle Informationen, die er im geschützten Bereich offenbart, auch in diesem Bereich verbleiben und ohne seine Einwilligung oder besondere gesetzliche Grundlage nicht weitergegeben werden. Damit ist auch der therapeutische Prozess als solcher geschützt.

Wer unbefugt ein zum persönlichen Lebensbereich gehörendes Geheimnis offenbart, das ihm als Angehörigen einer der oben genannten Personengruppen anvertraut worden oder sonst bekannt geworden ist, macht sich strafbar (§ 203 Abs. 1 StGB).

6.2.2 Geheimnis

Ein Geheimnis liegt vor, wenn die entsprechenden Tatsachen nur einem beschränkten Personenkreis bekannt sind und der Betroffene an der Geheimhaltung ein sachlich begründetes Interesse hat. Dies wird bei Informationen, die in einem therapeutischen Gespräch oder im Rahmen der psychosozialen Arbeit der Bezugsperson mitgeteilt werden, regelmäßig der Fall sein. Allein die Tatsache, dass jemand Patientin oder Klient ist, unterliegt schon der Geheimhaltung.

6.2.3 Offenbarungen gegenüber Dritten

Die Schweigepflicht besteht grundsätzlich auch gegenüber Personen, die ihrerseits der Schweigepflicht unterliegen, also gegenüber mitbehandelnden Ärzten und Therapeutinnen sowie anderen Einrichtungen. Keine Schweigepflicht besteht bei Minderjährigen gegenüber Eltern sowie bei rechtlichen Betreuern im Rahmen von deren Aufgabenbereichen, weil diese Personen gesetzliche Vertreter der Betroffenen sind. In allen anderen Fällen ist für die Weitergabe von Informationen eine Schweigepflichtentbindung erforderlich. Dies gilt bei Volljährigen auch gegenüber Angehörigen.

Die Schweigepflicht besteht ebenso gegenüber den Mitgliedern einer Supervisionsgruppe, die sich aus anderen Mitarbeitenden der Einrichtung zusammensetzt (BayObLG vom 08.01.1994 – Az. 2 St RR 157/94; R&P 1995, 39). Damit ist die Frage der innerinstitutionellen Schweigepflicht berührt, die gerade in psychosozialen Einrichtungen eine große Rolle spielt. Üblicherweise wird von einer mutmaßlichen Einwilligung des Betroffenen ausgegangen, wenn mehrere Personen an seiner Behandlung beteiligt sind und dies für ihn transparent ist. Dies ist zwar in der Regel in stationären Einrichtungen, nicht aber notwendigerweise in psychosozialen Einrichtungen der Fall, da hier häufig nur eine Person Bezugstherapeut oder Ansprechpartner ist.

Im Zweifel sollte eine Einwilligung des Betroffenen eingeholt und diesem gleichzeitig verdeutlicht werden, dass der fachliche Austausch im Team oder mit anderen behandelnden Personen der Qualität der therapeutischen Arbeit im Einzelfall dient.

Die Schweigepflicht besteht auch gegenüber Behörden, Polizei und Gerichten, soweit nicht ausnahmsweise eine Offenbarungspflicht besteht (hierzu S. 61 f.).

6.2.4 Befugnis zur Offenbarung

Das Offenbaren eines Geheimnisses ist nicht strafbar, wenn eine Befugnis vorliegt. Die typische Befugnis ist die Einwilligung der Betroffenen. Eine Befugnis kann sich aber auch durch eine gesetzlich geregelte Vorschrift ergeben, die Vorrang vor der Schweigepflicht hat.

6.2.4.1 Schweigepflichtentbindung

Patientinnen und Patienten psychiatrischer Kliniken und Nutzende psychosozialer Dienste entscheiden in Ausübung ihres Selbstbestimmungsrechts, an wen und in welchem Umfang Informationen weitergegeben werden dürfen. Die Einwilligung der Betroffenen setzt Einwilligungsfähigkeit voraus. Diese ist unabhängig von der Frage der Geschäftsfähigkeit zu beurteilen und gegeben, wenn Betroffene Bedeutung und Tragweite der Entbindungserklärung verstehen. Bei fehlender Einwilligungsfähigkeit ist gegebenenfalls ein rechtlicher Betreuer mit entsprechendem Aufgabenkreis zu bestellen (zur Einwilligungsfähigkeit grundsätzlich S. 48ff.).

6.2.4.2 Gesetzliche Offenbarungspflichten

Gesetzliche Vorschriften, die Vorrang vor der Schweigepflicht haben, betreffen die Meldepflicht bei bestimmten Krankheiten nach § 8 Infektionsschutzgesetz (IfSG) sowie eine Anzeigepflicht bei Plänen von schweren Straftaten, insbesondere Tötungsdelikten (§ 138 StGB). Diese Anzeigepflicht betrifft nicht bereits begangene Delikte.

Mitarbeitende der Betreuungsbehörde sind unter bestimmten Voraussetzungen gesetzlich berechtigt oder auf Aufforderung verpflichtet, Umstände, die eine Betreuerbestellung erforderlich machen, dem Betreuungsgericht mitzuteilen (§§ 9, 11 BtOG; zur Betreuerbestellung siehe S. 170ff.).

Mtarbeitende der Bewährungshilfe sind verpflichtet, dem zuständigen Gericht über die Lebensführung des oder der Verurteilten zu berichten (§ 56d Abs. 3 Satz 3 StGB).

Mitarbeitende einer forensischen Ambulanz haben eine Offenbarungsbefugnis im Rahmen des § 68a Abs. 8 StGB gegenüber dem Gericht und der Bewährungshilfe.

Gerichtlich bestellte Sachverständige unterliegen keiner Schweigepflicht gegenüber dem sie beauftragenden Gericht hinsichtlich der Informationen, die ihnen im Rahmen der Gutachtenerstellung anvertraut werden.

All diese Ausnahmen setzen aber voraus, dass Betroffene von der grundsätzlich schweigepflichtigen Person darüber aufgeklärt werden, dass im konkreten Fall ausnahmsweise keine Schweigepflicht besteht. Nur so können Betroffene entscheiden, ob sie dennoch Informationen preisgeben wollen oder ob es besser für sie ist, dies nicht zu tun.

Eine Befugnis zur Durchbrechung der Schweigepflicht kann sich ausnahmsweise auch aus dem rechtfertigenden Notstand nach § 34 StGB ergeben. Dies ist immer dann der Fall, wenn eine Gefahr für ein höherwertiges Rechtsgut als die durch die Schweigepflicht geschützten Rechtsgüter abgewendet werden kann. Typische Fälle sind die Gefährdung Dritter oder des Betroffenen selbst, insbesondere im Zusammenhang mit Suiziddrohungen. Hier kann im Einzelfall eine Pflicht zur Durchbrechung der Schweigepflicht bestehen (zur Garantenstellung siehe S. 193f.).

Gegenüber Sozialleistungsträgern kann im Rahmen der Mitwirkungspflicht nach § 60 Abs. 1 Nr. 1 SGB I eine Pflicht zur Schweigepflichtentbindung bestehen, wenn die Informationen für die Prüfung der Voraussetzungen eines Sozialleistungsanspruchs erforderlich sind. Aber auch hier ist eine Abwägung zwischen den Geheimhaltungsinteressen von Betroffenen und dem Informationsbedürfnis des Sozialleistungsträgers erforderlich. Nicht alles, was dem Arzt oder der Einrichtung mitgeteilt wird, ist für das Feststellen eines Sozialleistungsanspruchs erforderlich. Wird allerdings die Mitwirkung hinsichtlich der für den Sozialleistungsanspruch notwendigen Informationen verweigert, kann die Leistung versagt werden (§ 66 SGB I).

6.2.4.3 Zeugenpflicht vor Gericht

Eine Befugnis, die Schweigepflicht zu durchbrechen, besteht auch im Fall einer Zeugenpflicht vor Gericht. Gegenüber der Polizei besteht sie im Strafverfahren nur, wenn diese im Auftrag der Staatsanwaltschaft handelt, aber nicht im Rahmen sonstiger Ermittlungstätigkeit.

Der Personenkreis, dem im Strafprozess ein Zeugnisverweigerungsrecht zusteht, ist enger gefasst als der Personenkreis, der nach § 203 StGB zur Verschwiegenheit verpflichtet ist. Insoweit geht die Zeugnispflicht der Verschwiegenheitspflicht vor.

Nach § 53 Abs. 1 StPO sind von den schweigepflichtigen Berufsgruppen nur Ärzte, psychologische Psychotherapeutinnen und Kinder- und Jugendlichen-Psychotherapeuten sowie Mitarbeitende einer anerkannten Beratungsstelle für Fragen der Betäubungsmittelabhängigkeit nach dem BtMG sowie ihre jeweiligen Berufshelfer berechtigt, das Zeugnis zu verweigern, es sei denn, sie sind von der Schweigepflicht entbunden (§ 53 Abs. 2 StPO). Dies bedeutet, dass insbesondere für Sozialpädagoginnen und Sozialarbeiter nach geltendem Recht kein Zeugnisverweigerungsrecht besteht, wenn sie nicht in einer Suchtberatungsstelle arbeiten.

Ähnlich verhält es sich in den Verfahrensordnungen, für die § 383 ZPO gilt, z. B. in Betreuungs- und Unterbringungsverfahren (§ 30 FamFG) oder im sozialgerichtlichen Verfahren. Hier umfasst der Personenkreis, der zur Zeugnisverweigerung berechtigt ist, Personen, denen Tatsachen anvertraut sind, deren Geheimhaltung durch ihre Natur oder durch gesetzliche Vorschrift geboten ist (§ 383 Abs. 1 Nr. 6 ZPO). Nach allerdings nicht unumstrittener Ansicht gehören hierzu nicht Sozialpädagoginnen, Sozialarbeiter und Psychologen.

6.3 Datenschutz

Während die Vorschriften über die Schweigepflicht sich an die handelnden Personen wenden, betreffen die Vorschriften des Datenschutzes öffentliche und nicht öffentliche Stellen, die personenbezogene Daten verarbeiten. Soweit die Verarbeitung personenbezogener Daten ganz oder teilweise automatisiert erfolgt, gilt der Anwendungsvorrang der europäischen Datenschutz-Grundverordnung (Art. 2 Abs. 1 DSGVO). Damit sind für den Bereich der psychiatrischen Arbeit im Wesentlichen alle öffentlichen und nicht öffentlichen Stellen wie Krankenhäuser, Sozialleistungsträger und Leistungserbringer vom Anwendungsbereich der DSGVO erfasst. Die DSGVO gilt nicht im Bereich der Strafrechtspflege, hier gelten bereichsspezifische Datenschutzregelungen.

Die Vorschriften der DSGVO werden durch das nationale Datenschutzrecht konkretisiert.

Zweck des Datenschutzes ist es, den Einzelnen davor zu schützen, dass er durch den Umgang mit seinen personenbezogenen Daten in seinen Grundrechten und Grundfreiheiten beeinträchtigt wird (Art. 1 Abs. 2 DSGVO).

Die Datenverarbeitung unterliegt insbesondere den Grundsätzen der Rechtmäßigkeit und Transparenz, der Zweckbindung, der Datenminimierung (Erforderlichkeit), der Richtigkeit sowie der Integrität und Vertraulichkeit (Art. 5 DSGVO). Die DSGVO unterscheidet zwischen der Verarbeitung personenbezogener Daten (Art. 6 DSGVO) und der Verarbeitung besonderer Kategorien personenbezogener Daten, wozu grundsätzlich Gesundheitsdaten gehören (Art. 9 DSGVO). Es gilt der Grundsatz des Verbots der Datenverarbeitung mit Erlaubnisvorbehalt. Erlaubt ist die Verarbeitung, wenn die Einwilligung des Betroffenen vorliegt oder gesetzlich geregelte Erlaubnistatbestände vorliegen. Diese können in der DSGVO selbst, aber auch in ergänzenden nationalen Bestimmungen enthalten sein. Die Betroffenen haben umfassende Informations- und Auskunftsrechte, ein Widerspruchsrecht sowie ein Recht auf Berichtigung und Löschung (Art. 13 ff. DSGVO).

Wie bei der Schweigepflichtentbindung ist für die Datenverarbeitung und damit auch die Übermittlung von Daten die Einwilligung des Betroffenen erforderlich (Art. 6 Abs. 1 a und 9 Abs. 2 a DSGVO). Die Einwilligung muss freiwillig erteilt sein und kann jederzeit widerrufen werden. Daneben stehen die gesetzlichen Befugnisse, die eine Datenübermittlung zulassen.

Ergänzende Regeln gelten z. B. für Sozialleistungsträger (§§ 35 SGB I, 67 ff. SGB X), für Betreuungsbehörden und Betreuende (§§ 4, 20 BtOG) und teilweise nach den PsychK(H)G. So dürfen Sozialdaten zur Erfüllung einer gesetzlichen Aufgabe nur bei dem Betroffenen erhoben werden, wenn nicht besondere gesetzliche Vorschriften eine Datenerhebung ohne Mitwirkung des Betroffenen zulassen (§ 67a Abs. 2 SGB X).

Angaben des Betroffenen sind freiwillig, wenn keine Auskunftspflicht besteht. Aus den sozialrechtlichen Mitwirkungspflichten des § 60 SGB I ergibt sich zwar keine Auskunftspflicht, Sozialleistungen können aber verweigert werden, wenn Leistungsberechtigte erforderliche Auskünfte nicht erteilen. Auch hierauf ist der Betroffene hinzuweisen (§ 66 Abs. 3 SGB I).

Im Bereich des Sozialgeheimnisses dürfen insbesondere jene Daten weitergegeben werden, die der jeweilige Sozialleistungsträger zur Erfüllung seiner Aufgabe benötigt (§ 69 SGB X). Hierunter fällt auch die Datenübermittlung an freie Träger, soweit dies zur Wahrnehmung der Aufgaben nach dem Sozialgesetzbuch erforderlich ist. Allerdings dürfen nur die Daten weitergegeben werden, die der freie Träger für die Aufgabenerfüllung benötigt, nicht ganze Akten. Werden die Daten befugt weitergegeben, unterliegen auch die Leistungserbringer hinsichtlich dieser Daten dem Sozialgeheimnis des § 35 SGB I (§ 78 Abs. 1 SGB X).

Weitere gesetzliche Befugnisse bestehen z. B. für die Übermittlung von Sozialdaten an das Betreuungsgericht oder die Betreuungsbehörde, wenn dies nach pflichtgemäßem Ermessen des Sozialleistungsträgers erforderlich ist, um die Bestellung eines Betreuers zu ermöglichen (§ 71 Abs. 3 SGB X). Unter engen Voraussetzungen ist auch die Weitergabe von Daten für die Durchführung eines Strafverfahrens zulässig (§ 73 StGB).

Aus den datenschutzrechtlichen Vorschriften wird deutlich, dass die Weitergabe von persönlichen Daten der Betroffenen – und insbesondere von Informationen, die ihre Gesundheit betreffen – nur in sehr eingeschränktem Maß zulässig ist. In der Regel können Betroffene, soweit sie einwilligungsfähig sind, selbst über den Umgang mit ihren Daten entscheiden. Nur in engen gesetzlichen Grenzen ist eine Datenübermittlung auch ohne ihre Einwilligung zulässig.

6.4 Dokumentation und Akteneinsicht

Im Rahmen der beruflichen Aufgaben besteht die Pflicht zur Dokumentation der Tätigkeit, im Rahmen behördlicher Tätigkeit die Pflicht zur Aktenführung. Die Dokumentation dient in erster Linie der Qualität der Behandlung bzw. Betreuung, die Betroffenen zusteht. Sie dient aber auch der Beweisführung über die durchgeführte Behandlung bzw. Betreuung und damit der Absicherung der Mitarbeitenden.

6.4.1 Dokumentationspflichten

Für die medizinische Behandlung ist die Pflicht zur Dokumentation in § 10 Abs. 1 MBO-Ä und in § 630f BGB ausdrücklich festgehalten. Danach müssen in den Patientenakten insbesondere die Anamnese, die Diagnose, Untersuchungen und Untersuchungsergebnisse, Therapien bzw. Eingriffe und ihre Wirkungen sowie Einwilligungen und Aufklärungen dokumentiert werden. Soweit besondere berufsrechtliche Regelungen fehlen, ergeben sich vergleichbare Pflichten aus den mit den Betroffenen geschlossenen Behandlungs- bzw. Betreuungsverträgen oder aus gesetzlichen Auskunfts- und Rechenschaftspflichten (z. B. nach §§ 1863 ff. BGB für rechtliche Betreuerinnen und Betreuer) und betreffen damit den gesamten psychosozialen Bereich.

Ferner bestehen in den PsychK(H)Gs und den Heimgesetzen Dokumentationspflichten mit Blick auf Maßnahmen von besonderer Eingriffsintensität wie Fixierungen und Zwangsbehandlungen. Hier ist die Einsicht in die Dokumentationen eine Betreueraufgabe, um zu überprüfen, ob die Rechtseingriffe zulässig waren.

6.4.2 Akteneinsicht

Der Dokumentationspflicht steht das Akteneinsichtsrecht der Betroffenen gegenüber. Dieses ergibt sich aus gesetzlichen Vorschriften (z. B. § 25 SGB X für Akten der Sozialleistungsträger oder § 13 FamFG für Akten des Betreuungsgerichts) oder wie die Dokumentationspflicht aus dem Behandlungs- bzw. Betreuungsvertrag. Dabei handelt es sich nicht um eine bloße Verpflichtung der Behandelnden bzw. der Einrichtung, sondern um ein in dem Recht auf informationelle Selbstbestimmung verankertes, jederzeit geltend zu machendes und einklagbares Recht der Betroffenen, das für die medizinische Behandlung in § 630g BGB geregelt ist.

Patienten muss auf Verlangen Einsicht in die vollständige, sie betreffende Patientenakte gewährt werden.

Dies gilt grundsätzlich auch für psychiatrische Krankenakten. Das Akteneinsichtsrecht beinhaltet das Recht, Abschriften in Papierform oder in elektronischer Form zu erhalten. Entgegen § 630g Abs. 2 Satz 2 BGB darf aufgrund der Vorschriften der DSGVO keine Kostenerstattung verlangt werden.

Eine Einschränkung der Akteneinsicht ist nur möglich, wenn dem erhebliche therapeutische Gründe oder erhebliche Rechte Dritter entgegenstehen. Dabei kann es sich um die begründete Gefahr einer erheblichen Verschlechterung des Gesundheitszustandes der Patienten handeln oder um eine begründete Gefahr für Dritte (z. B. Angehörige), die Auskunft über den Betroffenen erteilt haben. Grundsätzlich gilt aber auch für psychisch kranke Menschen das Recht auf informationelle Selbstbestimmung. Diese müssen wissen, was in den Krankenunterlagen enthalten ist, um selbstbestimmte Entscheidungen über die Behandlung treffen zu können. Das Akteneinsichtsrecht ist in noch stärkerem Maß bedeutsam während einer Unterbringung und im Maßregelvollzug.

Nach früherer Rechtsprechung des BGH wurden bei psychisch Erkrankten Aufzeichnungen über subjektive Eindrücke von dem Einsichtsrecht nicht umfasst, wenn dem näher zu kennzeichnende schützenswerte Interessen von Behandelnden, Dritten oder der behandelten Person selbst entgegenstanden. Dies ist mittlerweile überholt.

Das Akteneinsichtsrecht gilt nicht nur für psychiatrische Krankenhäuser, sondern ebenso für niedergelassene Ärztinnen und Ärzte und psychosoziale Einrichtungen. Die Dokumentation ist deshalb ohne stigmatisierende oder diskriminierende Elemente so abzufassen, dass sie dem Betroffenen ohne Bedenken überlassen werden kann.

Auch das behördliche Akteneinsichtsrecht ist im Grundsatz unbeschränkt. Nach § 25 Abs. 2 SGB X besteht allerdings die Möglichkeit, bei Angaben über gesundheitliche Verhältnisse den Akteninhalt durch einen Arzt vermitteln zu lassen, wenn ein gesundheitlicher Nachteil des Betroffenen zu befürchten ist. Dies entspricht im Wesentlichen der oben genannten Güterabwägung.

6.5 Widerruf einer ärztlichen Diagnose

Die Rechtsprechung hat im Zusammenhang mit der Dokumentationspflicht auch die Frage beschäftigt, ob Betroffene den Widerruf einer nach ihrer Auffassung falschen ärztlichen Diagnose verlangen können. Der Bundesgerichtshof hat hierzu entschieden, dass es sich bei der psychiatrischen Diagnose um ein auf medizinischer Begutachtung beruhendes Werturteil handelt, das einem Widerruf selbst dann nicht zugänglich ist, wenn die Diagnose sich nachträglich als unrichtig erweist (BGH vom 11.04.1989 – Az. VI ZR 293/88; R&P 1989, 116).

Diese Position ist schwer nachzuvollziehen und vor allem Betroffenen schwer zu vermitteln. Allerdings kann ein leichtfertig ausgestelltes ärztliches Attest mit einer falschen Diagnose einen Schadensersatzanspruch gegen den Arzt auslösen. Führt ein falsches ärztliches Zeugnis eines psychiatrischen Krankenhauses zu einer Unterbringung, kann dies Schadensersatzansprüche und insbesondere Schmerzensgeldansprüche im Wege der Amtshaftung begründen (OLG Karlsruhe vom 12.11.2015 – Az. 9 U 78/11; R&P 2016, 67).

6.6 Fahreignung

Bei der Teilnahme am Straßenverkehr ist jede Person zunächst selbst verpflichtet, ihre Fahreignung kritisch zu prüfen. Daher darf man nicht selbst Auto fahren, wenn die Fähigkeit zur Teilnahme am Straßenverkehr beispielsweise durch eine psychische Erkrankung oder durch die Einnahme von Medikamenten beeinträchtigt ist.

Ist die Fähigkeit zu einem dem Straßenverkehr angemessenen Verhalten nicht gegeben, haben nicht nur Gerichte und Behörden, sondern auch behandelnde Ärztinnen und Ärzte oder betreuende Sozialpädagoginnen und Sozialarbeiter trotz ihrer grundsätzlich bestehenden Schweigepflicht das Recht und bei Bestehen einer Garantenstellung (hierzu S. 193f.) auch die Pflicht, zur Abwehr von Gefahren für den Betroffenen selbst oder Dritte (§ 34 StGB) eine Mitteilung an die zuständige Fahrerlaubnisbehörde zu machen.

Bestehen berechtigte Zweifel an der Fahreignung, kann die Verwaltungsbehörde die Beibringung eines Gutachtens verlangen. Wurde die Fahrerlaubnis entzogen, ist zur Wiedererlangung eine fachärztliche oder eine medizinisch-psychologische Untersuchung notwendig. Wird die Vorlage eines Gutachtens trotz berechtigter Zweifel an der Fahreignung verweigert, darf die Verwaltungsbehörde auf die Nichteignung des Betroffenen schließen.

Die einschlägigen Bestimmungen enthält die Fahrerlaubnis-Verordnung (FeV) mit den Ausführungen zur Einschränkung und Entziehung der Zulassung (§ 4) sowie zur Eignung und bedingten Eignung zum Führen von Kraftfahrzeugen (§§ 11 ff.). In Anlage 4 zur FeV werden unter den häufiger vorkommenden Erkrankungen psychische Störungen aufgeführt. Danach ist in akuten Krankheitsphasen regelmäßig keine Fahreignung gegeben. Nach Abklingen der akuten Krankheitsphase hängt die Fahreignung vom Fortbestehen der Symptome ab.

Leitsätze und Orientierungshilfen für die Begutachtung enthalten die Begutachtungsleitlinien zur Kraftfahreignung. Darin wird auf psychische Erkrankungen im Einzelnen eingegangen. Nach den Leitsätzen zur Begutachtung bei schizophrenen Psychosen ist die Voraussetzung zum sicheren Führen von Kraftfahrzeugen in akuten Stadien schizophrener Episoden nicht gegeben. Nach abgelaufener akuter Psychose kann die Voraussetzung zum sicheren Führen eines Pkw wieder gegeben sein, wenn keine Störungen (z. B. Wahn, Halluzinationen, schwere kognitive Störung) mehr nachweisbar sind, die das Realitätsurteil erheblich beeinträchtigen.

Bei der Behandlung mit Psychopharmaka sind einerseits deren stabilisierende Wirkung, andererseits die mögliche Beeinträchtigung psychischer Funktionen zu beachten. Langzeitbehandlung schließt die positive Beurteilung nicht aus. Im Falle einer bedingten Fahreignung werden regelmäßige Kontrollen verlangt.

6.7 Wiederholungsfragen

? Welche Folgen können Verletzungen der beruflichen Schweigepflicht haben?
? Wer kann die Entbindung von der Schweigepflicht erklären?
? Was sind gesetzliche Offenbarungspflichten im Kontext der beruflichen Schweigepflicht?
? Worin liegt der Zweck des Datenschutzes?
? Welche Dokumentationspflichten gelten für Patientenakten?
? Warum haben Betroffene ein Akteneinsichtsrecht?
? Wann ist ein Zusammenhang zwischen der Frage nach der Fahreignung und psychischen Erkrankungen denkbar?

6.8 Vertiefungsmöglichkeiten

6.8.1 Internet

Zur Schweigepflicht in psychosozialen Berufen und »Standardirrtümern«: https://www.dgvt-bv.de/news-details/?tx_ttnews%5Btt_news%5D=614&cHash=e199e299ff469b37848babe1d34e50e2 (11.02.2022)

Datenschutz-Grundverordnung: https://dsgvo-gesetz.de/

Begutachtungsleitlinien zur Kraftfahreignung: https://www.bast.de/DE/Verkehrssicherheit/Fachthemen/U1-BLL/Begutachtungsleitlinien.pdf?__blob=publicationFile&v=20

Engel, A. (2019): Wann kann eine psychische Erkrankung zum Entzug des Führerscheins führen? Psychosoziale Umschau, 33 (4), S. 38. https://psychiatrie-verlag.de/wp-content/uploads/2020/06/Wann-kann-eine-psychische-Erkrankung-zum-Entzug-des-F%C3%BChrerscheins-f%C3%BChren_19-4.pdf (11.02.2022)

7 Grundbegriffe und Grundsätze des Sozialrechts

In diesem Kapitel geht es um die Klärung sozialrechtlicher Grundbegriffe als Voraussetzung für die Inanspruchnahme von Sozialleistungen. Dazu werden die Grundzüge des Sozialverwaltungsverfahrens dargestellt, insbesondere die für die Praxis wichtigen Beratungspflichten der Sozialleistungsträger, die Antrags- und Entscheidungsfristen und die Mitwirkungspflichten der Antragstellenden. Auch die Rechtsbeziehungen im Dreieck von Leistungserbringern, Leistungsträgern und Antragstellenden werden erklärt.

7.1 Sozialrechtliche Grundbegriffe

Sozialrechtliche Ansprüche sind grundlegend für die Existenzsicherung sowie für die Finanzierung der psychiatrischen Versorgung. Ein guter Überblick über die Aufgaben des Sozialgesetzbuches, die verschiedenen Sozialleistungen und die Sozialleistungsträger sowie die Ausgestaltung der Leistungen findet sich in den §§ 1–29 SGB I (SGB – Allgemeiner Teil). Dort werden umfassend die sozialen Rechte beschrieben, beispielsweise das Recht auf Maßnahmen zum Schutz, zur Erhaltung, Besserung und Wiederherstellung der Gesundheit und der Leistungsfähigkeit durch die gesetzliche Kranken-, Pflege-, Renten- und Unfallversicherung (§ 4 Abs. 2 SGB I), das Recht auf Sozialhilfe (§ 9 SGB I) und das Recht behinderter Menschen auf notwendige Hilfen zur Teilhabe (§ 10 SGB I).

Die sozialen Rechte sollen nach § 1 SGB I dazu beitragen,
- ein menschenwürdiges Dasein zu sichern,
- gleiche Voraussetzungen für die freie Entfaltung der Persönlichkeit zu schaffen,
- den Erwerb des Lebensunterhalts durch eine frei gewählte Tätigkeit zu ermöglichen,

- besondere Belastungen des Lebens (hierzu gehören Krankheit und Behinderung) auch durch Hilfe zur Selbsthilfe abzuwenden oder auszugleichen.

Soziale Rechte dürfen nicht deshalb abgelehnt, versagt oder eingeschränkt werden, weil eine rechtliche Betreuerin bestellt worden ist oder bestellt werden könnte (§ 17 Abs. 4 Satz 2 SGB I; zum Erforderlichkeitsgrundsatz im Betreuungsrecht siehe S. 170).

Auf soziale Rechte kann ein individueller Rechtsanspruch nur geltend gemacht werden, wenn entsprechende Vorschriften in den einzelnen Sozialleistungsgesetzen bestehen.

In der psychiatrischen Praxis werden sozialrechtliche Begriffe häufig ungenau verwendet. Dies betrifft insbesondere die Begriffe, die eine krankheitsbedingte Einschränkung der Arbeits- bzw. Erwerbsfähigkeit beschreiben. Damit Betroffene ihre Rechte durchsetzen können, ist es wichtig, z. B. in ärztlichen Attesten besondere Sorgfalt auf die korrekte Verwendung der Begriffe zu legen.

7.1.1 Arbeitsunfähigkeit

Arbeitsunfähigkeit ist Voraussetzung für den Bezug von Krankengeld in der gesetzlichen Krankenversicherung (§ 44 SGB V). Dabei wird immer die zuletzt konkret ausgeübte Tätigkeit berücksichtigt. Kann diese infolge der psychischen Erkrankung nicht vollständig verrichtet werden, ist jemand im rechtlichen Sinne arbeitsunfähig. Eine Verweisung auf andere Tätigkeiten kommt in der Regel nicht in Betracht, es gibt keine Teilarbeitsunfähigkeit. Auch während einer stufenweisen Wiedereingliederung nach § 74 SGB V (siehe S. 121) besteht die Arbeitsunfähigkeit fort.

7.1.2 Erwerbsminderung, Erwerbsfähigkeit, Berufsunfähigkeit

Die volle oder teilweise Erwerbsminderung als Voraussetzung für den Bezug einer Erwerbsminderungsrente in der gesetzlichen Rentenversicherung (§ 43 SGB VI) stellt nicht auf die zuletzt ausgeübte Berufstätigkeit ab, sondern auf den allgemeinen Arbeitsmarkt.

Voll erwerbsgemindert ist danach, wer wegen Krankheit oder Behinderung auf absehbare Zeit außerstande ist, unter den üblichen Bedingungen des Arbeitsmarkts mindestens drei Stunden täglich erwerbstätig zu sein.

Teilweise erwerbsgemindert ist, wer unter den vorgenannten Voraussetzungen nicht wenigstens sechs Stunden erwerbstätig sein kann.

Auf die Arbeitsmarktlage kommt es dabei in der Regel nicht an. Anders als nach dem früher geltenden Recht gibt es keinen Berufsschutz mehr, sodass sich jeder auf alle denkbaren Tätigkeiten verweisen lassen muss.

Erwerbsfähigkeit ist Voraussetzung für den Bezug von Arbeitslosengeld II (§ 8 SGB II).

Erwerbsfähig ist danach, wer nicht wegen Krankheit oder Behinderung auf absehbare Zeit außerstande ist, unter den üblichen Bedingungen des allgemeinen Arbeitsmarktes mindestens drei Stunden täglich erwerbstätig zu sein.

Für die Beurteilung der Erwerbsfähigkeit bzw. Erwerbsminderung kommt es auf die krankheitsbedingten Funktionsbeeinträchtigungen und deren Auswirkungen auf die Leistungsfähigkeit des Betroffenen unter Berücksichtigung des Krankheitsverlaufs und des aktuellen psychopathologischen Befunds an. Von besonderer Bedeutung können dabei ein chronischer Verlauf der Erkrankung sowie das Scheitern von Behandlungs- und Rehabilitationsmaßnahmen sein.

Den Begriff der Erwerbsunfähigkeit gibt es im Sozialrecht nicht mehr. Personen, die vor dem 02.01.1961 geboren sind, können aber noch eine Rente wegen teilweiser Erwerbsminderung bei Berufsunfähigkeit beziehen (§ 240 SGB VI). Bei dem Begriff Berufsunfähigkeit bezieht man sich auf den Vergleich mit Versicherten mit ähnlicher Ausbildung und gleichwertigen Kenntnissen und Fähigkeiten.

Der Begriff Berufsunfähigkeit findet sich auch im privaten Versicherungsrecht bei der Berufsunfähigkeitsversicherung bzw. Berufsunfähigkeitszusatzversicherung. Er ist nicht identisch mit dem Begriff der Berufsunfähigkeit in der gesetzlichen Rentenversicherung.

Die Kriterien für die Berufsunfähigkeit im privaten Versicherungsrecht sind immer auf der Grundlage der zugrunde liegenden Versicherungsbedingungen zu prüfen. Berufsunfähigkeit liegt in der Regel vor, wenn die versicherte Person infolge einer Krankheit voraussichtlich sechs Monate außerstande ist, ihren Beruf oder eine vergleichbare Tätigkeit auszuüben.

7.1.3 Minderung der Erwerbsfähigkeit

Der Begriff Minderung der Erwerbsfähigkeit (MdE) ist Voraussetzung für den Bezug von Renten nach der gesetzlichen Unfallversicherung (§ 56 SGB VII). Die gesetzliche Unfallversicherung gewährt Leistungen bei Gesundheitsschäden als Folge von Arbeitsunfällen und Berufskrankheiten.

Die Minderung der Erwerbsfähigkeit wird abstrakt ohne Bezug auf die konkreten Lebens- und Erwerbsverhältnisse festgelegt. Sie richtet sich nach dem Umfang der verminderten Arbeitsmöglichkeiten auf dem gesamten Gebiet des Erwerbslebens, die sich aus der Beeinträchtigung des körperlichen und geistigen Leistungsvermögens ergeben.

7.1.4 Grad der Behinderung oder Grad der Schädigung

Im Schwerbehindertenrecht (hierzu S. 144ff.) wurde der Begriff der Minderung der Erwerbsfähigkeit durch den Begriff Grad der Behinderung (GdB) ersetzt. Im sozialen Entschädigungsrecht wird nunmehr statt des Begriffs Minderung der Erwerbsfähigkeit der Begriff Grad der Schädigungsfolgen (GdS) verwendet (§ 30 BVG).

Das soziale Entschädigungsrecht leistet einen Schadensausgleich für Gesundheitsschäden, für deren Entstehung der Staat eine besondere Verantwortung übernimmt (z. B. Kriegsfolgen, Wehrdienstschäden, Impfschäden, Schäden als Folge von Straftaten). Sowohl der Grad der Behinderung wie der Grad der Schädigung orientieren sich bei psychischen Krankheiten vor allem an den beruflichen und sozialen Anpassungsschwierigkeiten. Es kommt also bei der Beurteilung nicht allein auf das Erwerbsleben, sondern auf alle Lebensbereiche an (zur Schwerbehinderung siehe S. 144).

7.2 Antragstellung und Entscheidungsfristen im Sozialrecht

Die Gewährung von Sozialleistungen setzt in aller Regel einen Antrag voraus (§§ 19 SGB IV, 18 SGB X). Nur im Sozialhilferecht sind Leistungen mit Ausnahme der Grundsicherung im Alter und bei Erwerbsminderung ab Kenntnis des Bedarfs zu erbringen (§ 18 SGB XII).

7.2.1 Antragstellung

Einen Antrag auf Sozialleistungen stellen und Sozialleistungen entgegennehmen kann, wer das 15. Lebensjahr vollendet hat (§ 36 Abs. 1 SGB I). Im Übrigen gelten auch im Sozialverwaltungsverfahren die Regelungen über die Geschäftsfähigkeit (§ 11 Abs. 1 Nr. 1 SGB X; siehe S. 39ff.).

Ist ein Betroffener infolge einer psychischen Krankheit oder seelischen Behinderung nicht in der Lage, in dem Verwaltungsverfahren tätig zu werden, kann die Behörde bei dem Betreuungsgericht die Bestellung eines geeigneten Vertreters anregen, wenn noch keine Betreuerin mit entsprechendem Aufgabenbereich bestellt ist (§ 15 SGB X).

Anträge sind beim zuständigen Leistungsträger zu stellen. Allerdings sind bei einem unzuständigen Leistungsträger oder einer nicht zuständigen Gemeinde gestellte Anträge unverzüglich an den zuständigen Leistungsträger weiterzuleiten. Als Antragsdatum wird der Antragseingang bei der unzuständigen Stelle berücksichtigt (§ 16 Abs. 1 und 2 SGB I), sodass sich aus der Antragstellung bei einem unzuständigen Leistungsträger keine Nachteile für die Betroffenen ergeben.

Ist zwischen mehreren Leistungsträgern streitig, wer zur Leistung verpflichtet ist, hat der Leistungsträger, bei dem der Antrag zuerst eingegangen ist, vorläufige Leistungen zu erbringen (§ 43 SGB I). Dadurch sollen Zuständigkeitskonflikte auf dem Rücken der Betroffenen vermieden werden.

Diese Vorschriften gelten für alle Sozialleistungen mit Ausnahme der Leistungen zur Teilhabe. Für Leistungen zur Teilhabe gelten §§ 14, 15 SGB IX (§ 24 SGB IX; hierzu S. 131 f.).

7.2.2 Aufklärung und Beratung

Alle Sozialleistungsträger sind verpflichtet, den Betroffenen durch Aufklärung, Beratung und Unterstützung Zugang zu den im Einzelfall erforderlichen Hilfen zu ermöglichen (§§ 13 ff. SGB I, 32, 106 SGB IX, 7 ff. SGB XI, 11 SGB XII).

Die Beratungspflicht der Sozialleistungsträger kann sich auch darauf erstrecken, auf die Möglichkeit der Inanspruchnahme und Beantragung anderer vorrangiger Sozialleistungsträger hinzuweisen. Geschieht dies nicht, kann dies zu Amtshaftungsansprüchen führen (BGH vom 02.08.2018 – Az. III ZR 466/16; BtPrax 2018, S. 229).

Von besonderer Bedeutung für das Rehabilitationsrecht (hierzu S. 134 ff.) ist die Ergänzende unabhängige Teilhabeberatung (EUTB) nach § 32 SGB IX, da diese nicht durch die Rehabilitationsträger erbracht wird, sondern von Betroffenen für Betroffene.

7.2.3 Mitwirkungspflichten

Im Rahmen des Verwaltungsverfahrens bestehen Mitwirkungspflichten nach §§ 60 ff. SGB I. Betroffene müssen insbesondere alle für die Leistung erheblichen Tatsachen angeben und auch der Erteilung der erforderlichen Auskünfte durch Dritte zustimmen (§ 60 Abs. 1 Nr. 1 SGB I).

Bei Verletzung der Mitwirkungspflichten kann die Leistung ganz oder teilweise versagt werden (§ 66 SGB I). Es ist aber auf die individuelle Situation des Betroffenen einzugehen und eventuellen Beeinträchtigungen aufgrund einer psychischen Krankheit Rechnung zu tragen.

7.2.4 Entscheidungsfristen

Zunehmend sieht der Gesetzgeber Fristen vor, innerhalb derer die Sozialleistungsträger über den Antrag zu entscheiden haben. So hat die Krankenkasse spätestens bis zum Ablauf von drei Wochen nach Antragseingang zu entscheiden (§ 13 Abs. 3 a SGB V), die Frist verlängert sich um zwei Wochen, wenn ein Gutachten des Medizinischen Dienstes der Krankenversicherung

(MDK) einzuholen ist. Für die Pflegekasse gilt eine Frist von fünf Wochen nach Antragseingang (§ 18 Abs. 3 b SGB XI). Rehabilitationsträger haben in der Regel innerhalb von drei Wochen nach Antragseingang zu entscheiden, spätestens aber innerhalb von zwei Monaten (§§ 14, 18 SGB IX, zur Zuständigkeit und Leistungsverantwortung im Rehabilitationsrecht siehe S. 130ff.)

Die Konsequenzen aus einer verspäteten Entscheidung sind unterschiedlich geregelt. Jedenfalls eröffnen die gesetzlich vorgesehenen Fristen in dringenden Fällen die Möglichkeit, die zuständigen Gerichte im Wege des einstweiligen Rechtsschutzes anzurufen (hierzu S. 203), damit z. B. eine Reha-Maßnahme auch zeitnah erbracht werden kann.

7.2.5 Sozialrechtliches Dreiecksverhältnis

Bei der Kostenübernahme für Dienste und Einrichtungen ist von einem sozialrechtlichen Dreiecksverhältnis auszugehen. Rechtliche Beziehungen bestehen zwischen

- dem Hilfeempfänger und dem Sozialleistungsträger (Sozialleistungsverhältnis);
- dem Hilfeempfänger und dem Dienst bzw. der Einrichtung (z. B. Behandlungs-, Wohn- und Betreuungs- oder Werkstattvertrag);
- dem Dienst bzw. der Einrichtung und dem Sozialleistungsträger (z. B. Versorgungsvertrag, Vereinbarung).

Der Anspruch des Betroffenen auf die im Einzelfall erforderliche Sozialleistung sowie die Rechtsbeziehungen zwischen dem Leistungserbringer und dem Sozialleistungsträger haben ihre Grundlage im Sozialrecht, während der Vertrag zwischen dem Betroffenen und dem Leistungserbringer dem Zivilrecht zuzuordnen ist (zum Behandlungs- und Betreuungsvertrag siehe S. 47).

Eine Hilfegewährung außerhalb der vorgenannten Verträge und Vereinbarungen kommt nur ausnahmsweise in Betracht, insbesondere wenn die im Einzelfall erforderliche Hilfe nicht im System erbracht werden kann. § 38 SGB IX macht darüber hinaus für alle Rehabilitationsträger verbindliche Vorgaben für die Verträge mit den Leistungserbringern.

Abbildung 2 Das Leistungsdreieck

7.2.6 Verträge mit Leistungserbringern

Der Rechtsanspruch Betroffener auf Hilfen nach dem Sozialgesetzbuch hängt also in der Regel davon ab, ob die Leistungserbringer Verträge mit den Sozialleistungsträgern abgeschlossen haben. Dies betrifft nicht nur Hilfen in Eingliederungshilferecht, sondern auch Hilfen durch andere Leistungserbringer, insbesondere im Krankenversicherungsrecht (so z. B. bei der Versorgung mit häuslicher Krankenpflege und Soziotherapie: §§ 132a, 132b SGB V). Teilweise ist die Leistungserbringung von einer Zulassung abhängig (etwa für Ärzte und Psychotherapeutinnen nach §§ 95 ff. SGB V, Ergotherapeuten nach § 124 SGB V und die Pflegeeinrichtungen nach § 72 SGB XI: Zulassung durch Versorgungsvertrag). Bei den Zulassungsvoraussetzungen wird auf die berufsrechtlichen Regeln der jeweiligen Berufsgruppe Bezug genommen (so z. B. für die Ergotherapeuten § 124 Abs. 2 Nr. 1 SGB V).

Daneben sind im Leistungserbringungsrecht untergesetzliche Normen zu beachten (Rahmenempfehlungen, Richtlinien, Rahmenverträge), deren rechtliche Verbindlichkeit sehr unterschiedlich sein kann. Jedenfalls müssen sich die untergesetzlichen Regelungen im Rahmen der gesetzlichen Vorgaben und Ermächtigungen bewegen. Sie enthalten aber gerade für die Praxis wichtige Hinweise zu den notwendigen Leistungsinhalten, den Qualitätsanforderungen und den Grundsätzen der Vergütung.

7.2.7 Vereinbarungen im Eingliederungshilferecht

Für die psychiatrische Versorgung von besonderer Bedeutung sind die Vorschriften der §§ 123 ff. SGB IX, soweit es sich um Leistungen der Eingliederungshilfe handelt. Der Träger der Eingliederungshilfe kann danach Leistungen nur bewilligen (§ 125 Abs. 1 SGB IX), wenn mit dem Leistungserbringer eine Vereinbarung besteht über

- Inhalt, Umfang und Qualität einschließlich der Wirksamkeit der Leistungen (Leistungsvereinbarung) und über
- die Vergütung der Leistungen (Vergütungsvereinbarung).

Die Vereinbarungen mit den Eingliederungshilfeträgern müssen den Grundsätzen der Wirtschaftlichkeit, Sparsamkeit und Leistungsfähigkeit entsprechen (§ 123 Abs. 2 SGB IX).

Für Gruppen von Leistungsberechtigten mit vergleichbarem Bedarf und Stundensätzen werden Leistungspauschalen festgelegt (§ 125 Abs. 3 SGB IX). Diese dürfen aber nicht dazu führen, dass die erforderliche Hilfe im Einzelfall unter Beachtung der Wünsche der Leistungsberechtigten nach § 104 SGB IX nicht erbracht wird.

Leistungserbringer haben nach überwiegender Auffassung keinen Rechtsanspruch auf Abschluss einer Vereinbarung nach §§ 123 ff. SGB IX, sondern nur auf ermessensfehlerfreie Entscheidung über den Abschluss einer Vereinbarung. Dabei wird vor allem die inhaltliche und wirtschaftliche Leistungsfähigkeit berücksichtigt. Bedarfsgesichtspunkte dürfen bei der Ermessensentscheidung keine Rolle spielen.

Die Vereinbarungen sind nach § 123 Abs. 2 Satz 3 SGB IX vor Beginn der jeweiligen Wirtschaftsperiode für einen künftigen Vereinbarungszeitraum (Grundsatz der Prospektivität) abzuschließen. Liegen die Voraussetzungen für eine Kostenübernahme durch den Eingliederungshilfeträger vor, kann ein Beitrag aus Einkommen des Betroffenen von den zu erbringenden Leistungen abgezogen werden (§ 137 Abs. 3 SGB IX).

7.3 Wiederholungsfragen

? Wann kann ein individueller Rechtsanspruch geltend gemacht werden?
? Welche Bedeutung hat die Arbeitsunfähigkeit im Kontext des SGB V?
? Was versteht man unter: Erwerbsminderung, Erwerbsfähigkeit, Berufsunfähigkeit?
? Was sollte geschehen, wenn ein Antrag bei einem unzuständigen Leistungsträger gestellt wurde?
? Was sollte geschehen, wenn zwischen mehreren Leistungsträgern streitig ist, welcher Leistungsträger in einem konkreten Fall zuständig ist?
? Welche Folge kann die Verletzung von Mitwirkungspflichten haben?
? Was ist das sozialrechtliche Dreiecksverhältnis?

7.4 Vertiefungsmöglichkeiten

7.4.1 Internet

Ergänzende unabhängige Teilhabeberatung: https://www.teilhabeberatung.de
Der Sozialverband Deutschland e.V.: https://www.sovd.de/
Der Sozialverband VdK Deutschland e.V.: https://www.vdk.de/deutschland/

7.4.2 Literatur

Reinhardt, R. (2014): Grundkurs Sozialverwaltungsrecht für die Soziale Arbeit. Stuttgart: utb.
Patjens, R.; Patjens, T. (2018): Sozialverwaltungsrecht für die Soziale Arbeit. Baden-Baden: Nomos.
Fasselt, U.; Schellhorn, H. (2021): Handbuch Sozialrechtsberatung. 6. Aufl. Baden-Baden: Nomos.

8 Existenzsicherung psychisch erkrankter Menschen

In diesem Kapitel geht es um die Frage, wovon Menschen mit psychischer Erkrankung oder seelischer Beeinträchtigung leben, also welche Sozialleistungsansprüche aus den verschiedenen Sozialleistungssystemen zur Sicherung des Lebensunterhalts bestehen.

8.1 Leistungsvoraussetzungen

Jede psychische (oder andere) Krankheit kann zur Gefährdung der Existenzsicherung führen, wenn wegen der Krankheit vorübergehend oder auf Dauer eine Erwerbstätigkeit nicht möglich ist und daher kein Einkommen erzielt werden kann.

Für die soziale Sicherung psychisch erkrankter Menschen ist es von entscheidender Bedeutung, ob sie als Versicherte Leistungen aus der Sozialversicherung (Kranken-, Renten-, Arbeitslosenversicherung) erhalten oder auf Leistungen der sozialen Fürsorge (Sozialhilfe) angewiesen sind.

Während im ersten Fall die Versicherteneigenschaft und gegebenenfalls weitere versicherungsrechtliche Voraussetzungen den Leistungsanspruch gegen den jeweiligen Sozialversicherungsträger auslösen, wird im zweiten Fall die Hilfebedürftigkeit geprüft. Ausschlaggebend für die Frage, welche Leistungen in Betracht kommen, sind neben der Versicherteneigenschaft die Dauer der Krankheit bzw. Behinderung sowie die damit verbundene Leistungsbeeinträchtigung, da die Leistungen aus der Sozialversicherung häufig zeitlich befristet sind.

8.2 Entgeltersatzleistungen der Sozialversicherung

Ansprüche auf Leistungen der Existenzsicherung können sich vor allem aus dem Recht der Krankenversicherung, der Arbeitslosenversicherung sowie der Rentenversicherung ergeben.

8.2.1 Krankengeld

Bei stationärer Krankenhausbehandlung oder Behandlung in einer Rehabilitationseinrichtung sowie bei Arbeitsunfähigkeit (zur Arbeitsunfähigkeit siehe S. 72ff.) bestehen Ansprüche auf Entgeltfortzahlung durch den Arbeitgeber (in der Regel bis zu sechs Wochen) sowie auf Krankengeld (§ 44 SGB V), das durch die Krankenkasse längstens für 78 Wochen wegen derselben Krankheit bezahlt wird (§ 48 SGB V). Der Anspruch auf Krankengeld entsteht am ersten Tag der Krankenhausbehandlung bzw. stationären Rehabilitation oder an dem Tag der ärztlichen Feststellung der Arbeitsunfähigkeit (§ 46 Satz 1 Nr. 1 und 2 SGB V). Bei einer Folgebescheinigung genügt es damit, wenn Betroffene spätestens am nächsten Werktag nach dem Ende der letzten Arbeitsunfähigkeit den Arzt aufsuchen.

Weiter ist in § 46 Satz 3 SGB V geregelt, dass der Anspruch auf Krankengeld auch dann bestehen bleibt, wenn die weitere Arbeitsunfähigkeit wegen derselben Krankheit innerhalb eines Monats nach dem zuletzt bescheinigten Ende der Arbeitsunfähigkeit ärztlich festgestellt wird. Bis zum Tag der erneuten Feststellung ruht der Anspruch auf Krankengeld (§ 49 Abs. 1 Nr. 8 SGB V).

Bei Zweifeln an der Arbeitsunfähigkeit kann die Krankenkasse Versicherte durch den Medizinischen Dienst (MD) untersuchen lassen (§ 275 Abs. 1 Nr. 3, Abs. 1a SGB V). Insoweit besteht eine Mitwirkungspflicht (§ 62 SGB I). Dauert die Arbeitsunfähigkeit länger und ist die Erwerbsfähigkeit nach ärztlichem Gutachten erheblich gefährdet oder gemindert, kann die Krankenkasse Betroffene nach § 51 SGB V unter Fristsetzung auffordern, einen Antrag auf Leistungen zur medizinischen Rehabilitation und zur Teilhabe am Arbeitsleben zu stellen. Wird der Antrag nicht fristgerecht gestellt, entfällt der Anspruch auf Krankengeld, lebt aber bei einer späteren Antragstellung wieder auf (§ 51 Abs. 3 SGB V). Der zuständige Rehabilitationsträger hat dann zu prüfen, ob Leistungen der medizinischen Rehabilitation oder zur Teilhabe am Arbeitsleben zu gewähren sind.

8.2.2 Übergangsgeld

Während einer medizinischen Rehabilitationsmaßnahme bzw. Maßnahme zur Teilhabe am Arbeitsleben besteht Anspruch auf Leistungen zum Lebensunterhalt (§ 65 SGB IX). Ist die Krankenkasse Rehabilitationsträger, ist Krankengeld zu gewähren, sonst Übergangsgeld – insbesondere wenn der Rentenversicherungsträger oder die Bundesagentur für Arbeit Rehabilitationsträger sind.

8.2.3 Arbeitslosengeld

Endet der Anspruch auf Krankengeld wegen der Überschreitung der Höchstdauer von 78 Wochen und besteht die Arbeitsunfähigkeit fort, können Betroffene einen Antrag auf Arbeitslosengeld bei der Agentur für Arbeit stellen. Da sich der Begriff der Arbeitsunfähigkeit auf die zuletzt ausgeübte Beschäftigung bezieht, Arbeitslosen aber alle ihrer Arbeitsfähigkeit entsprechenden Beschäftigungen zumutbar sind (§ 140 Abs. 1 SGB III), kann durchaus Verfügbarkeit im Sinne des Rechts der Arbeitslosenversicherung bestehen. Dies gilt auch, wenn der Arbeitsvertrag mit dem letzten Arbeitgeber nicht beendet ist und dieser auf seine Direktionsrechte (Weisungsrechte gegenüber dem Arbeitnehmer) aus dem Arbeitsvertrag verzichtet. Davon wird in der Praxis in der Regel ausgegangen.

Auch eine Minderung der Leistungsfähigkeit steht dem Anspruch auf Arbeitslosengeld nicht entgegen, wenn verminderte Erwerbsfähigkeit im Sinn der gesetzlichen Rentenversicherung durch den zuständigen Rentenversicherungsträger nicht festgestellt wurde (§ 145 Abs. 1 SGB III). Die Agentur für Arbeit fordert die Betroffenen in diesem Fall auf, innerhalb eines Monats einen Antrag auf Leistungen zur medizinischen Rehabilitation oder zur Teilhabe am Arbeitsleben zu stellen (§ 145 Abs. 2 SGB III). Wird der Antrag trotz Aufforderung nicht gestellt, ruht der Anspruch auf Arbeitslosengeld. Anderenfalls besteht der Anspruch auf Arbeitslosengeld fort, bis der zuständige Rentenversicherungsträger eine Rente wegen voller Erwerbsminderung bewilligt hat oder die maximale Bezugsdauer des Arbeitslosengeldes erreicht ist. Je nach Vorversicherungszeiten beträgt die

Bezugsdauer des Arbeitslosengeldes bis zu einem Jahr, bei älteren Arbeitnehmern bis zu zwei Jahren (§ 147 SGB III).

8.2.4 Erwerbsminderungsrente

Der Antrag auf Leistungen zur medizinischen Rehabilitation oder zur Teilhabe am Arbeitsleben wird in einen Rentenantrag umgedeutet, wenn sich herausstellt, dass die entsprechenden Maßnahmen nicht Erfolg versprechend sind oder schon ohne Erfolg durchgeführt wurden und verminderte Erwerbsfähigkeit vorliegt (§ 116 SGB VI). Dann wird rückwirkend ab Antragstellung auf Leistungen zur medizinischen Rehabilitation oder zur Teilhabe am Arbeitsleben Rente wegen voller oder teilweiser Erwerbsminderung gewährt.

Erwerbsminderungsrenten werden grundsätzlich auf Zeit und damit befristet geleistet. Die Befristung kann wiederholt bis zu einer Gesamtdauer von neun Jahren erfolgen. Ein Anspruch auf unbefristete Erwerbsminderungsrente besteht, wenn unwahrscheinlich ist, dass die Erwerbsminderung behoben werden kann (§ 102 Abs. 2 SGB VI; zur Erwerbsminderung siehe S. 73f.).

Nahtlosigkeitsregelungen Mit dem vorher dargestellten Leistungssystem versucht der Gesetzgeber, Menschen im Fall von Krankheit und Behinderung und einem häufig damit verbundenen Verlust des Arbeitsplatzes ein lückenloses Netz an Sozialleistungen zur Verfügung zu stellen, um die Einkommenseinbußen zu kompensieren.

Verschiedene soziale Leistungen sollen im günstigsten Fall nahtlos ineinandergreifen.

In der Praxis funktioniert das aber oft nicht. Dies hat mehrere Gründe. Zum einen versuchen Sozialleistungsträger häufig, Betroffene auf andere Sozialleistungen zu verweisen, obwohl die entsprechenden Voraussetzungen gar nicht vorliegen und sie selbst leistungspflichtig sind. Zum anderen sind die Leistungen nicht immer ausreichend zur Deckung des Lebensbedarfs. Zwar orientiert sich die Höhe von Krankengeld, Übergangsgeld und Arbeitslosengeld in der Regel am zuletzt erzielten Arbeitsentgelt, sodass diese Leistungen meistens ausreichen, den Lebensunterhalt zu bestreiten. Die Renten wegen Erwerbsminderung werden aber überwiegend beitragsbezogen berechnet. Es hängt vom Einzelfall ab, ob die Rente wegen Erwerbsminderung für den Lebensunterhalt genügt. Bei der Rente wegen teilweiser Erwerbsminderung ist dies in der Regel nicht der Fall. Hier bestehen allerdings höhere Hinzuverdienstgrenzen (§ 96a SGB VI).

8.3 Sozialhilfeleistungen zur Sicherung des Lebensunterhalts

Sind die Ansprüche auf Krankengeld und Arbeitslosengeld erschöpft und besteht kein Anspruch auf eine Rente wegen Erwerbsminderung, die den Lebensunterhalt deckt, bleibt nur der Verweis auf Leistungen der Sozialhilfe im weiteren Sinn. Es handelt sich dabei um die Leistungen, die nachrangig gegenüber anderen Sozialleistungen und Ansprüchen (z. B. Unterhaltsansprüchen) erbracht werden und zunächst den Einsatz der eigenen Arbeitskraft sowie des eigenen Einkommens und Vermögens erfordern (§§ 9 SGB II, 2 SGB XII).

Für Betroffene kommen dabei zur Existenzsicherung drei Leistungen in Betracht:
- Arbeitslosengeld II bzw. Sozialgeld nach dem SGB II,
- Hilfe zum Lebensunterhalt nach §§ 27 ff. SGB XII,
- Grundsicherung im Alter und bei Erwerbsminderung nach § 41 ff. SGB XII.

Arbeitslosengeld II, Hilfe zum Lebensunterhalt und Grundsicherung bei Erwerbsminderung schließen sich gegenseitig aus. Es bedarf daher immer der Zuordnung zu einer der drei Leistungen.

Maßgebliches Abgrenzungskriterium ist der Begriff der Erwerbsfähigkeit (zur Erwerbsfähigkeit siehe S. 73f.).). Grundsätzlich bestehen die Leistungsansprüche unabhängig von der Wohnform.

8.3.1 Arbeitslosengeld II

Wer mindestens drei Stunden täglich erwerbstätig sein kann und hilfebedürftig ist, hat Anspruch auf Arbeitslosengeld II nach dem SGB II und muss sich auch dem dort geltenden System des Forderns und Förderns unterwerfen, d.h. insbesondere jede zumutbare Arbeit annehmen, die seinen körperlichen, geistigen und seelischen Fähigkeiten entspricht (§§ 9, 10 SGB II).

Eine psychische Erkrankung oder seelische Behinderung ist bei der Zumutbarkeit der Arbeit zu berücksichtigen, selbst wenn von Erwerbsfähigkeit ausgegangen wird.

Nach § 1 Abs. 1 Nr. 5 SGB II sind die Leistungen der Grundsicherung für Arbeitsuchende darauf auszurichten, dass behindertenspezifische Nachteile überwunden werden.

Zu den Leistungen der Eingliederung in Arbeit gehören neben der Arbeitsvermittlung auch das Einstiegsgeld (§ 16b SGB II) und die Zuweisung von Arbeitsgelegenheiten, wenn die Arbeiten zusätzlich, im öffentlichen Interesse liegend und wettbewerbsneutral sind (§ 16d SGB II). Während der Arbeitsgelegenheit ist eine angemessene Entschädigung für Mehraufwendungen zu zahlen. Darüber hinaus besteht bei psychisch kranken Menschen die Möglichkeit einer psychosozialen Betreuung, wenn diese für die Eingliederung der erwerbsfähigen Hilfebedürftigen in das Erwerbsleben erforderlich ist (§ 16a SGB II). Von dieser Möglichkeit wird in der Praxis bisher zu wenig Gebrauch gemacht.

Nicht erwerbsfähige Angehörige der Bezieherinnen und Bezieher von Arbeitslosengeld II erhalten Sozialgeld, soweit kein Anspruch auf Grundsicherung im Alter oder bei Erwerbsminderung besteht (§ 19 Abs. 1 Satz 2 SGB II). Keine Leistungen nach dem SGB II erhält, wer in einer stationären Einrichtung untergebracht ist, bei der der Träger der Einrichtung die Gesamtverantwortung für die Lebensführung und Integration der Betroffenen übernimmt (es sei denn, es handelt sich um einen Krankenhausaufenthalt, der voraussichtlich nicht länger als sechs Monate dauert).

Keinen Anspruch auf Leistungen nach dem SGB II hat, wer aufgrund richterlicher Anordnung untergebracht ist (§ 7 Abs. 4 SGB II). Eine richterlich angeordnete Freiheitsentziehung besteht z.B. im Fall einer Unterbringung nach PsychK(H)G oder einer strafrechtlichen Unterbringung im

Maßregelvollzug, es sei denn, die untergebrachte Person lebt im Rahmen des Probewohnens bereits in einer eigenen Wohnung (BSG vom 05.08.2021 – Az. B 4 AS 26/20 R; R&P 2022, 46). Anderenfalls kann auch ein Anspruch auf Leistungen nach dem SGB XII bestehen.

Die Leistungen nach dem SGB II sind von einem Antrag abhängig. In der Regel besteht keine Rückgriffsmöglichkeit auf unterhaltspflichtige Eltern und Kinder (§ 33 Abs. 2 SGB II). Zuständig sind die Jobcenter, die gemeinsam von den kommunalen Trägern und der Bundesagentur für Arbeit oder von den zugelassenen kommunalen Trägern allein eingerichtet werden.

8.3.2 Grundsicherung bei Erwerbsminderung

Wer nicht drei Stunden täglich erwerbstätig sein kann und hilfebedürftig ist, wird auf die Leistungen des SGB XII verwiesen. Besteht danach volle Erwerbsminderung und ist unwahrscheinlich, dass dies sich ändert, besteht Anspruch auf Leistungen der Grundsicherung bei Erwerbsminderung nach §§ 41 ff. SGB XII.

Auch diese Leistung muss ausdrücklich beantragt werden. Es besteht in der Regel keine Rückgriffsmöglichkeit gegenüber unterhaltspflichtigen Eltern und Kindern (§ 94 Abs. 1a SGB XII). Dieser Aspekt ist für psychisch erkrankte Menschen von erheblicher Bedeutung.

Zuständig sind die örtlichen Sozialhilfeträger bei den kreisfreien Städten und Kreisen, teilweise auch die überörtlichen Sozialhilfeträger, wenn die Grundsicherung zusammen mit anderen Leistungen (Eingliederungshilfe für behinderte Menschen, Hilfe zur Pflege) erbracht wird.

8.3.3 Hilfe zum Lebensunterhalt

Kann der Betroffene nicht drei Stunden täglich erwerbstätig sein, ohne dass feststeht, ob dies auf Dauer so sein wird, besteht Anspruch auf Hilfe zum Lebensunterhalt nach §§ 27 ff. SGB XII. Die Hilfe zum Lebensunterhalt ist bei Kenntnis des Bedarfs von Amts wegen zu gewähren (§ 18 SGB XII) und setzt daher keinen förmlichen Antrag voraus.

Grundsätzlich besteht bei der Hilfe zum Lebensunterhalt die Möglichkeit des Rückgriffs gegen Unterhaltspflichtige, in der Regel aber nicht mehr gegen Eltern und Kinder (§ 94 Abs. 1a SGB XII; im Einzelnen siehe S. 93).

Zur Hilfe zum Lebensunterhalt gehört auch der notwendige Lebensunterhalt in Einrichtungen (§ 27b SGB XII). Dies betrifft vor allem Menschen, die in stationären Pflegeeinrichtungen leben, nicht aber Menschen, die in besonderen Wohnformen der Eingliederungshilfe leben. Zuständig sind die örtlichen Sozialhilfeträger bei den kreisfreien Städten und Kreisen, teilweise auch die überörtlichen Sozialhilfeträger, wenn die Hilfe zum Lebensunterhalt zusammen mit anderen Leistungen (Eingliederungshilfe für behinderte Menschen, Hilfe zur Pflege) erbracht wird.

8.3.4 Feststellung der Erwerbsfähigkeit

Gibt es zwischen den verschiedenen Leistungsträgern nach dem SGB II und XII Streit um die Frage der Erwerbsfähigkeit des Betroffenen (§ 8 SGB II) und damit um die Zuständigkeit, sind bis zu einer Entscheidung der Einigungsstelle zunächst Leistungen nach dem SGB II zu erbringen (§ 44a SGB II). Zur Klärung der Frage der Erwerbsfähigkeit wird gegebenenfalls ein Sachverständigengutachten eingeholt. Ist ein Antrag auf Grundsicherung bei Erwerbsminderung gestellt, über den noch nicht entschieden wurde, ist das Sozialamt in jedem Fall verpflichtet, zunächst Hilfe zum Lebensunterhalt zu gewähren.

Auch hier sind die Vorschriften eigentlich so ausgestaltet, dass niemand durch das soziale Netz fallen kann. In der Praxis werden aber gerade psychisch kranke Menschen, bei denen Zweifel an der Erwerbsfähigkeit bestehen, zwischen den verschiedenen Trägern hin und her geschoben und nicht ausreichend über ihre Ansprüche informiert.

8.3.5 Höhe der Leistungen

Die Höhe von Arbeitslosengeld II, Hilfe zum Lebensunterhalt und Grundsicherung im Alter und bei Erwerbsminderung ist weitgehend identisch und umfasst

- den Regelbedarf zur Sicherung des Lebensunterhalts (Kosten für Ernährung, Kleidung, Körperpflege, Hausrat, Haushaltsenergie ohne Heizung und Warmwasser, Bedarfe des täglichen Lebens sowie in vertretbarem Umfang Beziehungen zur Umwelt und zur Teilhabe am kulturellen Leben nach §§ 20 Abs. 1 SGB II, 27a SGB XII),

- Mehrbedarfe (z. B. für werdende Mütter oder bei aus medizinischen Gründen kostenaufwendiger Ernährung),
- einmalige Bedarfe (z. B. für die Wohnungserstausstattung sowie die Erstausstattung mit Bekleidung),
- Leistungen für Unterkunft und Heizung.

Die Leistungen zum Lebensunterhalt orientieren sich am Bedarf und nicht am zuletzt erzielten Einkommen.

Der Regelbedarf nach dem SGB II bzw. SGB XII beträgt bei einer alleinstehenden Person derzeit (2022) 449 Euro und wird jeweils zum 1. Januar eines Jahres angepasst. Im SGB XII sind regionale Abweichungen zulässig.

Bezieher von Arbeitslosengeld II müssen sich bei einem Krankenhausaufenthalt ersparte Aufwendungen nicht als Einkommen anrechnen lassen, bei Beziehern von Leistungen nach dem SGB XII ist dies im Einzelfall zu prüfen, dürfte aber nur ausnahmsweise in Betracht kommen.

Die Kosten für Unterkunft und Heizung sind in angemessener Höhe zu übernehmen (§§ 22 Abs. 1 SGB II, 35 Abs. 1 und 2, 42a Abs. 1 SGB XII). Dabei wird die jeweilige Angemessenheitsgrenze in Städten und Landkreisen pauschal festgelegt. Im Einzelfall kann diese Grenze aber überschritten werden. Dies kommt insbesondere bei psychisch erkrankten Menschen in Betracht, denen ein Umzug nicht zugemutet werden kann.

Durch die Trennung der existenzsichernden Leistungen von den Fachleistungen der Eingliederungshilfe durch das BTHG ergeben sich besondere Regelungen im Bereich des SGB XII hinsichtlich des Regelbedarfs, der Unterkunftskosten sowie bestimmter Mehrbedarfe. Leben Betroffene in einer besonderen Wohnform (zuvor stationären Einrichtung), wird nicht mehr der gesamte dort entstehende Lebens- und Eingliederungshilfebedarf abgedeckt. Vielmehr muss jede Person die Leistungen für ihren Lebensbedarf sowie für Unterkunft und Heizung grundsätzlich selbst bezahlen. In diesem Fall richtet sich der Regelbedarf nach der Regelbedarfsstufe 2 (2022: 404 Euro).

Die Kosten der Unterkunft orientieren sich in diesem Fall an den durchschnittlichen angemessenen tatsächlichen Aufwendungen für die

Warmmiete eines Einpersonenhaushalts am Wohnort und werden von den Kostenträgern festgelegt (§ 42a Abs. 5 und 6 SGB XII). Dabei können bis zu 25 Prozent der diesen Wert übersteigenden Unterkunftskosten übernommen werden, wenn bestimmte Zuschläge (z. B. für Möblierung, Nebenkosten, Haushaltsstrom, Telekommunikationsgebühren) vertraglich vereinbart sind. Darüber hinausgehende Unterkunftskosten sind Kosten der Eingliederungshilfe.

Einen Barbetrag zur persönlichen Verfügung (»Taschengeld«) gibt es im Rahmen der Eingliederungshilfe nicht mehr, da alle Bewohnerinnen und Bewohner selbst für ihren Regelbedarf und ihre Unterkunftskosten aufkommen müssen. Es kann aber vereinbart werden, dass ein dem bisherigen Barbetrag entsprechender Betrag zur freien Verfügung bei den vertraglich vereinbarten Zahlungen für Verpflegung und Hauswirtschaft an den Leistungserbringer zurückbehalten werden kann. Entsprechendes gilt für den Bekleidungsbedarf. Die Wohn- und Betreuungsverträge müssen der neuen Rechtslage angepasst werden.

Da auch bei Beschäftigung in einer Werkstatt für behinderte Menschen die Kosten für die Verpflegung nicht mehr von den Kosten der Eingliederungshilfe umfasst sind, gibt es einen neuen Mehrbedarf für das Mittagessen in der WfbM in Höhe von (2022) 3,57 Euro täglich (§ 42b SGB XII).

8.3.6 Einsatz von Einkommen und Vermögen im SGB II und SGB XII

Leistungen der Sozialhilfe, zu denen strukturell auch das Arbeitslosengeld II gehört, werden nur bei Bedürftigkeit erbracht. Es ist also jeweils zu prüfen, ob und in welchem Umfang Betroffene ihr Einkommen und Vermögen einsetzen müssen und ob die Möglichkeit des Rückgriffs gegen unterhaltspflichtige Angehörige besteht. Einkommen und Vermögen sind in (allerdings unterschiedlichen) Grenzen einzusetzen (§§ 11, 12 SGB II einerseits, §§ 82 ff., 90 SGB XII andererseits). Dabei wirken sich die deutlich höheren Vermögensfreigrenzen des SGB II nur dann nicht aus, wenn die Betroffenen gleichzeitig Leistungen nach dem SGB XII beziehen (zur Einkommensgrenze bei der Eingliederungshilfe siehe S. 127f.).

Nachrang der Sozialhilfe Sozialhilfeleistungen nach dem SGB XII werden nur geleistet, soweit kein einzusetzendes Einkommen oder Vermögen vorliegt oder keine vorrangigen Unterhaltsansprüche bestehen (§ 2 SGB XII). Dies betrifft nicht nur die existenzsichernden Leistungen der Sozialhilfe (Hilfe zum Lebensunterhalt und Grundsicherung im Alter und bei Erwerbsminderung), sondern auch die Hilfe zur Pflege, wenn nicht gleichzeitig Leistungen der Eingliederungshilfe bezogen werden und die Betroffenen bei Leistungsbeginn die Regelaltersgrenze nicht überschritten haben (§ 103 SGB IX), sowie andere Hilfen nach dem SGB XII. Eine vergleichbare Vorschrift enthält § 9 Abs. 1 SGB II für die Leistungen nach dem SGB II.

Die Regelungen zum Einkommens- und Vermögenseinsatz halten Betroffene mit Erwerbseinkommen, Rente oder kleinem Vermögen oft davon ab, notwendige Hilfen in Anspruch zu nehmen.

8.3.6.1 Einsatz des Einkommens und Zuverdienstgrenzen

Bezieherinnen und Bezieher von Arbeitslosengeld II können in den Grenzen des § 11b Abs. 3 SGB II hinzuverdienen. Danach bleiben die ersten 100 Euro anrechnungsfrei, zwischen 100 und 1.000 Euro bleiben 20 Prozent anrechnungsfrei.

Bei der Hilfe zum Lebensunterhalt, der Grundsicherung im Alter und bei Erwerbsminderung nach dem SGB XII beträgt der Freibetrag 30 Prozent des Einkommens aus selbstständiger und nichtselbstständiger Tätigkeit, höchstens aber 50 Prozent der Regelbedarfsstufe 1.

Bei einer Beschäftigung in einer Werkstatt für behinderte Menschen beträgt der Freibetrag ein Achtel der Regelbedarfsstufe 1 zuzüglich 50 Prozent des diesen Betrag übersteigenden Entgelts (§ 82 Abs. 3 SGB XII).

Bei der Hilfe zum Lebensunterhalt und bei der Grundsicherung im Alter und bei Erwerbsminderung nach dem SGB XII ist das Einkommen unter Berücksichtigung der Hinzuverdienstgrenzen vollständig einzusetzen, bei den weiteren Sozialhilfeleistungen wie der Hilfe zur Pflege nur bei Übersteigen einer bestimmten Einkommensgrenze. Diese liegt nach § 85 SGB XII zurzeit (2022) bei 898 Euro zuzüglich der angemessenen Kosten für die Unterkunft und der Familienzuschläge.

Motivationszuwendungen der freien Wohlfahrtspflege für die Teilnahme an einem Arbeitstraining oder vergleichbare freiwillige Zuwendungen, die dem Anreiz der regelmäßigen Teilnahme an einer Maßnahme zur Teilhabe dienen, sind nicht als Einkommen einzusetzen (BSG vom 28.02.2013 – Az. B 8 SO 12/11 R; R&P 2014, 95, und BSG vom 03.07.2020 – Az. B 8 SO 27/18 R; R&P 2021, 43).

Werden für längere Zeit Leistungen in einer stationären Einrichtung erbracht, muss das Einkommen in angemessenem Umfang eingesetzt werden (§§ 88 Abs. 1 Satz 2, 92 Abs. 2 SGB XII). Betroffene in stationären Pflegeeinrichtungen erhalten den Barbetrag zur persönlichen Verfügung (»Taschengeld«) nach § 27b Abs. 2 SGB XII.

8.3.6.2 Einsatz des Vermögens

Zu dem geschützten Vermögen nach § 90 Abs. 2 SGB XII, das nicht einzusetzen ist, gehören u.a.
- Altersvorsorgekapital, das staatlich gefördert wurde (Riesterrente);
- ein angemessenes Hausgrundstück, das vom Hilfesuchenden allein oder zusammen mit Angehörigen ganz oder teilweise bewohnt wird;
- sonstiges Vermögen, solange es nachweislich zur baldigen Beschaffung oder Erhaltung eines Hausgrundstücks bestimmt ist, das Wohnzwecken behinderter oder pflegebedürftiger Menschen dienen soll;
- kleinere Barbeträge oder sonstige Geldwerte, bei denen auch eine besondere Notlage der Hilfesuchenden zu berücksichtigen ist (5.000 Euro für die alleinstehende leistungsberechtigte Person, 5.000 Euro für den nicht getrennt lebenden Ehegatten oder Lebenspartner sowie 500 Euro für jede von diesen überwiegend unterhaltene Person).

Diese Regelung gilt – mit Ausnahme des Barbetrages – auch bei Bezug von Leistungen der Eingliederungshilfe (§ 139 SGB IX).

Bei den Leistungen nach dem SGB II bestehen nach § 12 Abs. 2 SGB II großzügigere Freigrenzen insbesondere hinsichtlich eines Grundfreibetrages (150 Euro je vollendetes Lebensjahr, höchstens aber 10.050 Euro) sowie eines besonderen Altersvorsorgefreibetrages (750 Euro je vollendetes Lebensjahr, höchstens 50.250 Euro).

Zum Vermögen gehört auch das geerbte Vermögen. Allerdings besteht die Möglichkeit für Erblasser, testamentarisch den Vermögenseinsatz auszuschließen und das Vermögen für den Betroffenen auf Lebenszeit zur Erfüllung besonderer Bedürfnisse zu erhalten (Behindertentestament). Im Einzelnen sind die erbrechtlichen Regelungen kompliziert.

8.3.6.3 Unterhaltspflicht und Heranziehung von Angehörigen

Entsprechend dem Nachrangprinzip der Sozialhilfe sind grundsätzlich Unterhaltsansprüche gegen Ehegatten und Verwandte ersten Grades (Eltern, Kinder) geltend zu machen, wenn diese über ein entsprechendes Einkommen oder Vermögen verfügen. Nachdem aber kein Unterhaltsrückgriff im Rahmen der Eingliederungshilfe nach dem SGB IX mehr besteht (§ 141 Abs.1 Satz 2 SGB IX; hierzu S. 127), wurden zum 01.01.2020 mit dem Angehörigen-Entlastungsgesetz zwar nicht alle Unterhaltsansprüche gegenüber Kindern und Eltern nach dem SGB XII abgeschafft, aber doch auf Ausnahmefälle beschränkt. Es gilt nunmehr z. B. auch für Leistungen der Hilfe zum Lebensunterhalt und der Hilfe zur Pflege die Regelung, die bisher nur für die Grundsicherung im Alter und bei Erwerbsminderung galt, wonach ein Unterhaltsrückgriff gegenüber Kindern und Eltern nur in Betracht kommt, wenn das jährliche Gesamteinkommen jeweils mehr als 100.000 Euro beträgt (§ 94 Abs. 1a SGB XII). Auf das Vermögen kommt es nicht an.

Die Privilegierung von Eltern (nicht aber von Kindern) von pflegebedürftigen Menschen nach § 94 Abs. 2 SGB XII ist bestehen geblieben. In diesem Fall wird der Unterhaltsrückgriff wegen der Hilfe zur Pflege auf höchstens 26 Euro und der Hilfe zum Lebensunterhalt auf höchstens 20 Euro monatlich begrenzt.

Diese Beträge verändern sich laufend geringfügig. Es besteht die Möglichkeit, sich im Einzelfall nach § 94 SGB XII auf eine unbillige Härte zu berufen (z. B. wegen materieller und immaterieller Belastungen im Umgang mit dem Betroffenen).

8.4 Kindergeld

Seit 1996 ist das Kindergeldrecht überwiegend im Einkommensteuerrecht (EStG) geregelt. Das Bundeskindergeldgesetz (BKGG) hat nur noch Bedeutung für Personen, die nicht unbeschränkt steuerpflichtig im Sinne des Einkommensteuergesetzes sind. Die Anspruchsvoraussetzungen decken sich aber im Wesentlichen.

Für ein Kind, das über 18 Jahre alt ist, wird Kindergeld ohne Altersgrenze gezahlt, wenn es wegen einer körperlichen, geistigen oder seelischen

Behinderung nicht in der Lage ist, seinen Lebensunterhalt durch eigene Erwerbstätigkeit oder durch andere Einkünfte und Bezüge zu bestreiten. Die Behinderung muss vor Vollendung des 25. Lebensjahres eingetreten sein. Ist die Behinderung erst später eingetreten, wird kein Kindergeld gezahlt.

Der Nachweis der Behinderung gegenüber der Kindergeldkasse der Arbeitsagentur erfolgt in der Regel durch Vorlage des Schwerbehindertenausweises oder eines Renten- oder Pflegegeldbescheides, ist aber auch durch Vorlage eines aussagekräftigen fachärztlichen Attests möglich. Weitere Voraussetzung ist, dass das Kind seinen gesamten notwendigen Lebensbedarf mit den ihm zur Verfügung stehenden Mitteln (z. B. steuerpflichtige Einkünfte, Versicherungs- oder Versorgungsleistungen, Sozialhilfeleistungen) nicht bestreiten kann. Zu dem notwendigen Lebensbedarf gehören der allgemeine Lebensbedarf und der behinderungsbedingte Mehrbedarf.

Der allgemeine Lebensbedarf entspricht dem steuerrechtlichen Grundfreibetrag von (2022) 9.984 Euro im Kalenderjahr.

Der behinderungsbedingte Mehrbedarf ist individuell festzusetzen. Bei Gewährung von Leistungen der Eingliederungshilfe für behinderte Menschen, insbesondere in betreuten Wohnformen und Werkstätten für behinderte Menschen, wird davon ausgegangen, dass der behinderungsbedingte Mehrbedarf durch die Eingliederungshilfe abgedeckt wird. Ein behinderungsbedingter Mehrbedarf kann aber auch in finanziellen Zuwendungen und Betreuungsleistungen der Eltern bestehen. Diese müssen im Einzelfall nachgewiesen werden.

Das Vermögen behinderter Kinder hat keine Auswirkungen auf den Anspruch auf Kindergeld. Auch auf Leistungen der Grundsicherung bei Erwerbsminderung darf das Kindergeld, das den Eltern des Hilfeempfängers zusteht, nach der Rechtsprechung des Bundessozialgerichts nicht angerechnet werden.

8.5 Wohngeld

Das Wohngeldgesetz (WoGG) hilft Mietern und Eigentümern von selbst genutztem Wohneigentum mit geringem Einkommen, die Wohnkosten zu tragen. Auf Wohngeld, das nach Höhe des Einkommens und Zahl der Haushaltsmitglieder bis zu bestimmten Höchstbeträgen gestaffelt ist, besteht ein Rechtsanspruch. Auf das Vermögen kommt es in der Regel nicht an. Leistungsberechtigte nach dem SGB II (Grundsicherung für Arbeitsuchende) und dem SGB XII (Sozialhilfe) haben keinen Anspruch auf Wohngeld. Zuständig für die Gewährung von Wohngeld sind die Landkreise und kreisfreien Städte, teilweise auch die Gemeinden.

8.6 Wiederholungsfragen

? Welche Leistungen kommen bei Arbeitslosengeld II, Hilfe zum Lebensunterhalt und Grundsicherung im Alter und bei Erwerbsminderung in Betracht?
? Wann erfolgt der Einsatz von Einkommen und Vermögen im SGB II und SGB XII?

8.7 Vertiefungsmöglichkeiten

8.7.1 Internet

Erwerbslosen- und Sozialhilfeverein Tacheles e.V.: Informationen rund um das Grundsicherungsrecht, SGB II und SGB XII, Sozialrecht, soziale Ausgrenzung und Gegenwehr: www.tacheles-sozialhilfe.de

8.7.2 Literatur

Löcher, J.; Wendtland, C. (2021): Grundsicherungsrecht – Sozialhilferecht. 5. Aufl. Baden-Baden: Nomos.

9 Sozialrechtliche Grundlagen der psychiatrischen Versorgung

In diesem Kapitel geht es um einen Überblick über die für die psychiatrische Versorgung wichtigen Leistungen und Leistungsgrundsätze und vor allem um die Leistungen der Krankenversicherung bei ambulanter und stationärer Behandlung.

9.1 Aufgaben und Leistungsgrundsätze des Sozialgesetzbuchs bei psychischen Erkrankungen

Die Inanspruchnahme von Leistungen der psychiatrischen Versorgung geschieht in aller Regel auf vertraglicher Basis (zum Behandlungs- und Betreuungsvertrag siehe S. 47). In diesem Zusammenhang ist auch die Finanzierung gewährter Leistungen zu sehen. Ihrer Leistungsverpflichtung kommt die Hilfesuchende dadurch nach, dass sie ihre Mitgliedschaft in einer gesetzlichen Krankenkasse nachweist und die Leistung von der Krankenkasse als Sachleistung erhält oder eine Kostenübernahmeerklärung des zuständigen Sozialleistungsträgers vorlegt, mit dem der Leistungserbringer dann direkt abrechnen kann. Nur in Ausnahmefällen ist die Betroffene Selbstzahlerin. Die sozialrechtlichen Vorschriften betreffen damit die Frage, welcher Kostenträger für welche Leistung zuständig ist.

Die sozialrechtliche Finanzierung der Einrichtungen psychiatrischer Versorgung ist nach wie vor unübersichtlich und von strukturellen Widersprüchen geprägt. Dies liegt an dem gegliederten System des Sozialrechts und der dadurch erforderlichen Zuordnung psychiatrischer Einrichtungen zu den einzelnen Leistungsbereichen des Sozialrechts.

Die Forderungen der Psychiatrie-Enquete und der UN-BRK nach einer konsequenten Umsetzung des Grundsatzes »ambulant vor stationär« sowie einer Gleichstellung von psychisch erkrankten bzw. seelisch behinderten Menschen mit nicht behinderten Menschen sind bis heute im Sozialrecht nicht vollständig erfüllt. Dabei wird an verschiedenen Stellen des Sozialgesetzbuches formuliert, dass

- Sozialleistungen besondere Belastungen des Lebens abwenden oder ausgleichen sollen (§ 1 Abs. 1 SGB I);
- behinderte Menschen, unabhängig von der Ursache der Behinderung, Leistungen erhalten, um ihre Selbstbestimmung und gleichberechtigte Teilhabe am Leben in der Gesellschaft zu fördern, Benachteiligungen zu vermeiden oder ihnen entgegenzuwirken (§§ 10 SGB I, 1 SGB IX);
- den besonderen Bedürfnissen psychisch kranker oder seelisch behinderter Menschen Rechnung zu tragen ist (§§ 2a, 27 Abs. 1 Satz 4 SGB V, 1 Satz 2 SGB IX);
- stationäre Leistungen nur erbracht werden dürfen, wenn ambulante oder teilstationäre Maßnahmen nicht ausreichen (§§ 39 Abs. 1, 40 Abs. 2 SGB V, 3 SGB XI, 13 Abs. 1 SGB XII; im Sozialhilferecht besteht zwar ein Mehrkostenvorbehalt, der aber im Hinblick auf Art. 19 UN-BRK dem Vorrang der ambulanten Hilfen nicht mehr entgegensteht).

Darüber hinaus verlangt der Grundsatz der Prävention, das Eintreten einer Behinderung, einer chronischen Krankheit und von Pflegebedürftigkeit durch vorbeugende Maßnahmen zu vermeiden (§§ 3 SGB IX, 5 SGB XI, 14 SGB XII; zu den Leistungen der Prävention im Krankenversicherungsrecht §§ 20 ff. SGB V; zur Förderung der Selbsthilfe §§ 20h SGB V und 45 SGB IX). In diesem Zusammenhang besteht ein Vorrang von Leistungen zur Teilhabe vor Rentenleistungen (§ 9 Abs. 2 SGB IX).

Auf die meisten für die psychiatrische Versorgung relevanten Sozialleistungen besteht ein Rechtsanspruch (§ 38 SGB I). Nur die Auswahl der konkreten Hilfe kann im Einzelfall im Ermessen des Leistungsträgers liegen.

9.2 Wahl der richtigen Hilfeform

Betroffene haben sowohl bei der Entscheidung über die Art der Leistungen wie über ihre Ausführungsform ein Wunsch- und Wahlrecht – soweit die

Wünsche angemessen sind (§§ 33 SGB I, 76 SGB V, 8, 104 Abs. 2 SGB IX, 9 Abs. 2 SGB XII).

Im Rahmen der Angemessenheit können neben den persönlichen Verhältnissen auch Kostenaspekte berücksichtigt werden. Allerdings gewährleistet Art. 19 UN-BRK das Recht der unabhängigen Lebensführung einschließlich des Rechts, den Aufenthaltsort zu wählen. Dies betrifft auch Wohnformen behinderter Menschen (so jetzt ausdrücklich im Recht der Eingliederungshilfe behinderter Menschen, § 104 Abs. 3 Satz 3 SGB IX). Außerdem hängen die Ansprüche der Betroffenen und ihr Wunsch- und Wahlrecht zunehmend davon ab, ob zwischen den Sozialleistungsträgern und den Leistungserbringern Verträge oder Vereinbarungen bestehen (siehe z. B. §§ 95, 107 ff., 132 ff. SGB V, 15 Abs. 2 SGB VI, 38, 123 ff. SGB IX, 75 ff. SGB XII; zum Recht der Leistungserbringung siehe S. 78f.). Die Suche nach der im Einzelfall richtigen (personenzentrierten) Hilfeform hängt damit nicht allein von therapeutischen oder rehabilitativen Gesichtspunkten, sondern wesentlich von strukturellen und damit auch sozialrechtlichen Aspekten ab.

Im Sozialrecht spielt hier neben dem Vorliegen der Verträge bzw. Vereinbarungen mit den Leistungserbringern und der Verfügbarkeit der Hilfeangebote eine entscheidende Rolle, ob es sich um Leistungen der Sozialversicherung (Kranken- und Pflegeversicherung, Rentenversicherung, Unfallversicherung, Arbeitsförderung) oder um Leistungen der Fürsorge (insbesondere Eingliederungshilfe für behinderte Menschen, Hilfe zur Pflege) handelt. Während sich im ersten Fall eine finanzielle Eigenbeteiligung allenfalls auf gesetzlich vorgesehene Zuzahlungen beschränkt, die bei Überschreiten einer Belastungsgrenze entfallen, müssen Bezieherinnen und Bezieher von Fürsorgeleistungen ihr Einkommen und Vermögen bei Überschreiten bestimmter Einkommensgrenzen bzw. Freibeträge einsetzen (§§ 92, 135 ff. SGB IX für Leistungen der Eingliederungshilfe; §§ 82 ff. SGB XII für Sozialhilfeleistungen, insbesondere Hilfe zur Pflege; hierzu S. 127 und S. 138f.).

Zur Einzelfallsteuerung im Rehabilitationsrecht (hierzu S. 118 u. S.128) dient die Erstellung eines Teilhabe- oder Gesamtplans unter Einbeziehung der Betroffenen und gegebenenfalls ihrer rechtlichen Betreuer und Angehörigen (§§ 19 ff., 117 ff. SGB IX; zum Hilfeplan im Kinder- und Jugendhilferecht § 36 Abs. 2 SGB VIII).

Der Einsatz des Einkommens und Vermögens kann – soweit vorhanden – durchaus ein Hemmnis für die Inanspruchnahme von Hilfen sein. Dies bedeutet: Immer dann, wenn das angestrebte Behandlungs- oder Rehabilitationsziel durch mehrere Hilfeangebote erreicht werden kann, ist die Hilfe zu bevorzugen, die die Betroffenen am wenigsten finanziell belastet.

Entscheidend ist daher die Zuordnung des Hilfeangebots zu den sozialrechtlichen Leistungssystemen. Dabei sind unterschiedliche Zuordnungen im Bereich der psychiatrischen Versorgung und der Suchtkrankenversorgung sowie regionale Unterschiede zu berücksichtigen.

Abbildung 3 Leistungsträger und Leistungszuständigkeiten im System der sozialen Sicherung

Bedarf bei	Krankheit	bestehender oder drohender Behinderung			Pflegebedürftigkeit
Leistungen	Krankenbehandlung	Medizinische Rehabilitation	Teilhabe am Arbeitsleben	Soziale Teilhabe	Pflege
Vorrangig zuständig	Krankenversicherung	Rentenversicherung	Rentenversicherung		Pflegeversicherung
		Krankenversicherung	Arbeitsförderung		
Nachrangig zuständig	Sozialhilfe	Eingliederungshilfe			Sozialhilfe

9.3 Versicherung in der Krankenversicherung

Wer Leistungen der gesetzlichen Krankenversicherung in Anspruch nehmen möchte, muss selbst Mitglied einer Krankenkasse oder familienversichert sein. Die Mitgliedschaft kann aufgrund von Versicherungspflicht oder freiwilliger Versicherung bestehen.

Der Gesetzgeber verfolgt mit den Neuregelungen der letzten Jahre das Ziel, dass es keine Personen ohne Krankenversicherungsschutz mehr gibt.

9.3.1 Versicherungspflicht

Eine Versicherungspflicht nach § 5 Abs. 1 SGB V besteht insbesondere für
- Personen, die gegen Entgelt bis zu einer bestimmten Einkommensgrenze beschäftigt sind;
- Personen, die Arbeitslosengeld nach dem SGB III oder Grundsicherung für Arbeitsuchende nach dem SGB II beziehen;
- behinderte Menschen, die in anerkannten Werkstätten für behinderte Menschen tätig sind;
- Bezieherinnen und Bezieher von Erwerbsminderungs- oder Altersrenten, soweit bestimmte Vorversicherungszeiten erfüllt sind.

Seit dem 01.04.2007 besteht auch eine Versicherungspflicht für Personen, die keinen anderweitigen Anspruch auf Absicherung im Krankheitsfall haben und zuletzt gesetzlich krankenversichert waren (§ 5 Abs. 1 Nr. 13 SGB V). Eine Absicherung der Krankenbehandlung gibt es nach § 264 SGB V auch für Bezieher von Leistungen nach dem SGB XII (Sozialhilfe), SGB VIII (Kinder- und Jugendhilfe) sowie dem Asylbewerberleistungsgesetz, die nicht krankenversichert sind. Diese erhalten eine Versichertenkarte der Krankenkasse ihrer Wahl und der zuständige Leistungsträger hat der Krankenkasse die Kosten der Krankenbehandlung zu erstatten.

Ähnliche Vorschriften gibt es für die private Krankenversicherung. Wer nicht in der gesetzlichen oder privaten Krankenversicherung versichert ist, kann sich daher an die Krankenkasse wenden, bei der er zuletzt versichert war. Diese ist zur Aufnahme verpflichtet.

9.3.2 Familienversicherung

Versichert sind in der gesetzlichen Krankenversicherung (GKV) auch der Ehemann oder die Ehefrau und die Kinder von Mitgliedern (§ 10 SGB V). Kinder können ohne Altersgrenze familienversichert sein, wenn sie wegen einer körperlichen, geistigen oder seelischen Behinderung im Sinne des § 2 Abs. 1 SGB IX außerstande sind, sich selbst zu unterhalten, und die Behinderung bereits zu dem Zeitpunkt vorlag, an dem die Familienversicherung der Kinder sonst endet (bei Kindern in Ausbildung ist dies das 25. Lebensjahr). Der Nachweis einer Schwerbehinderung ist nicht erforderlich.

9.3.3 Freiwillige Versicherung

Nach § 9 SGB V können bestimmte Personengruppen insbesondere bei Ausscheiden aus der Versicherungspflicht oder bei Feststellung einer Schwerbehinderung unter bestimmten Voraussetzungen der Krankenversicherung beitreten. Dabei ist für die Anzeige eine Frist von drei Monaten zu beachten (§ 9 Abs. 2 SGB V). Nach § 188 Abs. 4 SGB V setzt sich allerdings die Krankenversicherung in der GKV bei Ende der Versicherungspflicht oder Familienversicherung als freiwillige Krankenversicherung fort (obligatorische Anschlussversicherung). Einer besonderen Erklärung des Beitritts bedarf es dann nicht mehr. Vielmehr besteht die Möglichkeit des Austritts innerhalb von zwei Wochen nach Hinweis der Krankenkasse über die Austrittsmöglichkeiten und bei Nachweis einer anderweitigen Absicherung im Krankheitsfall.

Damit verliert die befristete Beitrittsmöglichkeit nach § 9 Abs. 1 Nr. 1 und 2 SGB V teilweise ihre Bedeutung. Allerdings kommt § 188 Abs. 4 SGB V bei sich anschließendem Sozialhilfebezug und damit insbesondere bei dem Übergang von Leistungen nach dem SGB II zu Leistungen nach dem SGB XII nicht zur Anwendung. In diesen Fällen muss weiterhin der Beitritt zur freiwilligen Versicherung fristgerecht angezeigt werden.

9.3.4 Beitragsschulden in der GKV

Sind Versicherte mit Beiträgen in Höhe von zwei Monatsbeiträgen im Rückstand, ruhen die Leistungen, es sei denn, es liegt Hilfebedürftigkeit im Sinn des SGB II oder XII vor (§ 16 Abs. 2 Satz 2 SGB V). In diesem Fall werden nur Leistungen zur Behandlung akuter Erkrankungen und Schmerzzustände erbracht.

Im Fall der Versicherungspflicht nach § 5 Abs. 1 Nr. 13 SGB V sollen die seit dem Eintritt der Versicherungspflicht nachzuzahlenden Beiträge angemessen ermäßigt und die darauf entfallenden Säumniszuschläge erlassen werden (§ 256a Abs. 1 SGB V). Voraussetzung ist allerdings ein Verzicht auf Leistungen im Nacherhebungszeitraum.

Entsprechende Regelungen gelten im Recht der privaten Krankenversicherung. Für Nichtzahlende wird ein Notlagentarif eingeführt (§§ 193 Abs. 7 VVG, 12h VAG).

9.3.5 Zuzahlungen und Belastungsgrenze in der GKV

Soweit Leistungen aus dem System der Sozialversicherung erbracht werden, besteht die Beteiligung der Versicherten an den Kosten grundsätzlich in der Beitragszahlung zur Kranken-, Pflege, Renten-, Arbeitslosen- und Unfallversicherung. Zunehmend werden allerdings auch im System der Sozialversicherung (insbesondere in der Krankenversicherung) Zuzahlungen verlangt. Die von den Krankenversicherten zu leistenden Zuzahlungen (§ 61 SGB V) betreffen u.a. die Krankenhausbehandlung, stationäre Rehabilitationsmaßnahmen sowie Arzneimittel, Heilmittel (Ergotherapie), Soziotherapie und häusliche Krankenpflege. Fahrtkosten werden bei ambulanten Behandlungen nur noch ausnahmsweise übernommen (§ 60 SGB V). Daher sind die Härtefallregelungen in der gesetzlichen Krankenversicherung von Bedeutung, die eine unzumutbare finanzielle Belastung für Menschen mit geringem Einkommen verhindern sollen. Eine vollständige Befreiung von den Zuzahlungen gibt es nicht mehr.

Belastungsgrenze Nach der Regelung der teilweisen Befreiung muss kein Krankenversicherter mehr als zwei Prozent seines Jahresbruttoeinkommens als Zuzahlung leisten (§ 62 SGB V). Für chronisch kranke Menschen gilt dabei eine Sonderregelung. Wer wegen derselben schwerwiegenden Erkrankung in Dauerbehandlung ist, muss nicht mehr als ein Prozent des Bruttoeinkommens leisten.

Eine schwerwiegende chronische Krankheit liegt vor, wenn sie wenigstens ein Jahr lang einmal pro Quartal ärztlich behandelt wird und

- mindestens Pflegegrad 3 nach dem Recht der gesetzlichen Pflegeversicherung (S. 138ff.) vorliegt oder
- ein Grad der Behinderung von mindestens 60 nach dem Schwerbehindertenrecht (S. 144f.) oder
- eine Minderung der Erwerbsfähigkeit bzw. ein Grad der Schädigung von 60 Prozent nach dem Recht der gesetzlichen Unfallversicherung oder dem Bundesversorgungsgesetz oder wenn

- eine lebensbedrohliche Verschlimmerung, eine Verminderung der Lebenserwartung oder eine dauerhafte Beeinträchtigung der Lebensqualität ohne kontinuierliche medizinische Versorgung zu erwarten ist.

Allerdings kann trotz des Vorliegens einer chronischen Erkrankung die Belastungsgrenze zwei Prozent des Jahresbruttoeinkommens betragen, wenn die nach dem 01.04.1972 geborene versicherte Person ab dem 01.01.2008 eine Beratung über die in § 25 Abs. 1 SGB V vorgesehenen Gesundheitsuntersuchungen nicht regelmäßig in Anspruch genommen hat. Ausgenommen von dieser Verpflichtung sind wiederum Versicherte mit schweren psychischen Erkrankungen nach Nr. 9 der Soziotherapie-Richtlinien oder mit schweren geistigen Behinderungen.

Bei Empfängern von Hilfe zum Lebensunterhalt (§§ 27 ff. SGB XII) oder Grundsicherung im Alter und bei Erwerbsminderung (§§ 41 ff. SGB XII) ist statt des Bruttoeinkommens der Regelsatz zugrunde zu legen (§ 62 Abs. 2 Satz 5 SGB V). Das gilt auch für Versicherte, bei denen die Kosten der Unterbringung in einem Heim oder einer ähnlichen Einrichtung von einem Sozialhilfeträger getragen werden.

Bei Beziehern von Leistungen zum Lebensunterhalt nach dem SGB II ist die Regelleistung nach § 20 Abs. 2 SGB II maßgeblich (§ 62 Abs. 2 Satz 6 SGB V). Für Bezieherinnen von Sozialhilfe, die in Einrichtungen leben und nur ein Taschengeld, den sogenannten Barbetrag, erhalten, übernimmt der Sozialhilfeträger die bis zur Belastungsgrenze zu leistenden Zuzahlungen als Darlehen (§ 37 Abs. 2 SGB XII). Dieses ist aber in gleichen Teilbeträgen über das ganze Jahr verteilt zurückzuzahlen (§ 37 Abs. 4 SGB XII). Damit soll eine übermäßige Belastung der Betroffenen zu Anfang des Jahres vermieden werden.

9.4 Stationäre Behandlung

Stationäre psychiatrische Behandlung findet in erster Linie im psychiatrischen Krankenhaus statt. Daneben kommen stationäre Rehabilitationsmaßnahmen (hierzu S. 119f.) sowie im Bereich der Pflege Hilfen in Heimen in Betracht. Der Grundsatz »ambulant vor stationär« gebietet in allen Fällen den Vorrang ambulanter Hilfen.

9.4.1 Krankenhausbehandlung

Die Krankenhausbehandlung ist eine Leistung der gesetzlichen Krankenversicherung, auf die ein Rechtsanspruch besteht (§ 39 Abs. 1 SGB V). Krankenhausbehandlung findet vollstationär, stationsäquivalent, teilstationär, vor- und nachstationär statt. Demnach gehört hierzu nicht nur die vollstationäre Behandlung im psychiatrischen Krankenhaus, sondern auch die Behandlung in Tag- und Nachtkliniken.

StäB Außerdem können psychiatrische Krankenhäuser bzw. Abteilungen mit regionaler Versorgungsverpflichtung eine stationsäquivalente psychiatrische Behandlung (StäB) im häuslichen Umfeld erbringen (§§ 39 Abs. 1 Satz 4 und 5, 115d SGB V). Damit werden die starren Grenzen des Krankenversicherungsrechts zwischen ambulanter und stationärer Behandlung im Sinne der gemeindepsychiatrischen Versorgung flexibler gestaltet.

Personalausstattung Am 01.01.2020 ist die Richtlinie über die personelle Ausstattung der stationären Einrichtungen in der Psychiatrie und Psychosomatik (PPP-RL) in Kraft getreten, die die bisherige Psychiatrie-Personalverordnung ablöst. Umstritten ist, ob damit eine bessere Personalausstattung in der Psychiatrie insbesondere hinsichtlich der verfassungsrechtlichen Vorgaben bezüglich der gegenüber einer Zwangsmaßnahme vorrangigen Behandlungsmaßnahmen erreicht werden kann.

Entlassmanagement Zur Krankenhausbehandlung gehört auch ein Entlassmanagement zur Unterstützung einer sektorenübergreifenden Versorgung der Versicherten beim Übergang in die ambulante Versorgung (§ 39 Abs. 1a SGB V). Im Rahmen des Entlassmanagements kann das Krankenhaus auch Leistungen (z. B. Arzneimittel) verordnen und die Arbeitsunfähigkeit feststellen. Einzelheiten sind vertraglich zu regeln, z. B. in den Verträgen über die Integrierte Versorgung.

Erforderlichkeit Ein Anspruch auf vollstationäre oder stationsäquivalente Behandlung in einem durch die Krankenkassen zugelassenen Krankenhaus besteht, wenn und solange die Aufnahme erforderlich ist, weil das Behandlungsziel nicht durch teilstationäre oder ambulante Behandlung, einschließlich häuslicher Krankenpflege, erreicht werden kann (§ 39 Abs. 1 Satz 2 SGB V).

Grundsätzlich ist die stationäre Krankenhausbehandlung nicht befristet. Die immer kürzeren Verweildauern im psychiatrischen Krankenhaus wurden einerseits durch den Ausbau der ambulanten Versorgungsstrukturen möglich, andererseits wurden sie aber auch durch den von den Krankenkassen ausgeübten Druck forciert, Patienten möglichst frühzeitig zu entlassen, selbst wenn die Voraussetzungen für eine stationäre Behandlung weiterhin vorliegen.

Die Auseinandersetzungen um die Erforderlichkeit der stationären Krankenhausbehandlung haben in den letzten Jahren mehrfach das Bundessozialgericht beschäftigt, wobei es jeweils um chronisch psychisch kranke Menschen ging, die sich lange in psychiatrischer Krankenhausbehandlung befanden. Das Bundessozialgericht hat entschieden, dass sich die Notwendigkeit der Behandlung im psychiatrischen Krankenhaus allein nach medizinischen Gesichtspunkten richtet.

Dabei kommt es bei der psychiatrischen Behandlung im Krankenhaus nicht so sehr auf die jederzeitige Erreichbarkeit der Ärzte und des Pflegepersonals an, sondern auf eine Gesamtbetrachtung der nach heutigen Behandlungskonzepten erforderlichen ärztlich verantworteten Behandlung unter Beteiligung nichtmedizinischer Berufe im multiprofessionellen Team.

Nicht ausreichend ist es allerdings, wenn durch das Krankenhaus nur Unterkunft und Verpflegung zur Verfügung gestellt werden und die Kontrolle der Arzneimitteleinnahme in gleicher Weise im häuslichen Umfeld oder in einer besonderen Wohnform oder Einrichtung stattfinden könnte. Die Krankenkasse trägt also nicht das Risiko der Wohnungslosigkeit, wenn die spezifischen Mittel des Krankenhauses zur Behandlung nicht mehr erforderlich sind, selbst wenn die ambulante Behandlungsalternative nicht sichergestellt ist (BSG vom 25.09.2007 – Az. Gs 1/06; R&P 2008, 119). Daran haben auch die Vorschriften über das Entlassmanagement nichts geändert (BSG vom 17.11.2015 – B 1 KR 20/15 R; R&P 2016, 131).

9.4.2 Unterbringung und Krankenhauskosten

Die betreuungsgerichtliche Genehmigung der Unterbringung einer rechtlich betreuten psychisch erkrankten versicherten Person entfaltet keine Bindungswirkung für die Krankenkasse hinsichtlich der Notwendigkeit der Krankenhausbehandlung. Das heißt, auch wenn das Betreuungsgericht eine Unterbringung genehmigt, muss die Krankenkasse die Kosten für diese Behandlung nicht automatisch übernehmen. Allerdings darf die betreuungsgerichtliche Genehmigung einer Unterbringung nicht erfolgen, wenn die Behandlung nicht notwendig ist.

Eine ärztliche Behandlung steht Betroffenen in aller Regel auch im Fall der Unterbringung nach PsychK(H)G zu, sodass auch in diesem Fall die Kosten von der Krankenkasse zu übernehmen sind (siehe z. B. § 34 Abs. 1 NRWPsychKG). Nach dem heutigen Verständnis der Unterbringung als Krisenintervention im Rahmen eines Gesamtkonzepts psychiatrischer Hilfe sind Fälle, wonach die Unterbringung ausschließlich der Verwahrung oder dem Schutz der Öffentlichkeit dient, kaum noch denkbar (zur Unterbringung nach PsychK(H)G siehe S. 154f.).

Die zitierte Rechtsprechung des Bundessozialgerichts trägt zwar den modernen Entwicklungen der psychiatrischen Behandlung auch im stationären Bereich Rechnung, ist aber nicht frei von Widersprüchen. Es ist zwar richtig, dass bestehende Defizite der psychiatrischen Versorgungsstruktur nicht zulasten der gesetzlichen Krankenkassen gehen dürfen, dies trifft aber nicht zu, wenn die Krankenkassen für die strukturellen Defizite Verantwortung tragen, weil sie den Ausbau ambulanter Behandlungsangebote nicht ausreichend fördern.

9.5 Ambulante Behandlung und Versorgung

Die ambulante Versorgungsstruktur ist stärkeren Veränderungen ausgesetzt als die stationäre. Auch hier ist die Krankenbehandlung zunächst Aufgabe der gesetzlichen Krankenversicherung. Dazu gehört die Versorgung in Notfällen und Krisen (zur Krisenintervention siehe S. 149ff.).

Die psychiatrische Versorgung betrifft neben der Krankenbehandlung die Bereiche der Arbeit und des Wohnens. Die Finanzierungsgrundlage findet sich im Rehabilitationsrecht und insbesondere im Recht der Eingliederungshilfe für behinderte Menschen nach dem SGB IX (hierzu S. 122ff.). Aber nicht alle Einrichtungen der sozialpsychiatrischen Versorgung sind sozialrechtlich finanziert. Die Sozialpsychiatrischen Dienste sind in den meisten Bundesländern Teil der Gesundheitsverwaltung auf der Grundlage der PsychKHG oder freiwillige Leistungen der Bundesländer oder Kommunen nach Maßgabe der jeweiligen Psychiatriepläne (so. z. B. in Bayern). Eine gesetzliche Grundlage für Krisendienste gibt es nur in Bayern und Berlin.

Durch eine bedarfsgerechte krankenkassenfinanzierte ambulante psychiatrische Versorgung lässt sich der Vorrang der ambulanten vor der stationären Versorgung in der Krankenversicherung sicherstellen. Die Praxis kann diese Vorgaben aber nicht immer einlösen. Teilweise sind die Indikationen für die Verordnung ambulanter Leistungen zu eng gefasst, teilweise bestehen zu hohe Hürden für die Leistungserbringer, teilweise ist der Umfang der Leistungen zu begrenzt.

9.5.1 Ärztliche und psychotherapeutische Behandlung

Die Krankenbehandlung besteht aus ärztlicher und psychotherapeutischer Behandlung sowie aus ärztlich verordneten Leistungen (§ 28 Abs. 1 und 3 SGB V). Zur Krankenbehandlung gehören auch die Versorgung mit Arznei- und Heilmitteln sowie die Leistungen der häuslichen Krankenpflege, der Soziotherapie und der ambulanten medizinischen Rehabilitation. Daneben treten die psychiatrischen Institutsambulanzen an psychiatrischen Krankenhäusern.

Die Grundlagen für die Verordnung ambulanter Leistungen sind jeweils in den vom Gemeinsamen Bundesausschuss erlassenen Richtlinien geregelt. Diese sind im Internet abrufbar unter www.g-ba.de. Mit diesen ambulanten Leistungen lassen sich vielfältige psychiatrische Problemlagen behandeln, wenn die Wohnsituation der Betroffenen gesichert ist und wohnortnahe Hilfeangebote bestehen.

Eine Indikation zur Anwendung von Psychotherapie besteht auch bei schizophrenen und affektiven psychotischen Störungen (§ 22 Abs. 2 Nr. 4 PT-RL). Dadurch wird erreicht, dass Menschen mit schizophrenen Störungen einen besseren Zugang zur ambulanten psychotherapeutischen Behandlung erhalten.

Seit dem 01.04.2017 besteht ein Anspruch auf eine psychotherapeutische Sprechstunde als zeitnaher niedrigschwelliger Zugang zur ambulanten psychotherapeutischen Versorgung (§ 11 PT-RL) Die Sprechstunde dient der Abklärung einer krankheitswertigen Störung sowie des Hilfebedarfs im System der GKV. Dadurch soll der Zugang zu psychotherapeutischer Behandlung und anderen Hilfsangeboten erleichtert werden.

9.5.2 Ergotherapie

Zu den Heilmitteln (§ 32 SGB V) gehören die sogenannten therapeutischen Dienstleistungen. Dazu zählen z. B. Massagen und Krankengymnastik. Die Heilmittel-Richtlinien (www.g-ba.de) enthalten aber auch spezielle Leistungen, die den besonderen Bedürfnissen von Menschen mit psychischen Erkrankungen Rechnung tragen. Für diese ist die Beschäftigungs- und Arbeitstherapie (Ergotherapie) besonders wichtig.

Allgemeine Zielsetzung der Ergotherapie ist die Wiederherstellung, Entwicklung, Verbesserung, Erhaltung oder Kompensation der krankheitsbedingt gestörten motorischen, sensorischen, psychischen und kognitiven Funktionen und Fähigkeiten. Maßnahmen der Ergotherapie kommen bei folgenden psychischen Störungen in Betracht:

- Entwicklungs-, Verhaltens- und emotionale Störungen mit Beginn in Kindheit und Jugend;
- neurotische, Belastungs-, somatoforme und Persönlichkeitsstörungen;
- Schizophrenie, schizotype und wahnhafte Störungen, affektive Störungen;
- psychische und Verhaltensstörungen durch psychotrope Substanzen;
- demenzielle Syndrome.

Die Verordnung von Ergotherapie ist nur auf der Grundlage einer psychiatrischen Diagnostik möglich. Zum Teil wird die Ergotherapie auch im Rahmen der stufenweisen Wiedereingliederung gemäß § 74 SGB V zur Belastungserprobung am eigenen Arbeitsplatz genutzt (hierzu S. 121).

9.5.3 Soziotherapie

Soziotherapie (§ 37a SGB V) darf nur für Betroffene mit einer schweren psychischen Erkrankung und Fähigkeitsstörungen in mehreren Bereichen verordnet werden. Sie dient der im Einzelfall erforderlichen Koordinierung der verordneten Leistungen sowie der Anleitung und Motivation zu deren Inanspruchnahme. Der Anspruch besteht für höchstens 120 Stunden innerhalb von drei Jahren je Krankheitsfall.

Schwere psychische Erkrankungen im Sinn der Soziotherapie-Richtlinien (www.g-ba.de) sind Erkrankungen des schizophrenen Formenkreises und die affektiven Störungen oder vergleichbar schwere psychische Erkrankungen vor allem bei Komorbiditäten.

Die Schwere der Fähigkeitsstörungen, die für die Verordnung von Soziotherapie erforderlich sind, wird anhand der GAF-Skala (Global Assessment of Functioning Scale) gemessen. Voraussetzung für die Verordnung von Soziotherapie ist ein Wert von unter 40. Bei der GAF-Skala handelt es sich um ein Instrument zur Beurteilung des allgemeinen Funktionsniveaus, das sich auf die psychischen, sozialen und beruflichen Funktionen einer Person bezieht.

Die Verordnung von Soziotherapie kann nur durch Fachärztinnen und -ärzte erfolgen (in erster Linie in Psychiatrie oder Nervenheilkunde sowie in Institutsambulanzen tätige Ärztinnen und Ärzte). Soziotherapie muss von der Krankenkasse genehmigt werden. Nach Ablauf des Dreijahreszeitraums kann Soziotherapie erneut verordnet und genehmigt werden (BSG vom 20.04.2010 – Az. B 1/3 KR 21/08 R; R&P 2011, 29).

Soziotherapie darf nur von anerkannten Fachkräften erbracht werden. Die Krankenkassen oder ihre Verbände schließen mit geeigneten Personen oder Einrichtungen Verträge über die Versorgung mit Soziotherapie.

Als Erbringer von Soziotherapie kommen lediglich Pflegefachpersonal für Psychiatrie sowie Sozialarbeiterinnen und Sozialpädagogen mit Berufserfahrung in Betracht, die in ein gemeindepsychiatrisches Verbundsystem oder vergleichbare Versorgungsstrukturen eingebunden sind.

An die Einführung der Soziotherapie waren teilweise hohe Erwartungen geknüpft worden, vor allem an eine rasche Verfügbarkeit der neuen Leistung. Aber auch nach mehr als zwanzig Jahren gibt es zu wenige Anbieter, weil die Vergütungsverhandlungen zwischen den Leistungserbringern und den Kassen immer wieder scheitern. Solange das so ist, bleiben schwer und chronisch psychisch kranke Menschen auf die Inanspruchnahme von Angeboten angewiesen, die im Rahmen der Eingliederungshilfe finanziert werden (z. B. im Betreuten Wohnen oder in besonderen Wohnformen oder Tagesstätten) oder aus kommunalen Mitteln bezuschusst werden (Sozialpsychiatrische Dienste, Kontakt- und Beratungsstellen).

Abbildung 4 Auszug aus der GAF-Skala (Quelle: Anlage 4 der Begutachtungsrichtlinie Ambulante Soziotherapie vom 16.08.2021)

Wert	Bei der Beurteilung ist jeweils nicht eine Spanne sondern ein konkreter Wert, z. B. 25, 38 oder 52 anzugeben	
100–91	Hervorragende Leistungsfähigkeit in einem breiten Spektrum von Aktivitäten; Schwierigkeiten im Leben scheinen nie außer Kontrolle zu geraten; keine Symptome	Soziotherapie kann nicht verordnet werden
90–81	Keine oder nur minimale Symptome (z. B. leichte Angst vor einer Prüfung); gute Leistungsfähigkeit in allen Gebieten, interessiert und eingebunden in ein breites Spektrum von Aktivitäten …	
80–71	Wenn Symptome vorliegen, sind diese vorübergehende oder zu erwartende Reaktionen auf psychosoziale Belastungsfaktoren (z. B. Konzentrationsschwierigkeiten nach einem Familienstreit); höchstens leichte Beeinträchtigung der sozialen, beruflichen und schulischen Leistungsfähigkeit (z. B. zeitweises Zurückbleiben in der Schule)	
70–61	Einige leichte Symptome (z. B. depressive Stimmung oder leichte Schlaflosigkeit) ODER einige leichte Schwierigkeiten bezüglich der sozialen, beruflichen oder schulischen Leistungsfähigkeit (z. B. gelegentliches Schuleschwänzen oder Diebstahl im Haushalt), aber im Allgemeinen relativ gute Leistungsfähigkeit, hat einige wichtige zwischenmenschliche Beziehungen	
60–51	Mäßig ausgeprägte Symptome (z. B. Affektverflachung, weitschweifige Sprache, gelegentliche Panikattacken) ODER mäßig ausgeprägte Schwierigkeiten bezüglich der sozialen, beruflichen oder schulischen Leistungsfähigkeit (z. B. wenige Freunde, Konflikte mit Arbeitspersonen, Schulkollegen oder Bezugspersonen)	
50–41	Ernste Symptome (z. B. Suizidgedanken, schwere Zwangsrituale, häufige Ladendiebstähle) ODER eine Beeinträchtigung der sozialen, beruflichen, schulischen Leistungsfähigkeit (z. B. keine Freunde, Unfähigkeit, eine Arbeitsstelle zu behalten)	
40–31	Einige Beeinträchtigungen in der Realitätskontrolle oder der Kommunikation (z. B. Sprache zeitweise unlogisch, unverständlich oder belanglos) ODER starke Beeinträchtigung in mehreren Bereichen, z. B. Arbeit oder Schule, familiäre Beziehungen, Urteilsvermögen, Denken oder Stimmung (z. B. ein Mann mit einer Depression vermeidet Freunde, vernachlässigt seine Familie und ist unfähig zu arbeiten; ein Kind schlägt häufig jüngere Kinder, ist zu Hause trotzig und versagt in der Schule)	Soziotherapie kann verordnet werden
30–21	Das Verhalten ist ernsthaft durch Wahnphänomene oder Halluzinationen beeinträchtigt ODER ernsthafte Beeinträchtigung der Kommunikation und des Urteilsvermögens (z. B. manchmal inkohärent, handelt grob inadäquat, starkes Eingenommensein von Suizidgedanken) ODER Leistungsunfähigkeit in fast allen Bereichen (z. B. bleibt den ganzen Tag im Bett, keine Arbeit, kein Zuhause, kein Bett)	
20–11	Selbst- und Fremdgefährdung (z. B. Selbstversuche ohne eindeutige Todesabsicht, häufig gewalttätig, manische Erregung) ODER gelegentlich nicht in der Lage, die geringste persönliche Hygiene aufrechtzuerhalten (z. B. schmiert mit Kot) ODER grobe Beeinträchtigung der Kommunikation (z. B. größtenteils inkohärent oder stumm)	
10–1	Ständige Gefahr, sich oder andere schwer zu verletzen (z. B. wiederholte Gewaltanwendung) ODER anhaltende Unfähigkeit, die minimale persönliche Hygiene aufrechtzuerhalten ODER ernsthafter Suizidversuch mit eindeutiger Todesabsicht	
0	Unzureichende Informationen	

9.5.4 Ambulante Psychiatrische Krankenpflege

Eine besondere Bedeutung kommt der Ambulanten Psychiatrischen Krankenpflege (§ 37 SGB V) zu, die nach den Richtlinien Häusliche Krankenpflege (www.g-ba.de) u. a. verordnet werden darf bei
- Demenzen,
- organischen Störungen,
- Schizophrenien und
- affektiven Störungen,
- Zwangsstörungen, posttraumatischen Belastungsstörungen und instabilen Persönlichkeitsstörungen.

Auch hier orientieren sich die Richtlinien an der GAF-Skala (hierzu S. 110).

Die häusliche Krankenpflege dient im Rahmen der psychiatrischen Versorgung nicht nur der Sicherstellung der Medikamenteneinnahme, sondern auch der Hilfestellung bei der selbstständigen Bewältigung des Alltags, insbesondere in Krisensituationen. In diesem Sinne ist die Ambulante Psychiatrische Krankenpflege auch ein wichtiges Instrument der Krisenintervention.

Voraussetzung für die Verordnung ist, dass eine im Haushalt lebende Person die Hilfe nicht erbringen kann (§ 37 Abs. 3 SGB V). Bei in der Familie lebenden Betroffenen ist daher zu klären, ob und inwieweit Angehörige die Aufgaben der häuslichen Krankenpflege übernehmen können.

Anspruch auf häusliche Krankenpflege besteht nicht nur im eigenen Haushalt, sondern auch in betreuten Wohnformen, Schulen und Kindergärten sowie bei besonders hohem Pflegeaufwand in Werkstätten für behinderte Menschen (§ 37 Abs. 1 und 2 SGB V). An welchen Orten und in welchen Fällen außerhalb des Haushalts und der Familie der Betroffenen Leistungen der häuslichen Krankenpflege erbracht werden können, legt der Gemeinsame Bundesausschuss in seinen Richtlinien fest.

Ein Anspruch auf Behandlungspflege besteht auch bei Aufenthalt in betreuten Wohnformen, weil dort kein Anspruch auf Erbringung von Behandlungspflege besteht wie z. B. in Krankenhäusern, Rehabilitationseinrichtungen und Pflegeheimen. Eine Ausnahme kommt nur bei Maßnahmen der einfachsten Behandlungspflege in Betracht (Medikamentengabe nach ärztlicher Anweisung, Blutdruckmessen, Anlegen einfacher Stützverbände; BSG vom 25.02.2015 – Az. B 3 KR 11/14 R).

Der Anspruch auf Behandlungspflege besteht grundsätzlich auch in ambulant betreuten Demenzwohngemeinschaften (BSG vom 26.03.2021 – Az. B 3 KR 14/19 R).

9.5.5 Institutsambulanzen

Die Behandlung durch die Institutsambulanzen (§ 118 Abs. 4 SGB V) ist auf Betroffene auszurichten, die wegen Art, Dauer oder Schwere ihrer Erkrankung oder wegen zu großer Entfernung zu fachärztlichen Praxen auf die Behandlung in Krankenhäusern angewiesen sind. Sie richtet sich also vor allem an chronisch kranke Betroffene, die durch andere Versorgungsangebote nicht gut erreicht werden.

Institutsambulanzen müssen nicht räumlich und organisatorisch an die Krankenhäuser angebunden sein (§ 118 Abs. 4 SGB V).

9.6 Integrierte Versorgung und Modellvorhaben

Die in unserem Sozialleistungssystem enthaltene Aufteilung zwischen stationärer und ambulanter Versorgung wird durchbrochen durch Angebote der Integrierten Versorgung (§ 140a SGB V). Krankenkassen können Verträge über eine leistungssektorenübergreifende Versorgung abschließen. Damit kann vor allem die leistungsrechtliche Trennung der ambulanten und der stationären Versorgung im Krankenversicherungsrecht überwunden werden und die Leistungen können stärker auf die Bedürfnisse der Betroffenen abgestimmt werden. Dies ist auch im Bereich der psychiatrischen Versorgung möglich und wird dort in verschiedenen Formen und Regionen umgesetzt. Krankenhausaufenthalte können vermieden oder verkürzt werden, wenn im Rahmen der Integrierten Versorgung umfassende ambulante Angebote von einer Krisenintervention rund um die Uhr bis zur Behandlung zu Hause (Hometreatment) bestehen.

Die Teilnahme der Versicherten an Angeboten der Integrierten Versorgung ist freiwillig. Wer Interesse hat, kann sich an seine Krankenkasse wenden. Diese hat die Pflicht, umfassend über die Verträge zur Integrierten Versorgung, die teilnehmenden Leistungserbringer, besondere Leistungen und vereinbarte Qualitätsstandards zu informieren (§ 140a Abs. 3 SGB V).

Auch im Rahmen von Modellvorhaben nach § 64b SGB V besteht die Möglichkeit, eine sektorenübergreifende Versorgung psychisch erkrankter Menschen zu organisieren. Der Nachteil der Integrierten Versorgung in der bisherigen Form besteht darin, dass nur Mitglieder bestimmter Krankenkassen an den Angeboten teilnehmen können und dass Leistungen aus dem SGB IX nicht einbezogen werden können. Deswegen gibt es Bestrebungen und erste Modellversuche, die die sektorenübergreifende psychiatrische Versorgung durch Regionalbudgets mehrerer Kostenträger sicherstellen.

9.7 Wiederholungsfragen

- ? Was bedeutet Wunsch- und Wahlrecht?
- ? Was beinhaltet Art. 19 UN-BRK?
- ? Für welche Personen besteht eine Krankenversicherungspflicht nach § 5 Abs. 1 SGB V?
- ? Für welche Personen kommt die Familienversicherung nach § 10 SGB V in Betracht?
- ? Welche Folgen können Beitragsschulden in der GKV haben?
- ? Welche Leistungen gehören zum Entlassmanagement eines Krankenhauses?
- ? Nach welchen Gesichtspunkten richtet sich nach der Rechtsprechung des Bundessozialgerichts die Notwendigkeit der Behandlung im psychiatrischen Krankenhaus?
- ? Welche Behandlungen gibt es im ambulanten Bereich?

9.8 Vertiefungsmöglichkeiten

9.8.1 Literatur

Heißler, M. (2022): Psychiatrie ohne Betten. Eine reale Utopie. Köln: Psychiatrie Verlag.

10 Grundzüge des Rehabilitationsrechts

In diesem Kapitel geht es um die Grundlagen des Rehabilitationsrechts, die Leistungen zur Teilhabe der verschiedenen Rehabilitationsträger aus den verschiedenen Leistungsbereichen (medizinische Rehabilitation, Teilhabe am Arbeitsleben, soziale Teilhabe) sowie die Frage, wie Betroffene effektiv und zügig an die ihnen zustehenden Leistungen kommen können.

10.1 Rehabilitation und Teilhabe behinderter Menschen

Mit dem Sozialgesetzbuch IX, Rehabilitation und Teilhabe von Menschen mit Behinderungen, soll die Selbstbestimmung behinderter und von Behinderung bedrohter Menschen und deren gleichberechtigte Teilhabe am Leben in der Gesellschaft gefördert werden (§ 1 SGB IX). Die Leistungen zur Teilhabe umfassen daher die notwendigen Sozialleistungen, um unabhängig von der Ursache der Behinderung

- die Behinderung abzuwenden, zu beseitigen, zu mindern, ihre Verschlimmerung zu verhüten oder ihre Folgen zu mildern;
- Einschränkungen der Erwerbsfähigkeit oder eine Pflegebedürftigkeit zu vermeiden, zu überwinden, zu mindern oder eine Verschlimmerung zu verhüten;
- die Teilhabe am Arbeitsleben entsprechend den Neigungen und Fähigkeiten dauerhaft zu sichern oder
- die persönliche Entwicklung ganzheitlich zu fördern und die Teilhabe am Leben in der Gesellschaft sowie eine möglichst selbstständige und selbstbestimmte Lebensführung zu ermöglichen und zu erleichtern (§§ 10 SGB I, 4 SGB IX).

Dabei ist den besonderen Bedürfnissen seelisch behinderter oder von einer seelischen Behinderung bedrohter Menschen Rechnung zu tragen (§ 1 Satz 2 SGB IX).

10.1.1 Leistungsgruppen

Mit der vorstehenden Aufzählung sind die Leistungsgruppen im Bereich der Rehabilitation angesprochen (§ 5 SGB IX). Es handelt sich um
- Leistungen zur medizinischen Rehabilitation,
- Leistungen zur Teilhabe am Arbeitsleben,
- Leistungen zur Teilhabe an Bildung und
- Leistungen zur sozialen Teilhabe.

Hinzu kommen unterhaltssichernde und andere ergänzende Leistungen.

Finalitätsprinzip Dem Rehabilitationsrecht liegt das Finalitätsprinzip zugrunde, d. h., Leistungen werden unabhängig von der Ursache und ausgerichtet am Bedarf und den Rehabilitationszielen erbracht.

Kausalitätsprinzip Nur in besonderen Fällen ist die Ursache der Behinderung maßgeblich für die Zuständigkeit des Leistungsträgers. Dies betrifft die Leistungen der gesetzlichen Unfallversicherung (bei Gesundheitsschäden infolge von Arbeitsunfällen oder Berufskrankheiten) sowie das soziale Entschädigungsrecht (z. B. bei psychischen Beeinträchtigungen der Opfer von Straftaten nach dem Opferentschädigungsgesetz).

10.1.2 Vereinheitlichung des Rehabilitationsrechts

Auch mit dem durch das BTHG refomierten SGB IX wurde am gegliederten System des Rehabilitationsrechts festgehalten. Forderungen nach einer Rehabilitation aus einer Hand, d.h. der Zuständigkeit eines Leistungsträgers für alle Rehabilitationsleistungen, haben sich nicht erfüllt. Der Gesetzgeber versucht der Unübersichtlichkeit des Rehabilitationsrechts vielmehr zu begegnen durch
- eine Vereinheitlichung des Begriffs der Behinderung für alle Sozialleistungsbereiche sowie der Vorschriften zur Erkennung und Ermittlung des Rehabilitationsbedarfs (§§ 2, 12, 13 SGB IX);

- eine Vereinheitlichung der Rehabilitationsleistungen (§§ 42 ff. SGB IX);
- die Verpflichtung zur Kooperation der Rehabilitationsträger, zur Koordination ihrer Leistungen sowie zum schnellen Zugang zu den Leistungen bei Zuständigkeitsproblemen (§§ 14 ff. SGB IX);
- die Beratung von Menschen mit Behinderungen und von Behinderung bedrohter Menschen über die Rehabilitations- und Teilhabeleistungen, insbesondere durch die Ergänzende unabhängige Teilhabeberatung (EUTB; § 32 SGB IX).

Durch den Vorbehalt abweichender Regelungen in den einzelnen Sozialleistungsgesetzen (§ 7 SGB IX) ist allerdings die Vereinheitlichung der Rehabilitationsleistungen nur teilweise gelungen.

Während die meisten Sozialleistungsgesetze ihrerseits auf den Leistungskatalog des SGB IX verweisen (so insbesondere §§ 15, 16 SGB VI, teilweise 117 Abs. 3, 127 Abs. 1 SGB III, für das Eingliederungshilferecht §§ 109, 111, 113 Abs. 3 SGB IX), ist dies gerade im Krankenversicherungsrecht, das für psychisch erkrankte Menschen wichtig ist, nicht der Fall. Hier ist lediglich geregelt, dass die Leistungen zur medizinischen Rehabilitation unter Beachtung des SGB IX zu erbringen sind, soweit sich aus dem Recht der Krankenversicherung nichts anderes ergibt (§ 11 Abs. 2 Satz 3 SGB IX). Darüber hinaus bleiben die Strukturprinzipien der einzelnen Sozialleistungsbereiche bestehen, da auch die Leistungsvoraussetzungen sich weiterhin nach den Leistungsgesetzen richten, die für den jeweiligen Rehabilitationsträger gelten. Und weil nach den Vorschriften des Eingliederungshilferechts die Betroffenen ihr Einkommen und Vermögen immer noch in bestimmten Grenzen einsetzen müssen (hierzu S. 127). wird die Schlechterstellung psychisch erkrankter Menschen, die auf Fürsorgeleistungen angewiesen sind, in der psychiatrischen Versorgung nicht vollständig behoben.

10.1.3 Psychosoziale Leistungen

Von Bedeutung für psychisch kranke Menschen sind die Vorschriften der §§ 42 Abs. 3 und 49 Abs. 6 SGB IX. Danach gehören zu den Leistungen zur medizinischen Rehabilitation und zur Teilhabe am Arbeitsleben auch psychologische und pädagogische Hilfen, soweit sie im Einzelfall erfor-

derlich sind, um die jeweiligen Rehabilitationsziele zu erreichen und zu sichern. Damit erkennt der Gesetzgeber an, dass psychosoziale Leistungen Bestandteil insbesondere der medizinischen Rehabilitation sein können. Als Beispiele werden u.a. genannt:
- Hilfen zur Krankheitsverarbeitung,
- der Umgang mit Krisensituationen,
- die Aktivierung von Selbsthilfepotenzialen,
- Hilfen zur seelischen Stabilisierung und zur Förderung der sozialen Kompetenz,
- das Training lebenspraktischer Fähigkeiten.

Abgrenzung zur Eingliederungshilfe Diese Hilfen überschneiden sich teilweise mit denen, die im Bereich der sozialen Teilhabe als Assistenzleistungen für psychisch erkrankte Menschen im eigenen Wohnraum erbracht werden (zu den Leistungen zur allgemeinen sozialen Eingliederung im Rahmen der Eingliederungshilfe siehe S. 125f.). Zumindest im Krankenversicherungsrecht ist es erforderlich, die vorgenannten psychosozialen Leistungen von den Leistungen zur allgemeinen sozialen Eingliederung abzugrenzen (§ 43 Abs. 1 Nr. 1 SGB V). Im Ergebnis ist entscheidend, dass psychosoziale Leistungen bei der medizinischen Rehabilitation nicht isoliert, sondern integriert im Rahmen eines ärztlichen Behandlungsplans erbracht werden. Außerdem müssen Versorgungsverträge mit den Rehabilitationsträgern bestehen (§§ 111 SGB V, 15 Abs. 2 SGB VI) und Leistungen zur medizinischen Rehabilitation durch die Krankenversicherung von Einrichtungen unter ärztlicher Verantwortung erbracht werden (§ 107 Abs. 2 Nr. 2 SGB V). Ist dies nicht der Fall, handelt es sich um Leistungen der sozialen Teilhabe.

10.1.4 Kooperation und Koordination

Das gegliederte System der sozialen Sicherung hat zur Folge, dass für Rehabilitationsleistungen nach wie vor eine Vielzahl von Rehabilitationsträgern in Betracht kommt (§ 6 SGB IX). Auch die Träger der Eingliederungshilfe und Jugendhilfe sind nunmehr Rehabilitationsträger.
BAR-Empfehlungen Die Gewährleistung einer einheitlichen Rehabilitationspraxis aller Rehabilitationsträger soll durch die Regelungen zur Kooperation

und Koordination erreicht werden. Hierfür werden auf der Grundlage des § 26 SGB IX gemeinsame Empfehlungen der Rehabilitationsträger vereinbart, die insbesondere die Zusammenarbeit der Rehabilitationsträger, die Koordination der Leistungen und die Grundsätze der Ermittlung des Rehabilitationsbedarfs betreffen. Die Empfehlungen sind erhältlich bei der Bundesarbeitsgemeinschaft für Rehabilitation (BAR): www.bar-frankfurt.de (zur RPK-Empfehlungsvereinbarung siehe S. 119).

Teilhabeplan Soweit Angebote verschiedener Leistungsgruppen und mehrerer Rehabilitationsträger in Betracht kommen, sind die erforderlichen Leistungen in einem Teilhabeplan zusammenzufassen, um sicherzustellen, dass sie nahtlos ineinandergreifen (§ 19 Abs. 1 SGB IX). Von Bedeutung ist dies z. B., wenn für psychisch erkrankte oder suchtkranke Menschen mehrere Rehabilitationsleistungen nacheinander erforderlich sind. Mit Zustimmung des Leistungsberechtigten kann eine Teilhabekonferenz durchgeführt werden (§ 20 SGB IX). Allerdings sind die Eingliederungshilfe- und Jugendhilfeträger nur mittelbar in die Vereinbarung der gemeinsamen Empfehlungen einbezogen (§ 26 Abs. 5 SGB IX).

10.1.5 Beratung

Aus Sicht der Betroffenen ist neben den Leistungsträgern die Ergänzende unabhängige Teilhabeberatung (EUTB) die erste Anlaufstelle, falls hinsichtlich der Klärung des Rehabilitationsbedarfs, der Zuständigkeiten und des Verfahrens Beratungs- und Unterstützungsbedarf besteht (§ 32 SGB IX).

Nach § 33 SGB IX sollen rechtliche Betreuerinnen und Betreuer die Betreuten einer Beratungsstelle nach § 32 SGB IX oder einer sonstigen Beratungsstelle für Rehabilitation zur Beratung über die geeigneten Leistungen zur Teilhabe vorstellen. Dies entspricht dem Rehabilitationsauftrag, der auch im Betreuungsrecht verankert ist.

10.2 Leistungen zur medizinischen Rehabilitation

Leistungen zur medizinischen Rehabilitation sollen vorrangig ambulant in zugelassenen Rehabilitationseinrichtungen oder in wohnortnahen Einrichtungen erbracht werden (§ 40 Abs. 1 SGB V). Dies kommt vor allem in Betracht, wenn die Wohnsituation der Betroffenen geklärt ist und keine negativen Einflüsse des sozialen Umfelds bestehen.

Stationäre Leistungen der medizinischen Rehabilitation dürfen nur erbracht werden, wenn eine ambulante Krankenbehandlung oder ambulante Rehabilitationsmaßnahmen nicht ausreichen (§ 40 Abs. 2 SGB V).

10.2.1 Rehabilitationseinrichtungen für psychisch kranke und behinderte Menschen

Als Einrichtungen, die Leistungen zur medizinischen Rehabilitation und zur Teilhabe am Arbeitsleben im Rahmen eines integrierten Konzepts anbieten, haben sich zunehmend die Rehabilitationseinrichtungen für psychisch kranke und behinderte Menschen (RPK) etabliert.

RPK-Empfehlungsvereinbarung Die Behandlung in einer Rehabilitationseinrichtung basiert noch stärker als im psychiatrischen Krankenhaus auf einem interdisziplinären und multiprofessionellen Behandlungsansatz. Die Einzelheiten der Indikationsstellung, der Rehabilitationsziele, der Behandlungsfrequenz und Rehabilitationsdauer sowie der strukturellen und personellen Anforderungen an die Rehabilitationseinrichtungen für psychisch kranke und behinderte Menschen sind in der RPK-Empfehlungsvereinbarung vom 29.09.2005 geregelt.

Kostenträger Rehabilitationsträger sind in der Regel die gesetzliche Krankenversicherung oder die gesetzliche Rentenversicherung. Auf stationäre Leistungen der medizinischen Rehabilitation besteht ein Rechtsanspruch, soweit es sich um von dem jeweiligen Rehabilitationsträger zugelassene Einrichtungen handelt. Hier bestehen Unterschiede zwischen den einzelnen Rehabilitationsträgern.

Ärztliche Verantwortung Während im Krankenversicherungsrecht stationäre Rehabilitationseinrichtungen fachlich-medizinisch unter ständiger ärztlicher Verantwortung stehen müssen und die Behandlung sich an einem ärztlichen Behandlungsplan unter Einsatz medizinischer, psychologischer und pädagogischer Hilfen zu orientieren hat (§ 107 Abs. 2 SGB V), ist dies im Rentenversicherungsrecht wegen der unterschiedlichen Zielsetzung nicht zwingend erforderlich. Vielmehr braucht die Einrichtung nicht unter ständiger ärztlicher Verantwortung zu stehen, wenn die Art der Behandlung dies nicht erfordert (§ 15 Abs. 2 SGB VI). Diese Vorschrift ermöglicht es insbesondere bei der Behandlung von suchtkranken Menschen, dass nicht nur die Entwöhnungsbehandlung, sondern auch die Nachsorge in Übergangseinrichtungen im Wege der medizinischen Rehabilitation von den Rentenversicherungsträgern finanziert werden. Entscheidend für das Vorliegen einer medizinischen Rehabilitationsmaßnahme ist hier das Ziel der Abstinenz, wodurch die Erwerbsfähigkeit des Betroffenen erhalten oder wiederhergestellt werden soll. Die Entgiftungsbehandlung im Krankenhaus ist dagegen eine Aufgabe der gesetzlichen Krankenversicherung.

Eine Etablierung medizinischer Rehabilitationseinrichtungen für psychisch kranke Menschen scheitert neben den unterschiedlichen Zielsetzungen in der Regel daran, dass diese häufig die versicherungsrechtlichen Voraussetzungen für die Inanspruchnahme der Leistungen zur medizinischen Rehabilitation in der gesetzlichen Rentenversicherung nicht erfüllen und daher die Krankenkassen zuständig sind. Besondere Wohnformen für behinderte Menschen sind in der Regel keine Einrichtungen der medizinischen Rehabilitation, da das Erfordernis der ständigen ärztlichen Verantwortung im Sinn des § 107 Abs. 2 SGB V nicht erfüllt ist. Hier steht die alltägliche Lebensbewältigung im Vordergrund (z. B. Haushaltsführung, Freizeitgestaltung). Damit handelt es sich um Soziale Teilhabe im Sinne der §§ 76, 78 SGB IX mit der Folge, dass der Eingliederungshilfeträger zuständig ist und Betroffene Einkommen und Vermögen in bestimmten Grenzen einsetzen müssen (hierzu S. 127).

Es hängt daher von der Zielsetzung und Konzeption der jeweiligen Einrichtung ab, ob es sich um eine Einrichtung der medizinischen Rehabilitation handelt. Neben der ärztlichen Verantwortung spielt vor allem der Erwerb grundlegender Fähigkeiten eine Rolle, durch die psychisch kranken Menschen überhaupt erst eine eigenständigen Lebensführung ermöglicht wird.

10.2.2 Belastungserprobung und Arbeitstherapie

Belastungserprobung und Arbeitstherapie (§ 42 SGB V) gehören ebenfalls zu den Leistungen der medizinischen Rehabilitation (§ 42 Abs. 2 Nr. 7 SGB IX). Ziel von Arbeitstherapie und Belastungserprobung ist die Wiedererlangung von Grundarbeitsfähigkeiten. Steht der Erwerb konkreter berufsbezogener Fähigkeiten im Mittelpunkt, handelt es sich um Leistungen der Teilhabe am Arbeitsleben (hierzu S. 122ff.). In der Praxis kann die Abgrenzung schwierig sein.

10.2.3 Stufenweise Wiedereingliederung

Die stufenweise Wiedereingliederung (§§ 74 SGB V, 44 SGB IX) war eine zunächst nur im Krankenversicherungsrecht geregelte Maßnahme, die mit dem SGB IX in den Katalog der Leistungen der medizinischen Rehabilitation aufgenommen wurde und nun von allen Trägern der medizinischen Rehabilitation (insbesondere auch der Renten- und Unfallversicherung) erbracht wird. Eingeführt wurde die stufenweise Wiedereingliederung, um Menschen nach einer schweren Erkrankung mit lang andauernder Arbeitsunfähigkeit die Rückkehr an den früheren Arbeitsplatz zu erleichtern.

Je nach Situation des Einzelfalls und den organisatorischen Möglichkeiten des Betriebes kann zunächst eine stundenweise Beschäftigung vereinbart werden, die dann kontinuierlich ausgebaut wird, bis nach einigen Wochen oder Monaten die volle Arbeitsfähigkeit und Belastbarkeit erreicht wird. Der Betroffene bleibt während der gesamten Dauer der Wiedereingliederungsmaßnahme arbeitsunfähig im Sinne der Vorschriften der gesetzlichen Krankenversicherung. Ihm steht Krankengeld unter Anrechnung des gegebenenfalls vom Arbeitgeber gezahlten Teilarbeitsentgeltes zu.

Ein Wiedereingliederungsplan kann durch eine Abstimmung zwischen dem behandelnden Arzt, der zuständigen Krankenversicherung und dem Arbeitgeber erstellt werden, wenn der Betroffene das möchte. Es besteht allerdings für den Arbeitgeber keine Verpflichtung, stufenweise Wiedereingliederungsmaßnahmen durchzuführen.

10.2.4 Ergänzende Leistungen zur medizinischen Rehabilitation

Die Rehabilitationsträger erbringen unterhaltssichernde und ergänzende Leistungen zur Rehabilitation (§§ 43 SGB V, 64 ff. SGB IX; zum Übergangsgeld siehe S. 83). Hierzu zählen neben Beiträgen und Beitragszuschüssen zur Sozialversicherung auch Reisekosten, Haushaltshilfe und Kinderbetreuungskosten (§ 64 Abs. 1 Nr. 2–6 und §§ 73, 74 SGB IX), außerdem Leistungen, die unter Berücksichtigung von Art und Schwere der Behinderung erforderlich sind, um das Ziel der Rehabilitation zu erreichen oder zu sichern, die aber nicht zu den Leistungen zur Teilhabe am Arbeitsleben oder den Leistungen zur allgemeinen sozialen Eingliederung gehören. Dazu zählen z. B. Schulungsmaßnahmen für chronisch Kranke, bei denen auch Angehörige und ständige Bezugspersonen einzubeziehen sind, wenn dies aus medizinischen Gründen erforderlich ist (§ 43 SGB V).

10.3 Leistungen zur Teilhabe am Arbeitsleben

Neben der medizinischen Rehabilitation ist die Integration psychisch kranker und behinderter Menschen in den Arbeitsmarkt ein zentrales Anliegen des SGB IX. Es werden alle Leistungen erbracht, die erforderlich sind, um die Erwerbsfähigkeit behinderter oder von Behinderung bedrohter Menschen entsprechend ihrer Leistungsfähigkeit zu erhalten, zu verbessern, herzustellen oder wiederherzustellen und ihre Teilhabe am Arbeitsleben möglichst auf Dauer zu sichern (§ 49 Abs. 1 SGB IX). Nach § 49 SGB IX umfassen die Leistungen insbesondere

- Hilfen zur Erhaltung oder Erlangung eines Arbeitsplatzes (§ 49 Abs. 3 Nr. 1 SGB IX);
- Berufsvorbereitung, berufliche Anpassung und Weiterbildung sowie berufliche Ausbildung (§ 49 Abs. 3 Nr. 2, 4 und 5 SGB IX);
- individuelle betriebliche Qualifizierung im Rahmen Unterstützter Beschäftigung (§ 49 Abs. 3 Nr. 3 SGB IX);
- die psychosozialen Leistungen (§ 49 Abs. 6 SGB IX; hierzu S. 122);
- die Kosten einer notwendigen Arbeitsassistenz für schwerbehinderte Menschen (§ 49 Abs. 8 Nr. 3 SGB IX).

Maßnahmen zur Teilhabe am Arbeitsleben können sich unmittelbar an eine medizinische Rehabilitation anschließen, aber auch unabhängig davon gewährt werden.

Bei der Auswahl der Leistungen werden Eignung, Neigung, bisherige Tätigkeit sowie Lage und Entwicklung auf dem Arbeitsmarkt angemessen berücksichtigt. Soweit erforderlich, wird dabei die berufliche Eignung abgeklärt oder eine Arbeitserprobung durchgeführt (§ 49 Abs. 4 SGB IX).

Als Kostenträger (Rehabilitationsträger) für die Teilhabe am Arbeitsleben kommen vor allem die Bundesagentur für Arbeit, die Rentenversicherungsträger und die Eingliederungshilfeträger in Betracht.

Auch bei den Leistungen zur Teilhabe am Arbeitsleben ist die mit dem SGB IX angestrebte Vereinheitlichung von Regelungen nur teilweise gelungen: Im Rentenversicherungsrecht (§ 16 SGB VI) und Eingliederungshilferecht (§ 111 SGB IX) wird zwar auf die Leistungen nach den §§ 49 ff. SGB IX verwiesen, nicht jedoch im Recht der Arbeitsförderung (SGB III). Insoweit gelten die Vorschriften der §§ 112 ff. SGB III, die zwar im Wesentlichen mit den Vorschriften des SGB IX übereinstimmen, aber neben individuellen Gesichtspunkten stärker auf die Lage und Entwicklung des Arbeitsmarkts eingehen.

10.3.1 Integrationsfachdienste

Nach § 49 Abs. 6 Nr. 9 SGB IX sind die Integrationsfachdienste im Rahmen ihrer Aufgaben an den Maßnahmen zur Teilhabe am Arbeitsleben zu beteiligen. Die Aufgaben der Integrationsfachdienste umfassen zum einen die Vermittlung von schwerbehinderten Menschen in Arbeit und zum anderen die begleitende Hilfe im Arbeitsleben für diesen Personenkreis (§ 193 SGB IX). Doch auch seelisch behinderte oder von seelischer Behinderung bedrohte Menschen können diesen Dienst in Anspruch nehmen (§ 192 Abs. 4 SGB IX). Dies ist für psychisch erkrankte Menschen wichtig, da sie nicht zwingend einen Schwerbehindertenausweis beantragen müssen (hierzu S. 147f.). Mit Unterstützung des Integrationsfachdienstes können Betroffene zunehmend auf dem ersten oder zweiten Arbeitsmarkt beschäftigt werden.

10.3.2 Werkstatt für behinderte Menschen

Neben den Rehabilitationseinrichtungen für psychisch kranke und behinderte Menschen (RPK) erbringen die Berufsbildungs- und Berufsförderungswerke sowie die Werkstätten für behinderte Menschen (WfbM)

Leistungen zur Teilhabe am Arbeitsleben in einer vom Arbeitsmarkt getrennten Einrichtung. Leistungen in anerkannten Werkstätten für behinderte Menschen werden erbracht, um die Leistungs- oder Erwerbsfähigkeit der Menschen zu erhalten, zu entwickeln, zu verbessern oder wiederherzustellen, die Persönlichkeit dieser Menschen weiterzuentwickeln und ihre Beschäftigung zu ermöglichen oder zu sichern (§§ 56 ff. SGB IX). Kostenträger in den WfbM sind im Eingangsverfahren und im Berufsbildungsbereich (für ca. zwei Jahre nach der Aufnahme) in aller Regel die Bundesagentur für Arbeit (§ 117 Abs. 2 SGB III), im Arbeitsbereich der zuständige Eingliederungshilfeträger im Wege der Eingliederungshilfe nach § 111 Abs. 1 Nr. 1 SGB IX. Ein Beitrag aus dem Einkommen und Vermögen ist in diesem Fall nicht zu leisten (§ 138 Abs. 1 Nr. 3, 140 Abs. 3 SGB IX). Außerdem besteht kein Unterhaltsrückgriff auf Angehörige.

Andere Anbieter Leistungen nach den §§ 57, 58 SGB IX können auch bei anderen Leistungsanbietern, also nicht nur in anerkannten Werkstätten für behinderte Menschen in Anspruch genommen werden (§ 60 SGB IX).

10.3.3 Unterstützte Beschäftigung

Von zunehmender Bedeutung als Alternative zur Werkstatt für behinderte Menschen ist für psychisch erkrankte Menschen die Unterstützte Beschäftigung. Ziel der Unterstützten Beschäftigung ist es, behinderten Menschen mit besonderem Unterstützungsbedarf eine angemessene, geeignete und sozialversicherungspflichtige Beschäftigung auf dem allgemeinen Arbeitsmarkt zu ermöglichen und zu erhalten. Dies entspricht auch den Zielen von Art. 27 UN-BRK, wonach Menschen mit Behinderung die Beschäftigung auf dem allgemeinen Arbeitsmarkt zu ermöglichen ist.

Die Unterstützte Beschäftigung umfasst eine individuelle betriebliche Qualifizierung und bei Bedarf Berufsbegleitung für den Zeitraum von zwei Jahren mit der Möglichkeit der Verlängerung um ein weiteres Jahr (§ 55 SGB IX). An den Arbeitgeber können Eingliederungszuschüsse nach §§ 90 SGB III, 50 Abs. 1 SGB IX gewährt werden.

Budget für Arbeit bzw. Ausbildung Dem Ziel der Eingliederung in ein sozialversicherungspflichtiges Arbeits- oder Ausbildungsverhältnis dienen auch das Budget für Arbeit bzw. Ausbildung nach §§ 61, 61a SGB IX. Es eignet sich »auch für Personen, die bereits längere Zeit in einer WfbM gearbeitet haben und den Sprung auf den allgemeinen Arbeitsmarkt wagen wollen« (Konrad 2022, S. 107).

10.4 Leistungen zur Sozialen Teilhabe

Leistungen zur Sozialen Teilhabe dienen der gleichberechtigten Teilhabe am Leben in der Gemeinschaft und der Befähigung und Unterstützung zu einer selbstbestimmten und eigenverantwortlichen Lebensführung im eigenen Wohnraum sowie Sozialraum (§§ 76 Abs. 1, 113 Abs. 1 SGB IX). Leistungen zur Sozialen Teilhabe sind nach §§ 76 Abs. 2, 113 Abs. 2 SGB IX insbesondere

1. Leistungen für Wohnraum,
2. Assistenzleistungen,
3. heilpädagogische Leistungen,
4. Leistungen zur Betreuung in einer Pflegefamilie,
5. Leistungen zum Erwerb und Erhalt praktischer Kenntnisse und Fähigkeiten,
6. Leistungen zur Förderung der Verständigung,
7. Leistungen zur Mobilität und
8. Hilfsmittel.

Leistungen der Sozialen Teilhabe werden ganz überwiegend durch die Eingliederungshilfeträger im Rahmen des Eingliederungshilferechts erbracht, soweit nicht ausnahmsweise ein Unfallversicherungsträger bei einem Arbeitsunfall oder die Versorgungsämter nach dem Recht der sozialen Entschädigung zuständig sind. Von besonderer Bedeutung für die psychiatrische Versorgung sind die Assistenzleistungen nach § 78 SGB IX.

10.4.1 Eingliederungshilfe für Menschen mit Behinderungen

Die besonderen Leistungen zur selbstbestimmten Lebensführung für Menschen mit Behinderungen (Eingliederungshilferecht) sind seit dem 01.01.2020 in den §§ 90 ff. SGB IX (und nicht mehr im Sozialhilferecht in den §§ 53 ff. SGB XII) geregelt. Einige Grundsätze des früheren Rechts wurden übernommen wie z. B. der Nachranggrundsatz nach § 91 SGB IX, die Vorschriften über die örtliche Zuständigkeit nach § 98 SGB IX oder die Ausrichtung der Leistungen an den Besonderheiten des Einzelfalls nach § 104 SGB IX. Damit ist der grundsätzliche Fürsorgecharakter der Eingliederungshilfe bestehen geblieben.

10.4.2 Assistenzleistungen

Im Mittelpunkt der Leistungen der Eingliederungshilfe stehen die Leistungen zur Sozialen Teilhabe nach § 113 SGB IX und davon wiederum die Assistenzleistungen des § 113 Abs. 2 Nr. 2 in Verbindung mit § 78 SGB IX.

Ziel Assistenzleistungen dienen der selbstbestimmten und eigenständigen Bewältigung des Alltags einschließlich der Tagesstrukturierung und umfassen insbesondere Leistungen für die allgemeinen Erledigungen des Alltags wie Haushaltsführung, Gestaltung sozialer Beziehungen, persönliche Lebensplanung sowie die Teilnahme am gemeinschaftlichen und kulturellen Leben. Dazu gehört auch die Sicherstellung der Wirksamkeit der ärztlichen und ärztlich verordneten Leistungen (§ 78 Abs. 1 SGB IX).

Einfache und qualifizierte Assistenzleistungen Zu unterscheiden sind einfache Assistenz (Übernahme von Handlungen zur Alltagsbewältigung oder Begleitung) und die qualifizierte Assistenz (Befähigung des Betroffenen zu einer eigenständigen Alltagsbewältigung), die von Fachkräften erbracht werden muss (§ 78 Abs. 2 SGB IX). Letztere umfasst alle Leistungen, die bisher in den verschiedenen Formen des Betreuten Wohnens erbracht wurden. In vielen Fällen können Betroffene nach einer stationären Behandlung nicht in ihre alte Wohnung oder in ihr bisheriges Umfeld zurückkehren oder dort nicht mehr ohne Assistenz leben.

Assistenzleistungen können im Einzelfall auch der Erreichbarkeit einer Ansprechperson unabhängig von einer konkreten Inanspruchnahme dienen (§ 78 Abs. 6 SGB IX). Hier sind vor allem Bereitschaftsdienste angesprochen.

Es wird deutlich, dass durch Assistenzleistungen in vielen Fällen die Bestellung eines rechtlichen Betreuers vermieden werden kann (zum Erforderlichkeitsgrundsatz im Betreuungsrecht siehe S. 170).

Zu den Leistungen zur Sozialen Teilhabe gehören auch die Elternassistenz (§ 78 Abs. 3 SGB IX), Leistungen zur Beschaffung und Erhaltung von Wohnraum (§ 77 SGB IX) sowie Mobilitätshilfen (§ 83 SGB IX).

10.4.3 Verfahren und Wünsche der Betroffenen

Leistungen der Eingliederungshilfe werden nur auf Antrag erbracht, es sei denn, der Bedarf ist in einem Gesamtplanverfahren ermittelt worden (§ 108 SGB IX). Der zuständige Träger der Eingliederungshilfe wird nach § 94 SGB IX von den Ländern festgelegt und entspricht in der Regel den bereits zuvor nach dem SGB XII zuständigen Sozialhilfeträgern.

Wunsch- und Wahlrecht Die Leistungsberechtigten entscheiden auf der Grundlage des Teilhabe- bzw. Gesamtplans über die konkrete Gestaltung der Leistungen hinsichtlich Ablauf, Ort und Zeitpunkt der Inanspruchnahme (§ 113 Abs. 3 in Verbindung mit § 78 Abs. 2 SGB IX). Die Leistungen werden also unabhängig davon erbracht, wo die Betroffenen leben. Weitergehend konkretisiert § 104 Abs. 2 und 3 SGB IX das Wunschrecht der Betroffenen hinsichtlich der Gestaltung der Leistungen.

Anders als nach früherem Recht im SGB XII ist auch dem Wunsch nach einem Wohnen außerhalb von besonderen Wohnformen Rechnung zu tragen, selbst wenn damit unverhältnismäßige Mehrkosten verbunden sind. Die Betroffenen dürfen nicht auf die gemeinsame Inanspruchnahme der Assistenzleistungen im Sinne des § 116 Abs. 2 SGB IX verwiesen werden, wenn sie dies nicht wünschen. Dies entspricht den Vorgaben von Art. 19 UN-BRK.

10.4.4 Einsatz von Einkommen und Vermögen im Eingliederungshilferecht

Die Einkommens- und Vermögensfreigrenzen bei Bezug von Leistungen der Eingliederungshilfe nach dem SGB IX wurden gegenüber dem früheren Sozialhilferecht erheblich angehoben. Die Einkommensgrenze ist deutlich höher, der Einkommenseinsatz bei Übersteigen der Einkommensgrenze deutlich niedriger. Nun ist ein Beitrag in Höhe von 2 Prozent des Einkommens zu zahlen, das die Einkommensgrenze übersteigt.

Die Einkommensgrenze orientiert sich wie der Vermögensfreibetrag an der sozialversicherungsrechtlichen Bezugsgröße (§§ 135 ff. SGB IX). Der Vermögensfreibetrag beträgt (2022) 59.220 Euro. Einkommen oder Vermögen des Ehegatten oder der Lebenspartnerin werden nicht mehr berücksichtigt. Ein Unterhaltsrückgriff findet bei der Eingliederungshilfe nicht mehr statt.

Auch hier ist zu beachten, dass die Verbesserungen nicht die von der Eingliederungshilfe nicht (mehr) umfassten existenzsichernden Leistungen betreffen. Hier richtet sich der Einsatz von Einkommen und Vermögen gegebenenfalls weiterhin nach den allgemeinen Vorgaben im SGB II und SGB XII (hierzu S. 127).

10.4.5 Bedarfsermittlung und Teilhabeplanung

Die Ermittlung des individuellen Bedarfs im Bereich der Leistungen zur sozialen Teilhabe hat sich unter Berücksichtigung der Wünsche des Leistungsberechtigten an der ICF zu orientieren (so ausdrücklich für die Eingliederungshilfe in § 118 Abs. 1 SGB IX, ähnlich § 13 SGB IX).

Die Regelungen zur Teilhabeplanung befinden sich grundsätzlich in § 19 SGB IX und verpflichten den nach § 14 SGB IX leistenden Rehabilitationsträger zur Erstellung eines Teilhabeplans innerhalb der für die Entscheidung über den Antrag maßgeblichen Frist, wenn Leistungen verschiedener Leistungsgruppen oder mehrerer Rehabilitationsträger erforderlich sind.

Auch Betroffene haben einen Anspruch auf Erstellung eines Teilhabeplans (§ 19 Abs. 2 Satz 3 SGB IX). Mit ihrer Zustimmung oder auf ihren Vorschlag kann eine Teilhabekonferenz durchgeführt werden, an der auch eine Person des Vertrauens teilnehmen kann (§ 20 SGB IX).

Bei Leistungen der Eingliederungshilfe ist ergänzend das Gesamtplanverfahren nach den §§ 117 ff. SGB IX durchzuführen (§ 21 SGB IX).

10.5 Eingliederungshilfe für seelisch behinderte Kinder und Jugendliche

Das Recht der Kinder- und Jugendhilfe (SGB VIII) regelt Hilfen für Kinder, Jugendliche und junge Erwachsene bis zum Alter von 21 Jahren. Die Leistungen nach diesem Gesetz haben grundsätzlich Vorrang vor Leistungen nach dem SGB IX und SGB XII, werden ansonsten aber nur gewährt, wenn kein anderer Leistungsträger zuständig ist (§ 10 SGB VIII). Dementsprechend haben beispielsweise Leistungen der Krankenversicherung zur Behandlung und Rehabilitation Vorrang vor Leistungen nach dem SGB VIII.

Im Unterschied zu körperlich oder geistig behinderten Kindern und Jugendlichen, für die Leistungen der Eingliederungshilfe in einem Übergangszeitraum noch im Eingliederungshilferecht nach dem SGB IX geregelt sind, ist die Eingliederungshilfe für seelisch behinderte Kinder und Jugendliche (§ 35a SGB VIII) schon eine Aufgabe der Kinder- und Jugendhilfe (§ 10 Abs. 4 Satz 1 und 2 SGB VIII). Die Vorschrift ermöglicht Kindern und Jugendlichen, qualifizierte Hilfe von Einrichtungen der Jugendhilfe und der Kinder- und Jugendpsychiatrie in Anspruch zu nehmen (z. B. in therapeutischen Jugendwohngemeinschaften).

Die Formen der Eingliederungshilfe (§ 35a Abs. 2 SGB VIII) entsprechen weitgehend denen der Hilfen zur Erziehung (§§ 27 ff. SGB VIII). Die Aufgaben und Ziele entsprechen denen der Eingliederungshilfe nach dem SGB IX. Bei der Aufstellung von Hilfeplänen sollen in der Regel eine Ärztin oder ein Arzt für Kinder- und Jugendpsychiatrie und -psychotherapie beteiligt werden, die auch zum Vorliegen einer seelischen Behinderung eine Stellungnahme abgeben können.

Nach § 41 SGB VIII sollen Hilfen für junge Volljährige so lange gewährt werden, wie sie aufgrund der individuellen Situation des jungen Menschen notwendig sind. Als Altersgrenze ist die Vollendung des 21. Lebensjahres vorgesehen, in begründeten Einzelfällen können die Hilfen für junge Volljährige aber auch bis zur Vollendung des 27. Lebensjahrs erbracht werden.

Für psychisch erkrankte alleinerziehende Mütter und Väter besteht die Möglichkeit der gemeinsamen Betreuung mit ihren Kindern in gemeinsamen Wohnformen nach § 19 SGB VIII. Kann ein Elternteil, der die überwiegende Betreuung des Kindes übernommen hat, diese Aufgaben wegen einer psychischen Erkrankung nicht wahrnehmen, soll der andere Elternteil bei der Betreuung und Versorgung des im Haushalt lebenden Kindes unterstützt werden. Diese Hilfe kommt auch für Alleinerziehende in Betracht (§ 20 SGB VIII).

Kinder und Jugendliche sowie ihre Eltern müssen sich in angemessenem Umfang an den Kosten der Jugendhilfe beteiligen, wobei die tatsächlichen Aufwendungen nicht überschritten werden dürfen. Für die

Kostenbeiträge bestehen nach Einkommensgruppen gestaffelte Pauschalbeträge. Träger der öffentlichen Jugendhilfe sind die Jugendämter bei den Landkreisen und kreisfreien Städten.

10.6 Zuständigkeiten und Zugang zu Leistungen

Aus Sicht der Betroffenen bzw. der sie beratenden Fachpersonen ist für die Antragstellung erforderlich, das konkrete Hilfsangebot einer bestimmten Leistungsgruppe und einem bestimmten Rehabilitationsträger zuzuordnen. Da für bestimmte Leistungen mehrere Rehabilitationsträger in Betracht kommen können, hat der Gesetzgeber jeweils den vorrangig zuständigen Rehabilitationsträger festgelegt.

10.6.1 Zuständigkeiten im Rehabilitationsrecht

Für Leistungen zur medizinischen Rehabilitation kommen in erster Linie die gesetzlichen Krankenkassen und die Träger der gesetzlichen Rentenversicherung in Betracht (DRV Bund und Regionalträger), soweit nicht wegen einer besonderen Ursache die Träger der gesetzlichen Unfallversicherung oder der Kriegsopferversorgung im Rahmen des sozialen Entschädigungsrechts zuständig sind. In § 40 Abs. 4 SGB V ist der Nachrang der Leistungen der gesetzlichen Krankenversicherung geregelt.

Für Leistungen der medizinischen Rehabilitation ist der Träger der gesetzlichen Rentenversicherung zuständig, soweit Betroffene die persönlichen und versicherungsrechtlichen Voraussetzungen der §§ 10, 11 SGB VI erfüllen, anderenfalls der Träger der gesetzlichen Krankenversicherung.

Für Leistungen zur Teilhabe am Arbeitsleben kommen in erster Linie die Bundesagentur für Arbeit und die Träger der gesetzlichen Rentenversicherung in Betracht. Hier ist der Nachrang der Leistungen der Bundesagentur für Arbeit in § 22 Abs. 2 SGB III geregelt.

Für Leistungen zur Teilhabe am Arbeitsleben durch die gesetzliche Rentenversicherung muss in der Regel eine Wartezeit von 15 Jahren erfüllt sein. Daher verbleibt es in der Praxis häufig bei der Zuständigkeit der Bundesagentur für Arbeit.

Die Krankenkassen, die Rentenversicherungsträger und die Bundesagentur für Arbeit sind für die Leistungen der sozialen Teilhabe nicht zuständig (§§ 5, 6 SGB IX), sodass der grundsätzlich bestehende Nachrang der Eingliederungshilfe (§ 91 SGB IX) bzw. Jugendhilfe (§ 10 Abs. 1 SGB VIII) nicht greift.

Für Leistungen zur sozialen Teilhabe besteht eine ausschließliche Zuständigkeit der Eingliederungshilfeträger für erwachsene und der Jugendhilfeträger für junge seelisch behinderte Menschen, soweit nicht wegen einer besonderen Ursache die Träger der gesetzlichen Unfallversicherung oder der Kriegsopferversorgung im Rahmen des sozialen Entschädigungsrechts zuständig sind.

Für seelisch behinderte junge Menschen bis zur Vollendung des 27. Lebensjahrs besteht eine vorrangige Zuständigkeit des Jugendhilfeträgers (§ 10 Abs. 4 SGB VIII). Eine Zuständigkeit des Eingliederungshilfeträgers kommt erst in Betracht, wenn ein Anspruch auf Leistungen nach dem SGB VIII nicht mehr gegeben ist.

10.6.2 Leistender Rehabilitationsträger

Die Vorschriften der §§ 14 ff. SGB IX sollen einen schnellen Leistungszugang gerade in Fällen gewährleisten, in denen es aufgrund des gegliederten Systems zu Zuständigkeitskonflikten kommen kann. Diese sollen nicht zulasten der Betroffenen gehen. Vielmehr sollen diese die erforderlichen Rehabilitationsleistungen so schnell wie möglich erhalten. In der Praxis bleiben die Vorschriften der §§ 14 ff. SGB IX allerdings kompliziert und schwer handhabbar. Grundsätzlich gilt:

Der Rehabilitationsträger, bei dem der Antrag auf Leistung gestellt wird, ist verpflichtet, innerhalb von zwei Wochen ab Antragseingang festzustellen, ob er für die beantragte Leistung zuständig ist.

Ist der zuerst angegangene Rehabilitationsträger nach seinem Leistungsgesetz für die Leistung zuständig, stellt er den Rehabilitationsbedarf unverzüglich fest und erbringt die Leistungen innerhalb von drei Wochen nach Antragseingang. Stellt der Rehabilitationsträger fest, dass er für die Leistung nicht zuständig ist, leitet er den Antrag unverzüglich (d.h. spätestens am 15. Tag nach Antragseingang) an den nach seiner Auffassung zuständigen Rehabilitationsträger weiter. Wird der Antrag weitergeleitet, entscheidet der Rehabilitationsträger, an den der Antrag weitergeleitet wurde, innerhalb von drei Wochen nach Antragseingang bei ihm.

Es können also in der Regel höchstens fünf Wochen bis zur Entscheidung über den Rehabilitationsantrag vergehen.

Länger dauern kann es, wenn für die Feststellung des Rehabilitationsbedarfs (nicht der Zuständigkeit!) ein Gutachten eingeholt werden muss. In diesem Fall ist die Entscheidung innerhalb von zwei Wochen nach Eingang des Gutachtens zu treffen.

Eine zweite Weiterleitung des Rehabilitationsantrags ist im Regelfall unzulässig. Dies gilt selbst für den Fall, dass der Rehabilitationsträger, an den der Antrag weitergeleitet wurde, für die beantragte Leistung gar nicht Rehabilitationsträger nach § 6 SGB IX sein kann. Allerdings besteht die Möglichkeit, dass der zweitangegangene Rehabilitationsträger, der für die beantragte Leistung nicht zuständig ist, im Einvernehmen mit dem nach seiner Auffassung zuständigen Rehabilitationsträger den Antrag an diesen weiterleiten kann (§ 14 Abs. 3 SGB IX). Es bleibt aber dabei, dass über den Antrag auch im Fall der zweiten Weiterleitung spätestens fünf Wochen nach Antragstellung entschieden werden muss. Durch diese Regelung soll vermieden werden, dass ein unzuständiger Leistungsträger, an den fälschlicherweise der Antrag weitergeleitet wurde, in der Sache entscheiden und Leistungen erbringen muss.

Außerdem kann die Pflicht des leistenden Rehabilitationsträgers zur Aufspaltung des Antrags bestehen. Dies gilt für den Fall, dass der Antrag neben den nach seinem Leistungsgesetz zu erbringenden Leistungen weitere Leistungen zur Teilhabe umfasst, für die er nicht Rehabilitationsträger nach §§ 5 und 6 SGB IX sein kann. Dann ist der Antrag an den nach seiner Auffassung zuständigen Rehabilitationsträger weiterzuleiten und dieser entscheidet dann in eigener Zuständigkeit (§ 15 Abs. 1 SGB IX). Es kommt in diesem Fall also zu einer getrennten Zuständigkeit und nicht zu Leistungen aus einer Hand.

Ist der nach § 14 SGB IX leistende Rehabilitationsträger aber grundsätzlich für die beantragten Leistungen zuständig und stellen weitere Rehabilitationsträger trotz Anforderung keinen Rehabilitationsbedarf nach ihren Leistungsgesetzen fest, entscheidet der leistende Rehabilitationsträger über den Rehabilitationsbedarf umfassend nach allen in Betracht kommenden Leistungsgesetzen (§ 15 Abs. 2 Satz 3 SGB IX). Es soll zu einer getrennten Zuständigkeit nur dann kommen, wenn zwischen den beteiligten Leistungsträgern Konsens besteht und dies im Teilhabeplan dokumentiert ist. In der Regel ist die Leistung aus einer Hand das Ziel.

Bei einer Beteiligung mehrerer Rehabilitationsträger beträgt die Entscheidungsfrist abweichend von § 14 SGB IX sechs Wochen (§ 15 Abs. 4 Satz 1 SGB IX).

Kann nicht innerhalb einer Frist von zwei Monaten über den Antrag auf Leistungen zur Teilhabe entschieden werden, besteht das Recht zur Selbstbeschaffung (§ 18 SGB IX).

Für Eingliederungshilfe- und Jugendhilfeträger gilt dies nur bei unaufschiebbaren oder zu Unrecht abgelehnten Leistungen (§ 18 Abs. 6 und 7 SGB IX). Allerdings hilft die Selbstbeschaffung in der Praxis nur, wenn ausreichende Mittel hierfür zur Verfügung stehen und man sicher ist, dass der Anspruch auch besteht.

Die §§ 14 ff. SGB IX gelten nicht nur für den Bereich der sachlichen Zuständigkeit, sondern auch für die örtliche Zuständigkeit, wenn z. B. zwei Eingliederungshilfeträger ihre Zuständigkeit bestreiten. § 43 SGB I (vorläufige Leistungen) ist hier nicht anwendbar (§ 24 SGB IX), wohl aber die Regelung des § 98 Abs. 2 Satz 3 SGB IX, die eine vorläufige Leistungsverpflichtung des Eingliederungshilfeträgers festlegt, in dessen Bereich sich der Betroffene aufhält.

Für Jugendhilfeträger besteht eine entsprechende Vorschrift in § 86d SGB VIII.

10.7 Persönliches Budget

Mit dem Persönlichen Budget versucht der Gesetzgeber, die starren Grenzen des gegliederten Systems im Bereich des Sozialrechts und der Rehabilitation zu überwinden und Betroffenen mehr Eigenverantwortung für ein selbstbestimmtes Leben einzuräumen (§ 29 Abs. 1 SGB IX). Sie werden damit zu Kundinnen und Kunden, die als Arbeitgeber und Auftraggeberin Dienstleistungen einkaufen können, die ihren Bedarf abdecken.

Das Persönliche Budget wird von den beteiligten Rehabilitationsträgern als trägerübergreifende Komplexleistung erbracht. Neben den in § 6 SGB IX genannten Rehabilitationsträgern werden auch die Pflegekassen und die Integrationsämter einbezogen.

Es handelt sich bei dem Persönlichen Budget um eine Ausführungsmodalität, die einen Anspruch auf die jeweiligen Sozialleistungen voraussetzt.

Das Persönliche Budget ermöglicht Betroffenen, selbst als Experten und Expertinnen in eigener Sache darüber zu entscheiden, welche Hilfen sie zu welchem Zeitpunkt und durch welchen Dienst benötigen.

Die Persönlichen Budgets werden in der Regel als Geldleistung ausgeführt (§ 29 Abs. 2 SGB IX). Eine Bindung an die Vorgaben des Leistungserbringungsrechts besteht nicht, wenn das Persönliche Budget bedarfsgerecht verwendet wird. Insoweit können auch neue Formen der sozialen Dienstleistungen entstehen wie z. B. eine Genesungsbegleitung. Pflegesachleistungen nach dem SGB XI können allerdings nur in Form von Gutscheinen zur Inanspruchnahme zugelassener Pflegeeinrichtungen zur Verfügung gestellt werden (§ 35a SGB XI).

Das Persönliche Budget ist so zu bemessen, dass der individuell festgestellte Bedarf gedeckt wird. Dies beinhaltet auch die erforderliche Beratung und Unterstützung für die Inanspruchnahme des Persönlichen Budgets. Im Rahmen der Bedarfsfeststellung ist eine Zielvereinbarung abzuschließen, in der die individuellen Förder- und Leistungsziele, die Erforderlichkeit eines Nachweises für die Bedarfsdeckung und die Qualitätssicherung zu regeln sind (§ 29 Abs. 4 SGB IX).

Die Höhe des Persönlichen Budgets soll die Kosten der individuell zu erbringenden Leistungen nicht übersteigen.

Budgetfähige Leistungen sind alle Leistungen der zuvor genannten Leistungsträger, die sich auf alltägliche und regelmäßig wiederkehrende Bedarfe richten. Für psychisch erkrankte Betroffene kommen z. B. die Leistungen der Eingliederungshilfe für behinderte Menschen in Form der Assistenzleistungen im eigenen Wohnraum und die Leistungen der häuslichen Krankenpflege, aber auch begleitende Hilfen im Arbeitsleben in Betracht.

Auf das Persönliche Budget besteht ein Rechtsanspruch.

Die Betroffenen haben die Wahl, ob sie Sozialleistungen weiterhin als Sachleistungen oder in Form des Persönlichen Budgets in Anspruch nehmen möchten. Der Antrag kann bei einem der beteiligten Leistungsträger gestellt werden. Der leistende Rehabilitationsträger hat das Verfahren unter Beteiligung der anderen Leistungsträger nach den Regeln der §§ 14 und 15 SGB IX (hierzu S. 131f.) durchzuführen und die erforderlichen Bescheide im Auftrag der anderen beteiligten Leistungsträger auszustellen. Budgetnehmer haben es also in der Regel nur mit einem Leistungsträger zu tun und erhalten von diesem die erforderlichen Leistungen aus einer Hand unabhängig davon, wie viele Leistungsträger an dem Verfahren beteiligt sind.

Die Inanspruchnahme des Persönlichen Budgets setzt nach ganz überwiegender Auffassung nicht die Geschäftsfähigkeit der Betroffenen voraus. Allerdings sind die Regeln der Geschäftsfähigkeit im Rahmen der Antragstellung sowie bei vertraglichen Regelungen zu beachten.

Bei Betroffenen kann erhöhter Beratungs- und Unterstützungsbedarf bestehen. Dies betrifft inbesondere das Verfahren zur Beantragung des Persönlichen Budgets, die Bedarfsbemessung sowie die Vertragsverhandlungen mit den Leistungserbringern und die Abrechnung der Leistungen. Der individuell erforderliche Beratungs- und Unterstützungsbedarf ist bei der Bedarfsbemessung zu berücksichtigen, soweit dieser nicht durch die Sozialleistungsträger oder die unabhängigen Beratungsstellen erfüllt wird (§ 29 Abs. 2 Satz 6 SGB IX).

Budgetassistenz Umstritten ist, inwieweit auch die Kosten einer Budgetassistenz zu übernehmen sind. Dafür sprechen die vorgenannten Vorschriften sowie die Zielsetzungen des Persönlichen Budgets. Gerade psychisch erkrankte Menschen sollen befähigt werden, eigenverantwortlich ihre Angelegenheiten zu regeln. Insoweit können zwar Überschneidungen zwischen den Aufgaben der rechtlichen Betreuung und der Budgetassistenz bestehen. Im Rahmen des betreuungsrechtlichen Erforderlichkeitsgrundsatzes sind die Leistungen der Rehabilitation und Teilhabe aber vorrangig in Anspruch zu nehmen (§ 1814 Abs. 3 BGB und § 17 Abs. 4 Satz 2 SGB I). Nur dies entspricht den Vorgaben von Art. 12 Abs. 3 UN-BRK. Dies schließt nicht aus, dass rechtliche Betreuerinnen und Betreuer Betroffene bei der Inanspruchnahme des Persönlichen Budgets unterstützen.

10.8 Wiederholungsfragen

- ? Welche Leistungsgruppen gibt es im Bereich der Rehabilitation?
- ? Was wird von den psychosozialen Leistungen umfasst?
- ? Was ist unter Ergänzender unabhängiger Teilhabeberatung (EUTB) zu verstehen?
- ? Was gehört zu den Leistungen zur Teilhabe am Arbeitsleben?
- ? Welche Leistungen zur sozialen Teilhabe gibt es?
- ? Auf welcher Grundlage erfolgen die Bedarfsermittlung und die Teilhabeplanung?
- ? Was ist das Persönliche Budget?

10.9 Vertiefungsmöglichkeiten

10.9.1 Internet

Projekt »Umsetzungsbegleitung Bundesteilhabegesetz« des Deutschen Vereins für öffentliche und private Fürsorge e.V.: https://umsetzungs-begleitung-bthg.de/

Bundesministerium für Arbeit und Soziales: Einfach machen. Gemeinsam die UN-Behindertenrechtskonvention umsetzen. https://www.gemeinsam-einfach-machen.de/GEM/DE/AS/Umsetzung_BTHG/Gesetz_BTHG/Gesetz_node.html

10.9.2 Literatur

Konrad, M. (2022): Die Assistenzleistungen. Anforderungen an die Eingliederungshilfe durch das BTHG. 2., überarbeitete Aufl. Köln: Psychiatrie Verlag.

Konrad, M.; Dellmann, S. (2022): Rehabilitation und Teilhabe wie aus einer Hand. Vom Gesetz zur Praxis (mit Fallbeispiel und Erläuterungen der wichtigen Paragrafen und Richtlinien). Köln: Psychiatrie Verlag.

11 Leistungen bei Pflegebedürftigkeit

In diesem Kapitel geht es um die Feststellung der Pflegebedürftigkeit sowie die Leistungen bei Pflegebedürftigkeit, die durch die Pflegeversicherung und im Rahmen der Hilfe zur Pflege durch den Sozialhilfeträger erbracht werden können. Dabei wird auch die in der Praxis häufig schwierige Abgrenzung zur Eingliederungshilfe thematisiert.

11.1 Pflegeversicherung und Hilfe zur Pflege

Mit der Pflegeversicherung (SGB XI) wurde ein eigenständiger Zweig der Sozialversicherung geschaffen, um denen Hilfe zu leisten, die wegen der Schwere ihrer Pflegebedürftigkeit auf solidarische Unterstützung angewiesen sind.

Die Pflegeversicherung soll Pflegebedürftigen helfen, trotz ihres Hilfebedarfs ein möglichst selbstständiges und auch selbstbestimmtes Leben zu führen, das der Würde des Menschen entspricht. Die Hilfen sollen darauf ausgerichtet sein, die körperlichen, geistigen und seelischen Kräfte der Pflegebedürftigen wiederzugewinnen oder zu erhalten (§ 2 Abs. 1 SGB XI).

In der Pflegeversicherung versichert ist grundsätzlich, wer in der Krankenversicherung versichert ist (hierzu S. 99ff.). Träger der Pflegeversicherung sind die den Krankenkassen angegliederten Pflegekassen.

Die Pflegeversicherung deckt aber nicht den gesamten Bedarf an pflegerischen Hilfen ab. Der rechtliche Begriff der Pflegebedürftigkeit orientiert sich an gesetzlich vorgegebenen Modulen. Außerdem ist der Leistungsumfang durch Höchstbeträge begrenzt, sodass gegebenenfalls Leistungen der Hilfe zur Pflege nach den §§ 61 ff. SGB XII ergänzend in Anspruch genommen werden müssen. Allerdings werden die Eigenanteile an den

Pflegekosten bei vollstationärer Pflege nunmehr abhängig von der Dauer der Leistungen begrenzt (§ 43c SGB XI).

Anders als bei der Eingliederungshilfe verbleibt es bei der Hilfe zur Pflege nach dem SGB XII bei den bekannten Begriffen und Strukturen. Hier wird weiterhin zwischen ambulanten und stationären Hilfen unterschieden. Das Einkommen und Vermögen ist nach den §§ 82 ff. SGB XII vorrangig einzusetzen (hierzu S. 89 ff.). Für den Vermögenseinsatz gilt ein zusätzlicher Freibetrag von 25.000 Euro, wenn dieser Betrag während des Leistungsbezugs aus Erwerbseinkommen angespart wird (§ 66a SGB XII).

11.1.1 Pflegebedürftigkeit

Nach § 14 Abs. 1 SGB IX sind Personen pflegebedürftig, die gesundheitlich bedingte Beeinträchtigungen der Selbstständigkeit oder der Fähigkeiten aufweisen und deshalb der Hilfe durch andere bedürfen. Erforderlich ist, dass sie körperliche, kognitive oder psychische Beeinträchtigungen oder gesundheitlich bedingte Belastungen oder Anforderungen auf Dauer (mindestens für sechs Monate) in dem festgelegten Schweregrad nicht selbstständig bewältigen oder kompensieren können. Die gesundheitlich bedingten Beeinträchtigungen können in sechs Bereichen (Modulen) auftreten (§ 14 Abs. 2 SGB XI) und werden bei der Bestimmung der Pflegegrade unterschiedlich gewichtet (§ 15 Abs. 2 SGB XI):

- Mobilität (10 Prozent),
- kognitive und kommunikative Fähigkeiten sowie
- Verhaltensweisen und psychische Problemlagen (zusammen 15 Prozent),
- Selbstversorgung (40 Prozent),
- Bewältigung von und selbstständiger Umgang mit krankheits- oder therapiebedingten Anforderungen und Belastungen (20 Prozent),
- Gestaltung des Alltagslebens und soziale Kontakte (15 Prozent).

Leistungen der Pflegeversicherung sind bei der Pflegekasse formlos zu beantragen. Über den Antrag ist in der Regel spätestens fünf Wochen nach Antragseingang schriftlich zu entscheiden (§ 18 SGB XI). Wenn Informationsbedarf besteht, können sich Betroffene zu einer umfassenden Pflegeberatung (Fallmanagement) an die von den Pflegekassen eingerichteten Pflegestützpunkte wenden.

Verfahren zur Feststellung der Pflegebedürftigkeit Die Prüfung, ob und in welchem Maß Pflegebedürftigkeit vorliegt, erfolgt im Rahmen einer Begutachtung durch den Medizinischen Dienst (MD), die in der gewohnten Umgebung des oder der Pflegebedürftigen durchgeführt wird. Dabei muss auch festgestellt werden, ob Leistungen zur Prävention und Rehabilitation angezeigt sind. Zur Vorbereitung der Begutachtung ist es empfehlenswert, ein Pflegetagebuch zu führen, in dem der Hilfebedarf bei den einzelnen Modulen dokumentiert wird.

Um bundesweit einheitliche Maßstäbe bei der Begutachtung sicherzustellen, wurden von dem GKV-Spitzenverband Richtlinien zur Begutachtung von Pflegebedürftigkeit vorgelegt. Diese sind nicht nur für Begutachtende, sondern auch für Betroffene und Angehörige eine wichtige Orientierungshilfe.

11.1.2 Pflegegrade

Die einzelnen Kriterien für die Bestimmung des Grades der Pflegebedürftigkeit nach § 15 SGB XI werden in § 14 Abs. 2 SGB XI ausgeführt. Sie sind Grundlage für die Erfassung und Einordnung der Punkte in den Pflegegrad (§ 15 Abs. 3 SGB XI). Die Einordnung erfolgt in fünf Pflegegrade mit

- der geringen Beeinträchtigung der Selbstständigkeit oder Fähigkeiten (12,5 bis unter 27 Punkte: Pflegegrad 1),
- erheblicher Beeinträchtigung der Selbstständigkeit oder Fähigkeiten (27 bis unter 47,5 Punkte: Pflegegrad 2),
- schwerer Beeinträchtigung der Selbstständigkeit oder Fähigkeiten (47,5 bis unter 70 Punkte: Pflegegrad 3) und
- schwerster Beeinträchtigung der Selbstständigkeit oder Fähigkeiten (70 bis unter 90 Punkte: Pflegegrad 4) bis zur
- schwersten Beeinträchtigung der Selbstständigkeit oder Fähigkeiten mit besonderen Anforderungen an die pflegerische Versorgung (90 bis 100 Punkte: Pflegegrad 5).

11.2 Leistungen der Pflegeversicherung

Die Leistungen der Pflegeversicherung orientieren sich an den festgesetzten Pflegegraden. Pflegebedürftige Personen mit Pflegegrad 1 erhalten den

Entlastungsbeitrag nach § 28 Abs. 2 SGB XI von bis zu 125 Euro (2022), der zweckgebunden einzusetzen ist.

Abbildung 5 Die Leistungen der Pflegeversicherung im Überblick (Stand 01.01.2022)

Pflege-grad	Häusliche Pflege		Pflegevertretung bis zu 6 Wochen im Jahr (Verhinderungspflege)		Kurzzeit-pflege	Teil-stationäre Pflege (Tages- oder Nacht-pflege)	Voll-stationäre Pflege
	Monatliche Geldleistung	Monatliche Sachleistung	Durch nahe Angehörige oder Verwandte (=1,5 fache des Pflegegeldes)	Durch andere Personen	Aufwendungen im Jahr	Monatlich bis zu	Monatlich bis zu
1	125 € Betreuung- und Entlastungsleistungen + 40 € Pflegehilfsmittel zum Verbrauch (monatlich)						
2	316 €	724 €	474 €	1.612 €	1.774 €	689 €	770 €
3	545 €	1.363 €	817,50 €	1.612 €	1.774 €	1.298 €	1.262 €
4	728 €	1.693 €	1.092 €	1.612 €	1.774 €	1.612 €	1.775 €
5	901 €	2.095 €	1.351,50 €	1.612 €	1.774 €	1.995 €	2.005 €

Pflegebedürftige aller Pflegegrade, die in ambulant betreuten Wohngruppen leben, haben einen Anspruch auf Wohngruppenzuschlag in Höhe von 214 Euro (2022).

11.3 Verhältnis der Leistungen bei Pflegebedürftigkeit zur Eingliederungshilfe

Die Leistungen der Eingliederungshilfe nach dem SGB IX sind gegenüber den Leistungen der Pflegeversicherung nicht nachrangig (§ 13 Abs. 3 SGB XI). Die Leistungssysteme der Eingliederungshilfe und der Pflege dienen trotz eventueller Schwierigkeiten der Abgrenzung im Einzelfall unterschiedlichen Zielen und überschneiden sich nicht. Dies bedeutet, dass Leistungen bei Pflegebedürftigkeit und Leistungen der Eingliederungshilfe nach dem SGB IX grundsätzlich nebeneinander bezogen werden können.

Besondere Regeln gibt es für zwei Konstellationen: Für Pflegebedürftige der Pflegegrade 2 bis 5, die in besonderen Wohnformen leben und Leistungen der Eingliederungshilfe nach dem SGB IX erhalten, übernimmt die Pflegekasse zur Abgeltung des Pflegebedarfs einen Betrag bis zu 266 Euro (2022) monatlich (§ 43a SGB XI). Werden Leistungen der Eingliederungshilfe außerhalb von Einrichtungen oder besonderen Wohnformen erbracht, umfasst die Eingliederungshilfe auch die Leistungen der Hilfe zur Pflege nach §§ 64a ff. SGB XII, wenn Leistungen der Eingliederungshilfe vor Erreichen der Regelaltersrente erbracht werden (§ 103 Abs.2 SGB IX – Lebenslagenmodell). Dies hat zur Folge, dass dann auch die Einkommens- und Vermögensgrenzen des SGB IX gelten.

11.4 Wiederholungsfragen

? Wie gestaltet sich das Verfahren zur Feststellung der Pflegebedürftigkeit?
? Welche Leistungen sieht die Pflegeversicherung vor?

11.5 Vertiefungsmöglichkeiten

11.5.1 Internet

Richtlinien des GKV-Spitzenverbandes zur Feststellung der Pflegebedürftigkeit nach dem XI. Buch des Sozialgesetzbuches: https://www.medizinischerdienst.de/fileadmin/MDK-zentraler-Ordner/Downloads/01_Pflegebegutachtung/21_05_17_BRi_Pflegebeduerftigkeit.pdf

12 Schwerbehindertenrecht

In diesem Kapitel geht es um die Feststellung einer Schwerbehinderung und die Rechte schwerbehinderter Menschen vor allem im Arbeitsleben.

12.1 Feststellung der Behinderung

Das Schwerbehindertenrecht ist Teil des SGB IX (Rehabilitation und Teilhabe von Menschen mit Behinderungen). Es definiert in § 2 SGB IX den für das gesamte Sozialrecht verbindlichen Begriff der Behinderung und enthält in seinem dritten Teil besondere Regelungen für schwerbehinderte und diesen gleichgestellte Menschen (§§ 151 ff. SGB IX).

Die Schwerbehinderteneigenschaft setzt einen Grad der Behinderung von wenigstens 50 voraus, die Gleichstellung einen Grad der Behinderung von wenigstens 30 (§ 2 Abs. 2 und 3 SGB IX; zum Begriff der Behinderung siehe S. 22f.; zum Grad der Behinderung siehe S. 74).

Die Feststellung der Behinderung und die Ausstellung der Ausweise erfolgen auf Antrag durch die Versorgungsämter (§ 152 SGB IX). Im Rahmen eines ärztlichen Begutachtungsverfahrens wird der Grad der Behinderung (GdB) ermittelt. Auf eine Untersuchung kann verzichtet werden, wenn aussagekräftige ärztliche Unterlagen über Art und Ausmaß der Behinderungen vorgelegt werden können.

Leitfaden und Grundlage für die Begutachtung sind die Versorgungsmedizinischen Grundsätze, die auch im Schwerbehindertenrecht gelten, obwohl von GdB statt GdS gesprochen wird (§§ 153 Abs. 2, 241 Abs. 5 SGB IX). Entscheidend sind nicht ärztliche Diagnosen, sondern die sich daraus ergebenden Auswirkungen und Funktionseinschränkungen. Um Stigmatisierungen zu vermeiden, sollen auch in den Feststellungsbescheiden nicht die Diagnosen, sondern umschreibende Bezeichnungen wie seelische Behinderung angegeben werden. Während bei den meisten körperlichen Behinderungen die vorhandenen Funktionseinschränkungen relativ genau zu messen sind und einem entsprechenden Grad der Behinderung zugeordnet werden können, sind die Auswirkungen einer psychischen Erkrankung in aller Regel weniger eindeutig zu bestimmen.

Abbildung 6   Auszug aus der GdS-Tabelle

3.6 Schizophrene und affektive Psychosen	GdS
Langdauernde (über ein halbes Jahr anhaltende) Psychose im floriden Stadium je nach Einbuße beruflicher und sozialer Anpassungsmöglichkeiten	50–100
Schizophrener Residualzustand (z. B. Konzentrationsstörung, Kontaktschwäche, Vitalitätseinbuße, affektive Nivellierung) mit geringen und einzelnen Restsymptomen	
ohne soziale Anpassungsschwierigkeiten	10–20
mit leichten sozialen Anpassungsschwierigkeiten	30–40
mit mittelgradigen sozialen Anpassungsschwierigkeiten	50–70
mit schweren sozialen Anpassungsschwierigkeiten	80–100
Affektive Psychose mit relativ kurz andauernden, aber häufig wiederkehrenden Phasen	
bei 1 bis 2 Phasen im Jahr von mehrwöchiger Dauer je nach Art und Ausprägung	30–50
bei häufigeren Phasen von mehrwöchiger Dauer	60–100
Nach dem Abklingen lang dauernder psychotischer Episoden ist eine Heilungsbewährung von zwei Jahren abzuwarten.	
GdS während dieser Zeit, wenn bereits mehrere manische oder manische und depressive Phasen vorangegangen sind	50
sonst:	30
Eine Heilungsbewährung braucht nicht abgewartet zu werden, wenn eine monopolar verlaufene depressive Phase vorgelegen hat, die als erste Krankheitsphase oder erst mehr als zehn Jahre nach einer früheren Krankheitsphase aufgetreten ist.	
3.7 Neurosen, Persönlichkeitsstörungen, Folgen psychischer Traumen	
Leichtere psychovegetative oder psychische Störungen	0–20

3.7 Neurosen, Persönlichkeitsstörungen, Folgen psychischer Traumen	GdS
Stärker behindernde Störungen	
mit wesentlicher Einschränkung der Erlebnis- und Gestaltungsfähigkeit	
(z. B. ausgeprägtere depressive, hypochondrische, asthenische oder phobische Störungen, Entwicklungen mit Krankheitswert, somatoforme Störungen)	30–40
Schwere Störungen (z. B. schwere Zwangskrankheit)	
mit mittelgradigen sozialen Anpassungsschwierigkeiten	50–70
mit schweren sozialen Anpassungsschwierigkeiten	80–100

3.8 Psychische Störungen und Verhaltensstörungen durch psychotrope Substanzen

Der schädliche Gebrauch psychotroper Substanzen ohne körperliche oder psychische Schädigung bedingt keinen Grad der Schädigungsfolgen. Die Abhängigkeit von Koffein oder Tabak sowie von Koffein und Tabak bedingt für sich allein in der Regel keine Teilhabebeeinträchtigung.

Abhängigkeit von psychotropen Substanzen liegt vor, wenn als Folge des chronischen Substanzkonsums mindestens drei der folgenden Kriterien erfüllt sind:

- starker Wunsch (Drang), die Substanz zu konsumieren,
- verminderte Kontrollfähigkeit (Kontrollverlust) den Konsum betreffend,
- Vernachlässigung anderer sozialer Aktivitäten zugunsten des Substanzkonsums,
- fortgesetzter Substanzkonsum trotz des Nachweises schädlicher Folgen,
- Toleranzentwicklung,
- körperliche Entzugssymptome nach Beenden des Substanzkonsums.

Es gelten folgende GdS-Werte:

Bei schädlichem Gebrauch von psychotropen Substanzen mit leichteren psychischen Störungen	0–20
Bei Abhängigkeit:	
mit leichten sozialen Anpassungsschwierigkeiten	30–40
mit mittleren sozialen Anpassungsschwierigkeiten	50–70
mit schweren sozialen Anpassungsschwierigkeiten	80–100

Der Auszug aus den Versorgungsmedizinischen Grundsätzen mit der GdS- bzw. GdB-Tabelle verdeutlicht, dass bei psychischen Erkrankungen vor allem die Ausprägung sozialer Anpassungsschwierigkeiten von Bedeutung ist, bei deren Bewertung ein großer Spielraum besteht. Für eine angemessene Beurteilung kommt hier den ärztlichen Befunden eine entscheidende Bedeutung zu, die deshalb nicht nur die medizinischen Aspekte, sondern auch die sozialen Auswirkungen und Funktionsbeeinträchtigungen beinhalten sollten.

12.2 Schwerbehinderung und Arbeitsrecht

Von besonderer Bedeutung ist der Kündigungsschutz schwerbehinderter Menschen im Arbeitsleben. Schwerbehinderte und ihnen gleichgestellte Menschen dürfen durch den Arbeitgeber nur nach vorheriger Zustimmung des Integrationsamtes gekündigt werden (§ 168 SGB IX). Im Rahmen des Zustimmungsverfahrens ist zu prüfen, durch welche Maßnahmen und gegebenenfalls begleitenden Hilfen im Arbeitsleben der Arbeitsplatz des schwerbehinderten Menschen erhalten werden kann (§ 185 Abs. 2–5 SGB IX). An diesen Aufgaben können die Integrationsfachdienste beteiligt werden (§§ 192 ff. SGB IX).

In der Beratung psychisch kranker Menschen stellt sich immer wieder die Frage, ob diese einen Schwerbehindertenausweis beantragen sollen. Diese Frage lässt sich nicht generell beantworten. Viele Betroffene lehnen die Dokumentation der Schwerbehinderteneigenschaft ab, weil sie sich dadurch stigmatisiert fühlen. Dem sollte weitgehend Rechnung getragen werden. Viele soziale Rechte lassen sich auch ohne Schwerbehindertenausweis geltend machen und durchsetzen, weil eine psychische Erkrankung oder seelische Behinderung im Sinne der sozialrechtlichen Vorschriften nicht nur durch den Schwerbehindertenausweis nachgewiesen werden kann (zum Begriff der Behinderung siehe S. 22f.).

Bei der Suche nach einem Arbeitsplatz kann ein Schwerbehindertenausweis hinderlich sein, weil nach bisher überwiegender Auffassung die Schwerbehinderteneigenschaft auf Nachfrage offenbart werden muss.

Allerdings wird darin zunehmend ein Verstoß gegen das Diskriminierungsverbot der UN-BRK gesehen. Für eine psychische Krankheit selbst gilt dies nicht im gleichen Maß, da Krankheiten nur offenbart werden müssen, wenn sie sich unmittelbar auf die Leistungsfähigkeit am konkreten Arbeitsplatz auswirken. Einen Schutz bietet die Schwerbehinderteneigenschaft daher vor allem dann, wenn es um den Erhalt eines bestehenden Arbeitsplatzes geht.

12.3 Wiederholungsfragen

? Wie lautet die Definition von Schwerbehinderung im Sozialrecht?
? Was sind die Vor- und Nachteile eines Schwerbehindertenausweises?

12.4 Vertiefungsmöglichkeiten

12.4.1 Internet

Versorgungsmedizinische Grundsätze: https://www.bmas.de/SharedDocs/Downloads/DE/Publikationen/k710-versorgungsmed-verordnung.pdf?__blob=publicationFile&v=1

13 Der Umgang mit psychischen Krisen

In diesem Kapitel geht es um die rechtlichen Angebote und Reaktionen im Fall akuter Krisen. Die Darstellung beginnt mit der psychiatrischen Notfallversorgung und beschreibt danach, unter welchen Voraussetzungen in akuten Krisensituationen ausnahmsweise Zwangsmaßnahmen zulässig sein können. Eine Bestellung einer Betreuerin oder eines Betreuers kommt zwar bei vorübergehenden psychischen Erkrankungen auch in Betracht, zielt aber eher auf einen längerfristigen Handlungsbedarf chronisch psychisch kranker Menschen ab (hierzu S. 167 ff.).

13.1 Psychiatrische Notfallversorgung und Krisenintervention

Krisenintervention ist eine zentrale Aufgabe der psychiatrischen Versorgung, insbesondere zur Vermeidung von Unterbringungen und Zwangsmaßnahmen. Allerdings sind die rechtlichen Rahmenbedingungen unübersichtlich. Eine Vielzahl von Institutionen und Kostenträgern kommt für die Gewährleistung der psychiatrischen Notfallversorgung und Krisenintervention in Betracht. Es fehlt aber an einer klaren gesetzlichen Grundlage und Finanzierung für Kriseninterventionsdienste.

Die Gewährleistung einer effektiven Krisenintervention hängt sehr stark von der institutionellen Umsetzung vor Ort ab. Es gibt erhebliche regionale Unterschiede.

Rechtlich berührt sind insbesondere das Sozialrecht und das öffentliche Gesundheitsrecht, aber auch das Polizeirecht. In besonderem Maß geht es um die Frage, inwieweit Hilfen freiwillig angenommen werden und unter welchen Voraussetzungen bzw. ab welcher Grenze die Anwendung von Zwang legitimiert sein kann. Im Hintergrund steht immer die Frage der Unterbringung nach dem jeweiligen Psychisch-Kranken-(Hilfe-)Gesetz (PsychK(H)G) des Bundeslandes.

13.1.1 Notdienst

Die Sicherstellung der ärztlichen Notfallversorgung dient der Gewährleistung der ärztlichen Versorgung in den sprechstundenfreien Zeiten (§ 75 Abs. 1b SGB V). Um nicht nur die in der gesetzlichen Krankenversicherung Versicherten zu erreichen, wird der Notdienst in der Regel gemeinsam von Ärztekammern und Kassenärztlichen Vereinigungen organisiert. Dabei soll mit den Notfallambulanzen der Krankenhäuser kooperiert werden.

Die Teilnahme am Notdienst gehört zu den ärztlichen Berufspflichten. Der Sicherstellungsauftrag umfasst auch den ärztlichen Einsatz im Rettungsdienst, soweit dies in dem jeweiligen Bundesland durch Landesrecht geregelt ist.

Die Notfallversorgung muss ausreichend sein. Dies bedeutet nach derzeit geltendem Recht nicht zwingend, dass auch ein fachärztlicher, insbesondere psychiatrischer Notdienst vorgehalten werden muss. Dies liegt im Ermessen der Kassenärztlichen Vereinigungen.

Der Rechtsanspruch eines psychiatrischen Notfall- oder Krisendienstes auf Finanzierung durch die gesetzliche Krankenversicherung besteht nach ganz überwiegender Auffassung bisher nicht. Allerdings sind in vielen Großstädten psychiatrische Notfalldienste eingerichtet oder in die psychiatrische Krisenintervention integriert. Ist dies nicht der Fall, findet die Notfallversorgung außerhalb der psychiatrischen Versorgung statt. Insbesondere im ländlichen Raum kommt es immer wieder vor, dass bei psychiatrischen Krisen nicht entsprechend ausgebildete Ärzte den Notfalleinsatz wahrnehmen und die Risiken eventuell falsch einschätzen. Zu den Pflichten des Notarztes gehört es aber, gegebenenfalls andere Fachärztinnen hinzuzuziehen oder eine Krankenhauseinweisung zu veranlassen.

13.1.2 Pflichten der behandelnden Ärzte und Therapeutinnen

Die psychiatrische Versorgung in Krisen gehört unabhängig von den Regeln über den Notfalldienst zu den Aufgaben der behandelnden Ärztinnen und Therapeuten. Insoweit besteht eine Garantenstellung (hierzu S. 193f.). Es kann für den behandelnden Psychiater im Einzelfall eine Verpflichtung zum Hausbesuch bestehen, wenn sich anders Gefahren für den Betroffenen nicht abwenden lassen. Allerdings wird davon in der Praxis kaum Gebrauch gemacht, sondern auf die Inanspruchnahme des Notfalldienstes verwiesen oder gegebenenfalls eine Krankenhauseinweisung nach dem PsychK(H)G veranlasst.

Maßnahmen der Krisenintervention können im System der GKV auch im Rahmen der psychiatrischen Krankenpflege, der Ergotherapie oder durch Institutsambulanzen erbracht werden. Alle genannten Angebote der Notfallversorgung und der Krisenintervention setzen die Kooperationsbereitschaft der Betroffenen voraus und können nur mit ihrem Einverständnis erbracht werden.

13.2 Aufgaben des Öffentlichen Gesundheitsdienstes und der Polizei

Krisenintervention ist auch eine Aufgabe des Öffentlichen Gesundheitsdienstes (ÖGD) und in akuten Gefahrensituationen ausnahmsweise der Ordnungsbehörden und der Polizei.

13.2.1 Aufgaben der Gesundheitsämter

Die Beratung psychisch kranker Menschen gehört zu den Aufgaben der Gesundheitsämter nach den Ländergesetzen über den Öffentlichen Gesundheitsdienst (ÖGD). Sie richtet sich vor allem an Betroffene, die von anderen Betreuungsangeboten nicht erreicht werden. In der Regel wird diese Beratungsaufgabe im Rahmen der Regelungen der Psychisch-Kranken-(Hilfe-)Gesetze den Sozialpsychiatrischen Diensten zugewiesen (siehe S. 153). Dies gilt aber nicht für alle Bundesländer. Inhalt, Umfang und Qualität dieser Beratungsangebote hängen von der Organisation vor Ort ab.

Die Tätigkeit der Gesundheitsämter ist präventiv orientiert und dient in erster Linie der Vermittlung in andere Beratungs- und Hilfeeinrichtungen. Eine Behandlungsbefugnis besteht nicht bzw. kann sich nur in Ausnahmesituationen ergeben. Eine spezifische Rechtsgrundlage für die Krisenintervention ist in den beratungsorientierten Regelungen nicht zu sehen. Allerdings können sich auch die Gesundheitsämter im Rahmen ihrer Aufgaben an der Organisation von Krisendiensten beteiligen.

13.2.2 Vorsorgende und nachsorgende Hilfen

Vorsorgende Hilfen sollen dazu beitragen, dass psychische Krankheiten und Krisen früh erkannt und behandelt werden. Dies kann durch psychosoziale Beratung und Betreuung bis hin zu aufsuchenden Hilfen (Hausbesuch) geschehen. Dazu gehört auch die Krisenintervention mit dem Ziel, stationäre Behandlungen und Unterbringungen zu vermeiden, wobei diese Hilfen bisher nicht überall rund um die Uhr angeboten werden.

Nachsorgende Hilfen dienen der Vorbereitung der Entlassung aus der Unterbringung und der Vermeidung von Wiederaufnahmen. Hier bestehen Überschneidungen mit den Aufgaben der sozialrechtlichen Rehabilitation (zu den Grundzügen des Rehabilitationsrechts siehe S. 114ff.).

13.2.3 Krisendienste

Die Wahrnehmung der Aufgabe der psychiatrischen Notfallversorgung durch Krisendienste ist in den PsychKHG bisher nur unzureichend geregelt. Nur in Bayern und Berlin gibt es eine gesetzliche Grundlage für die Tätigkeit von Krisendiensten.

Grundsätzlich ist von einer Sicherstellungspflicht der zuständigen Träger hinsichtlich der vor- und nachgehenden Hilfen auszugehen. Damit korrespondiert aber nicht in allen Gesetzen ein Rechtsanspruch der Betroffenen auf Gewährung entsprechender Hilfen. Dieser lässt sich aber mittelbar aus dem Subsidiaritätsprinzip ableiten, wonach alle einer Unterbringung vorrangigen Hilfen auszuschöpfen sind, um den Grundrechtseingriff, der mit der Unterbringung verbunden ist, zu vermeiden. Nach Art. 5 Abs. 3 und Art. 14 UN-BRK sind angemessene Vorkehrungen zu treffen, damit es zu einer mit Freiheitsentziehung verbundenen Unterbringung gar nicht erst kommt.

Das Hilfeangebot im Fall einer psychischen Krise muss eine 24-stündige Erreichbarkeit, einen mobilen Dienst, der auch die aufsuchende Hilfe gewährleistet, sowie die Vorhaltung von Krisenbetten zwingend vorsehen.

Sicherstellung der Hilfen bedeutet nicht in jedem Fall, dass die Hilfen durch den Träger selbst zu erbringen sind. Vielmehr geht es zunächst um die Vermittlung der notwendigen Hilfen und die Behandlung durch Dritte, insbesondere die niedergelassenen Ärzte. Hier bietet sich die Koordination der Hilfen im Gemeindepsychiatrischen Verbund an.

13.2.4 Sozialpsychiatrische Dienste

Die vor- und nachsorgenden Hilfen werden nach den Regelungen der meisten Bundesländer durch Sozialpsychiatrische Dienste erbracht, die in der Regel unter fachärztlicher Leitung stehen und rechtlich und organisatorisch an die Gesundheitsämter angegliedert sind.

Eine Behandlung ist durch das Gesundheitsamt oder den Sozialpsychiatrischen Dienst nur zulässig, wenn und solange eine Behandlung des Betroffenen durch eine niedergelassene Psychiaterin nicht gewährleistet ist (so ausdrücklich § 5 Abs. 1 Satz 4 PsychKHG Rheinland-Pfalz und § 6 Abs. 2 Satz 2 SächsPsychKG). Dies gilt nicht für Baden-Württemberg und Bayern, wo sich die Sozialpsychiatrischen Dienste in freier Trägerschaft befinden und in der Regel keine Arztstellen haben.

13.2.5 Maßnahmen zur Vermeidung einer Unterbringung

Anders als die Hilfen können die Maßnahmen, die der Unterbringung vorausgehen, gegebenenfalls auch zwangsweise durchgesetzt werden. Als idealtypisch gilt das in § 6 des Thüringer PsychKG geregelte Stufenmodell zur Vermeidung einer drohenden Unterbringung. Danach kann der Sozialpsychiatrische Dienst Betroffene vorladen oder einen Hausbesuch anbieten. Damit haben die Betroffenen die Möglichkeit, sich freiwillig in Behandlung zu begeben und dies mitzuteilen, um weitere Maßnahmen abzuwenden. Unternehmen Betroffene nichts, soll ein Hausbesuch durchgeführt werden, der noch mit keinen Zwangsbefugnissen verbunden ist. Reagieren Betroffene auch dann nicht oder führt der Hausbesuch zu keinen Ergebnissen, sind Zwangsmaßnahmen in Form der Zwangsvorführung und Zwangsuntersuchung nach vorheriger Androhung möglich. Dies beinhaltet auch den gewaltsamen Zutritt zur Wohnung, wenn erkennbar ist, dass der oder die Betroffene sich oder andere krankheitsbedingt gefährdet.

Im Rahmen der nachgehenden Hilfen sowie der Maßnahmen zur Vermeidung einer Unterbringung kann für behandelnde Ärztinnen und Ärzte eine gesetzliche Pflicht bestehen, die zuständigen Behörden über die Aufnahme oder den Ablauf der Behandlung zu unterrichten (z. B. § 29 Abs. 3 NRWPsychKG). Dabei kann es sich um eine Befugnis zur Durchbrechung der Schweigepflicht handeln (siehe S. 60).

13.2.6 Aufgaben der Polizei

Nach den Polizeigesetzen aller Bundesländer kann die Polizei Personen in Gewahrsam nehmen, wenn dies zum Schutz für Leib oder Leben erforderlich ist, insbesondere weil sie sich erkennbar in einem die freie Willensbestimmung ausschließenden Zustand oder sonst in hilfloser Lage befinden. Damit kann der polizeiliche Gewahrsam auch der Verhinderung von Suiziden dienen. Dabei kann nach Polizeirecht zunächst davon ausgegangen werden, dass sich jemand bei Einleitung von Suizidhandlungen in einem psychischen Ausnahmezustand befindet. Bei psychisch kranken Menschen sind aber vorrangig die Regelungen der Psychisch-Kranken-(Hilfe-)Gesetze der Bundesländer zu beachten. Durch die demgemäß zuständigen Instanzen ist dann zu klären, ob eine psychische Krankheit vorliegt, die eine Unterbringung rechtfertigen kann.

13.2.7 Hilfen und Maßnahmen nach PsychK(H)G

Alle Bundesländer verfügen über ein Psychisch-Kranken-(Hilfe-)Gesetz (PsychK(H)G), wobei die genaue Bezeichnung der Gesetze zwischen den Bundesländern etwas differiert. Allen PsychK(H) G ist gemeinsam, dass sie einer Unterbringung vor- und nachgehende Hilfen sowie der Unterbringung vorausgehende Maßnahmen regeln. Diese dienen unterschiedlichen Zwecken. Während die Hilfen der Vermeidung bzw. Verkürzung der

Unterbringung dienen und immer Freiwilligkeit voraussetzen, stehen die Maßnahmen in unmittelbarem Zusammenhang mit der Unterbringung. Sie haben die Aufgabe, im Vorfeld der Unterbringung deren Voraussetzungen zu klären und den Betroffenen aufzufordern, durch freiwillige Maßnahmen die drohende Unterbringung abzuwenden. Insoweit kommen auch Zwangsmaßnahmen in Betracht.

13.3 Unterbringung nach PsychK(H)G

Alle Psychisch-Kranken-(Hilfe-)Gesetze der Bundesländer regeln die Voraussetzungen der Unterbringung in einem psychiatrischen Krankenhaus in akuten Gefahrensituationen. Traditionell wurde die Unterbringung psychisch kranker Menschen als Maßnahme des Polizeirechts verstanden, die eng mit dem Begriff der öffentlichen Sicherheit und Ordnung verbunden war. Dieser Begriff findet sich heute nur noch in dem PsychKG von Sachsen-Anhalt. Im Bayerischen PsychKHG ist von einer Gefährdung des Allgemeinwohls die Rede. Die anderen Bundesländer verzichten auf den Begriff der öffentlichen Sicherheit und Ordnung.

Durch die Einbeziehung der einer Unterbringung vorausgehenden Hilfen und Maßnahmen wurde die Unterbringung Teil einer Gesamtregelung für psychisch kranke Menschen im Sinne eines Gesundheitsstrukturrechts.

Da es sich um einen massiven Grundrechtseingriff handelt, ist die Unterbringung durch entsprechende Behandlungsmaßnahmen auf die kürzestmögliche Zeit zu begrenzen. Eine so verstandene Unterbringung ist nicht mehr dem Polizeirecht, sondern dem Gesundheitsrecht zuzuordnen.

Auch für das Gesundheitsrecht besteht die Gesetzgebungskompetenz der Bundesländer, sodass in jedem Bundesland ein eigenes PsychK(H)G besteht. In Bayern fehlen eigenständige Regelungen über vor- und nachgehende Hilfen sowie Maßnahmen. Insoweit wird auf bestehende Hilfen des Sozialgesetzbuches verwiesen, um dem Subsidiaritätsprinzip Rechnung zu tragen. Allerdings ist in Art. 5 Abs. 2 BayPsychKHG ausdrücklich geregelt, dass eine Unterbringung nicht angeordnet werden darf, wenn die Gefährdung durch die Hinzuziehung eines Krisendienstes abgewendet werden kann.

Grundsätzlich kann eine Unterbringung nur in Betracht kommen, wenn alle denkbaren Hilfen ausgeschöpft sind, die ohne Grundrechtseingriff auskommen. Das gebietet bereits der Grundsatz der Verhältnismäßigkeit.

13.3.1 Voraussetzungen einer Unterbringung

Die Voraussetzungen einer Unterbringung sind mehrstufig geregelt. Neben dem Vorliegen einer psychischen Krankheit ist Voraussetzung die erhebliche gegenwärtige Gefahr für die Betroffenen selbst oder die Rechtsgüter anderer (Selbst- oder Fremdgefahr).

Im Einzelnen unterscheiden sich die Formulierungen der Gesetze, wobei hinsichtlich der Fremdgefahr teilweise von der Gefährdung besonders bedeutender Rechtsgüter Dritter gesprochen wird (z. B. § 15 Abs. 2 BerlPsychKG).

Keine freie Willensbestimmung Eine Voraussetzung für eine Unterbringung ist, dass der oder die Betroffene aufgrund der psychischen Krankheit seinen oder ihren Willen nicht frei bestimmen kann. Die Unterbringung einer Person, die ihren Willen frei bestimmen und ihre Grundrechte freiverantwortlich ausüben kann, ist unzulässig. Dies führt insbesondere dazu, dass bei suchtkranken Menschen eine Unterbringung nur im Ausnahmefall in Betracht kommt.

13.3.1.1 Gefahrbegriff

Eine erhebliche gegenwärtige (konkrete) Gefahr liegt vor, wenn die Einwirkung des schädigenden Ereignisses bereits begonnen hat oder in allernächster Zeit mit einer an Sicherheit grenzenden Wahrscheinlichkeit bevorsteht (BVerfG vom 24.07.2018 – Az. 2 BvR 309/15 und 502/16; R&P 2018, 236).

Nach den meisten PsychK(H)G liegt eine gegenwärtige Gefahr im Sinne des Unterbringungsrechts auch dann vor, wenn sich die Krankheit so auswirkt, dass ein schadenstiftendes Ereignis unmittelbar bevorsteht oder sein Eintritt zwar unvorhersehbar, wegen besonderer Umstände jedoch jederzeit zu erwarten ist (z. B. § 11 Abs. 2 NRWPsychKG). Diese Formulierung ist problematisch, weil vorausgesetzt wird, dass mit dem Vorliegen einer psychischen Krankheit grundsätzlich eine Gefahr verbunden sein kann. Zwar kann aufgrund der vorliegenden Erkenntnisse zur Gefährlichkeit psychisch erkrankter Menschen bei bestimmten Krankheitsbildern ein erhöhtes Risiko der Selbst- oder Fremdgefährdung bestehen, erforderlich ist aber eine einzelfallbezogene Prognoseentscheidung.

Es ist immer zu prüfen, aufgrund welcher zusätzlichen Umstände aus der Vorgeschichte, aus der aktuellen Befindlichkeit sowie aus der sozialen Situation des Betroffenen von ihm zum gegenwärtigen Zeitpunkt eine Gefahr ausgeht. Dies kann z. B. der Fall sein bei Drohungen mit Suizid oder Gewalttaten, soweit diese ernstlich sind, aber auch bei einem krankheitsbedingten Verlust der Handlungskontrolle unter Hinzutreten einer sozialen Isolation und fehlender Kontrollmöglichkeiten Dritter. Dabei können die psychische Krankheit selbst und ein früheres (gefährliches) Verhalten Indizien für eine Gefährlichkeit im Rahmen einer Gesamtwürdigung der aktuellen Situation des Betroffenen sein. Dies gilt auch für die Beurteilung der Suizidalität (zu den rechtlichen Pflichten zur Abwendung eines Suizids siehe S. 192).

13.3.1.2 Selbstgefährdung

Die Gefahr für sich selbst betrifft Leben und Gesundheit der Betroffenen. Neben der Suizidgefahr kommt als Unterbringungsgrund die Gefährdung der eigenen Gesundheit in Betracht. Auch dafür muss es sich um eine erhebliche oder ernstliche Gefahr für die Gesundheit handeln. Dafür genügt die Verweigerung einer ärztlichen, insbesondere psychiatrischen Behandlung oder die Verweigerung der Einnahme für notwendig erachteter Medikamente nicht.

In den meisten PsychK(H)G ist ausdrücklich niedergelegt, dass die fehlende Bereitschaft, sich behandeln zu lassen, eine Unterbringung nicht rechtfertigt (z. B. § 11 Abs. 1 NRWPsychKG).

Insbesondere darf die Unterbringung nicht zur Erzwingung einer nicht vorhandenen Krankheitseinsicht oder Behandlungsbereitschaft benutzt werden. Die Nichtbehandlung muss vielmehr zu einer Lebensgefahr oder einer dauernden Behandlungsbedürftigkeit im Sinne einer Chronifizierung führen. Dies kann auch bei einer akuten Alkoholintoxikation oder in Verbindung mit einem Alkoholdelirium der Fall sein. Eine Gefahr für das eigene Vermögen rechtfertigt keine Unterbringung. Gegebenenfalls ist eine Betreuerin zu bestellen und ein Einwilligungsvorbehalt anzuordnen (zur Betreuerbestellung siehe S. 170ff.; zum Einwilligungsvorbehalt siehe S. 169).

13.3.1.3 Fremdgefährdung

Im Bereich der Fremdgefährdung kommen in erster Linie Gefahren für Leben und Gesundheit Dritter als Unterbringungsgrund in Betracht. Gefahren für Sachgüter können nur ausnahmsweise eine Unterbringung rechtfertigen. Belästigungen und vergleichbare Verhaltensweisen psychisch erkrankter Menschen reichen wegen der Schwere des Grundrechtseingriffs für eine Unterbringung nicht aus.

13.3.2 Unterbringungsverfahren

Das Verfahren der Unterbringung ist zum Teil in den PsychK(H)G der Bundesländer, zum Teil bundeseinheitlich in den §§ 312 ff. FamFG geregelt. Dabei ist zu berücksichtigen, dass es je nach Gefahrensituation und damit Dringlichkeit der Unterbringung bzw. Krisenintervention unterschiedliche Vorgehensweisen gibt. Neben dem Regelverfahren der Unterbringung gibt es auch eine vorläufige gerichtliche Unterbringung durch einstweilige Anordnung sowie die sofortige (behördliche oder polizeiliche) Unterbringung, wenn eine gerichtliche Entscheidung nicht abgewartet werden kann.

In der Praxis findet der ganz überwiegende Teil der Unterbringungen als sofortige behördliche oder polizeiliche Unterbringung ohne vorherige Einschaltung des Betreuungsgerichts statt. Aus empirischen Untersuchungen ergibt sich eine regional sehr unterschiedliche Unterbringungspraxis. Entsprechend unterschiedlich hoch sind die Unterbringungszahlen. Dies betrifft nicht nur verschiedene Bundesländer, sondern auch verschiedene Landkreise und Städte eines Bundeslandes. Dies hängt weniger von den gesetzlichen Regelungen als von der Organisation der Unterbringung vor Ort sowie den zur Verfügung stehenden Hilfen ab.

13.3.2.1 Regelverfahren

Voraussetzung für die Unterbringung im Regelverfahren ist zunächst ein Antrag der zuständigen Behörde des Landkreises oder der kreisfreien Stadt, wo der Betroffene seinen gewöhnlichen Aufenthalt hat oder wo bei Gefahr im Verzug das Bedürfnis für die Unterbringung hervortritt. Dem Antrag ist in der Regel ein ärztliches Zeugnis oder Gutachten beizufügen, das auf einer nur kurz (üblicherweise höchstens drei Tage) zurückliegenden Untersuchung des Betroffenen beruhen muss. Die Erkenntnisse, die einen Antrag auf Unterbringung begründen können, sind von Amts wegen zu ermitteln und werden im Rahmen der vorausgehenden Maßnahmen erhoben.

In den Bundesländern gibt es unterschiedliche Regelungen zu den Aufgaben der Gesundheitsbehörden bzw. Sozialpsychiatrischen Dienste und der Ordnungsbehörden im Unterbringungsverfahren. Teilweise wird unterschieden zwischen der Zuständigkeit für die Hilfen und Maßnahmen einerseits (Gesundheitsbehörde bzw. Sozialpsychiatrischer Dienst) und der Zuständigkeit für die Beantragung der Unterbringung andererseits (Ordnungsbehörde). Teilweise liegen aber auch beide Aufgaben bei den Sozialpsychiatrischen Diensten (z. B. §§ 4, 6, 8 ThürPsychKG). Damit wird eine Spaltung in »gute« und »schlechte« Akteure der psychiatrischen Versorgung vermieden. Aus den verschiedenen Aufgabenzuweisungen können sich im Einzelfall unterschiedliche Handlungsanforderungen für die Mitarbeitenden der Dienste ergeben.

Über den Antrag auf Unterbringung entscheidet das Betreuungsgericht im Rahmen des in den §§ 312 ff. FamFG geregelten Verfahrens, das insbesondere die Bestellung eines Verfahrenspflegers, die vorherige Anhörung des Betroffenen sowie die Einholung eines psychiatrischen Sachverständigengutachtens erfordert.

13.3.2.2 Vorläufige und sofortige Unterbringung

Das Betreuungsgericht kann eine vorläufige Unterbringung durch einstweilige Anordnung verfügen, wenn dringende Gründe für das Vorliegen der

Unterbringungsvoraussetzungen sprechen und ein dringendes Bedürfnis für ein sofortiges Tätigwerden besteht (§ 331 FamFG). Nach der Rechtsprechung des Bundesverfassungsgerichts ist aber auch in diesen Fällen die vorherige mündliche Anhörung der betroffenen Person zur Gewährung des rechtlichen Gehörs erforderlich.

Für noch dringendere Fälle sehen alle PsychK(H)G der Bundesländer die Möglichkeit einer sofortigen oder vorläufigen behördlichen Unterbringung vor (z. B. § 14 NRWPsychKG und § 18 NdsPsychKG). Dieser sofortigen Unterbringung muss in der Regel ein ärztliches Zeugnis zugrunde liegen, dessen Befunde frühestens am Vortag erhoben wurden. Außerdem ist Voraussetzung, dass eine gerichtliche Entscheidung auch im Wege der einstweiligen Anordnung nicht rechtzeitig herbeigeführt werden kann.

Eine sofortige Unterbringung hat zur Folge, dass insbesondere die persönliche Anhörung der Betroffenen erst stattfindet, wenn sie sich bereits im psychiatrischen Krankenhaus befindet. Häufig wurde zu diesem Zeitpunkt bereits mit der Behandlung begonnen, sodass sich der Betreuungsrichter keinen Eindruck von dem ursprünglichen Zustand der Betroffenen und der zugrunde liegenden Gefahrensituation verschaffen kann. Da vor dem Beginn der Behandlung gegen den Willen der Betroffenen eine gerichtliche Entscheidung vorliegen muss, ist die Behandlung in diesem Fall aber nur möglich, wenn die Betroffene einwilligt.

In Bayern und Sachsen besteht die Möglichkeit, dass die Polizei in unaufschiebbaren Fällen die Betroffenen unmittelbar in das psychiatrische Krankenhaus bringt und auch die zuständige Behörde erst nachträglich verständigt wird (Art. 12 BayPsychKHG; § 18 Abs. 3 SächsPsychKG). Besteht keine entsprechende Regelung im jeweiligen PsychK(H)G, richtet sich die Eingriffskompetenz der Polizei außerhalb der Öffnungszeiten der Gesundheitsämter bzw. Ordnungsbehörden nach allgemeinem Polizeirecht.

Eine gerichtliche Unterbringungsentscheidung ist unverzüglich zu beantragen.

In den Fällen der sofortigen behördlichen Unterbringung ist nach den Regelungen der meisten Bundesländer spätestens bis zum Ende des auf die

Einlieferung folgenden Tages eine gerichtliche Unterbringungsentscheidung herbeizuführen. Anderenfalls ist der oder die Betroffene zu entlassen. Teilweise ist nur geregelt, dass unverzüglich eine gerichtliche Entscheidung zu beantragen ist. Es besteht auch die Möglichkeit, dass Betroffene freiwillig in stationärer Behandlung bleiben.

13.3.3 Offene Unterbringung

Die Unterbringung in einem psychiatrischen Krankenhaus muss nicht zwangsläufig auf einer geschlossenen Station erfolgen. Zwar werden in den PsychK(H)G der Bundesländer die Einrichtungen festgelegt, in denen die Unterbringung erfolgt. Aber fast alle Gesetze sehen die Möglichkeit des offenen Vollzugs oder der offenen Unterbringung vor (siehe z. B. § 30 BerlPsychKG, § 19 Abs. 1 PsychKG Rheinland-Pfalz). Dies bedeutet, dass eine Freiheitsentziehung nicht nur auf geschlossenen Stationen, sondern auch auf offenen Stationen durchgeführt werden kann, wenn auf andere Weise Vorkehrungen gegen Entweichungen getroffen werden. Die insoweit erforderlichen Maßnahmen (Ausgangsverbote, Überwachungen) sind im Einzelfall je nach Gefährdungssituation festzulegen.

Der Vorteil der Unterbringung auf offenen Stationen besteht in der Möglichkeit der gemeinsamen Behandlung von freiwilligen und untergebrachten Patientinnen und Patienten, was sich positiv auf das therapeutische Klima der Einrichtung auswirkt und eine weitergehende Etikettierung der untergebrachten Patienten und Patientinnen vermeidet.

13.4 Zwangsmaßnahmen nach PsychK(H)G

Rechtliche Grundlagen für eine Zwangsbehandlung gegen den ausdrücklichen Willen und Widerstand des Betroffenen und für besondere Sicherungsmaßnahmen wie Isolation oder Fixierung finden sich in allen Psychisch-Kranken-(Hilfe-)Gesetzen (PsychK(H)G) der Bundesländer. Dies ist eine Folge der Rechtsprechung des BVerfG zur Zwangsbehandlung, die zunächst nur den Maßregelvollzug betraf (BVerfG vom 23.03.2011 – Az. 2 BvR 882/09; R&P 2011, 168), sowie zur Fixierung während einer Unterbringung (BVerfG vom 24.07.2018 – Az. 2 BvR 309/15 und 502/16; R&P 2018, 236).

13.4.1 Voraussetzungen einer Zwangsbehandlung

Bei der medizinischen Zwangsbehandlung einer untergebrachten Person mit Neuroleptika handelt es sich um einen besonders schweren Eingriff in das Grundrecht der Freiheit der Person sowie das allgemeine Persönlichkeitsrecht. Das BVerfG hat folgende Grundsätze aufgestellt, die im Wesentlichen Eingang in die gesetzlichen Regelungen der Bundesländer gefunden haben:

Krankheitsbedingte Entscheidungsunfähigkeit Als Rechtfertigung für einen derart schweren Grundrechtseingriff kommt aber nicht der Schutz Dritter, sondern nur das grundrechtliche Freiheitsinteresse des Betroffenen selbst in Betracht, wenn dieser zur Einsicht in die Schwere seiner Krankheit und die Notwendigkeit von Behandlungsmaßnahmen oder zum Handeln gemäß solcher Einsicht krankheitsbedingt nicht fähig ist. In diesen Fällen kann es ausnahmsweise zulässig sein, die tatsächlichen Voraussetzungen freier Selbstbestimmung des Untergebrachten wiederherzustellen. Dies eröffnet aber keine Vernunfthoheit des Staates insbesondere in den Fällen, in denen der Betroffene eine aus ärztlicher Sicht erforderliche Behandlung ablehnt, ohne dass seine Entscheidungsfähigkeit krankheitsbedingt aufgehoben ist.

Verhältnismäßigkeit der Mittel Der Grundsatz der Verhältnismäßigkeit gebietet, dass Zwangsmaßnahmen nur eingesetzt werden dürfen, wenn sie im Hinblick auf das Behandlungsziel Erfolg versprechen und mildere Mittel keinen Erfolg versprechen, d.h. eine weniger eingreifende Behandlung aussichtslos ist. Vor einer Zwangsbehandlung muss – unabhängig von der Einwilligungsfähigkeit der betroffenen Person – ernsthaft, mit dem nötigen Zeitaufwand und ohne Druck versucht werden, eine auf Vertrauen gegründete Zustimmung des oder der Betroffenen zu erreichen.

Die Zwangsbehandlung darf für die Betroffenen nicht mit unverhältnismäßigen Belastungen verbunden sein. Dies ist dann der Fall, wenn die Behandlung mit einem nicht vernachlässigbaren Restrisiko irreversibler Gesundheitsschäden verbunden ist.

Sicherung eines gerichtlichen Verfahrens Der Betroffene muss Gelegenheit haben, vor Schaffung vollendeter Tatsachen eine gerichtliche Entscheidung herbeizuführen, und zwar auch in den Fällen, in denen die Einwilligung der gesetzlichen Vertreterin vorliegt. Wegen der Schwere des Grundrechtseingriffs sind besondere Sicherungen des gerichtlichen Verfahrens vorzusehen.

Eine Behandlung ist ohne oder gegen den Willen des Betroffenen daher nur in Fällen von Lebensgefahr oder erheblicher Gefahr für die eigene Gesundheit zulässig. Außerdem muss die freie Willensbestimmung des Betroffenen krankheitsbedingt aufgehoben sein. Alle Alternativen müssen ausgeschöpft sein und die Behandlung darf nicht zu irreversiblen Folgen führen.

Demgegenüber sehen die Regelungen der meisten Bundesländer eine Zwangsbehandlung auch dann vor, wenn es um Gefahren für Dritte geht (z. B. § 18 Abs. 4 NRWPsychKG). Viele Bundesländer erlauben eine Zwangsbehandlung sogar dann, wenn die freie Willensbestimmung nicht aufgehoben ist (so z. B. § 20 Abs. 3 Nr. 2 BWPsychKHG). Zumindest die letztgenannte Regelung dürfte nicht den Vorgaben des BVerfG entsprechen. Vielmehr ist in Fällen der Gefährdung Dritter (Personal oder Mitpatienten) gegebenenfalls mit besonderen Sicherungsmaßnahmen zu reagieren. Allerdings hat das BVerfG zumindest für den Maßregelvollzug nunmehr entschieden, dass hinsichtlich des Schutzes von Mitpatienten und Pflegepersonal eine Zwangsbehandlung gerechtfertigt sein kann, wenn die übrigen Anforderungen an die Verhältnismäßigkeit der Zwangsbehandlung gewahrt sind (BverfG vom 08.06.2021 – Az. 2 BvR 1866/17 und 1314/18; R&P 2021, 236).

Soweit eine Behandlung ohne oder gegen den Willen der betroffenen Person in den vorgenannten engen gesetzlichen Grenzen zulässig ist, darf auch unmittelbarer Zwang durch die Mitarbeitenden des Krankenhauses angewendet werden (so ausdrücklich § 28 PsychKHG Rheinland-Pfalz; Art. 30 Abs. 1 BayPsychKHG).

Die Anordnung der Zwangsbehandlung bedarf einer gerichtlichen Entscheidung. Für das Verfahren ist nach § 312 Nr. 3 FamFG das Unterbringungsverfahren nach den §§ 312 ff. FamFG anzuwenden. Es ist ein Gutachten eines Sachverständigen einzuholen, der nicht der zwangsbehandelnde Arzt ist.

13.4.2 Patientenverfügung und PsychK(H)G

Der in einer Patientenverfügung (siehe S. 35ff.) niedergelegte Wille der Betroffenen darf auch im Rahmen einer Unterbringung nach den Psych-K(H)G nicht übergangen werden (siehe z. B. § 16 Abs. 2 des Hamburger PsychKG). Teilweise wird eine Einschränkung bei erheblicher Fremdgefährdung vorgenommen. Aber auch in diesen Fällen ist im Rahmen der Verhältnismäßigkeitsprüfung soweit wie möglich der Wille der Betroffenen zu berücksichtigen, wenn es z. B. um die Wahl zwischen mehreren Medikamenten oder zwischen einer Zwangsmedikation und einer Fixierung geht.

13.4.3 Besondere Sicherungsmaßnahmen

Auch die Anwendung besonderer Sicherungsmaßnahmen wie Isolierung und Fixierung ist nach den Regelungen aller PsychK(H)G nur in akuten Gefahrensituationen zulässig und setzt voraus, dass die Gefahr nicht durch weniger einschneidende Maßnahmen abgewendet werden kann.

Fixierung Nach der Rechtsprechung des Bundesverfassungsgerichts ist bei einer 5- und 7-Punkt-Fixierung von mehr als einer halben Stunde eine richterliche Entscheidung erforderlich, selbst wenn die Betroffene bereits nach PsychKHG untergebracht ist (BVerfG vom 24.07.2018 – Az. 2 BvR 309/15 und 502/16; R&P 2018, 236; zu den freiheitsentziehenden Maßnahmen im Betreuungsrecht siehe S. 174ff.). Erfolgt die Fixierung in einer akuten Gefahrensituation, ist die richterliche Entscheidung unverzüglich nachzuholen. Hierfür sind richterliche Bereitschaftsdienste von 6 bis 21 Uhr täglich einzurichten. Im Fall einer Fixierung ist nach der Rechtsprechung eine Eins-zu-eins-Betreuung durch therapeutisches oder pflegerisches Personal sicherzustellen (siehe z. B. § 20 Abs. 3 NRWPsychKG). Durch eine entsprechende Betreuung oder Sitzwache kann die Fixierung gegebenenfalls ganz vermieden werden. Das erforderliche Personal ist von den Krankenhäusern vorzuhalten.

13.5 Unterbringung in der Kinder- und Jugendpsychiatrie

Die Unterbringung von Minderjährigen in der Kinder- und Jugendpsychiatrie ist wegen des schweren Grundrechtseingriffs nur in engen Grenzen zulässig und sollte auf kurzzeitige Kriseninterventionen beschränkt werden. Als Rechtsgrundlagen kommen § 1631b BGB oder die PsychK(H)G der Bundesländer in Betracht. Nach § 1631b BGB bedarf die Unterbringung eines Kindes oder bedürfen freiheitsentziehende Maßnahmen durch die Sorgeberechtigten (in der Regel die Eltern) der Genehmigung durch das Familiengericht. Eine Unterbringung ist nur zum Wohl des Kindes zulässig. Als Unterbringungsgründe kommen anders als im Betreuungsrecht sowohl eine Selbst- als auch eine Fremdgefährdung in Betracht.

Die Behandlung in der Kinder- und Jugendpsychiatrie folgt den allgemeinen Regeln. Danach muss für eine wirksame Einwilligung in die Behandlung die Einwilligungsfähigkeit des oder der Minderjährigen vorliegen. Diese muss unabhängig von der Geschäftsfähigkeit und starren Altersgrenzen im Einzelfall beurteilt werden. Ist der oder die Minderjährige nicht einwilligungsfähig, entscheiden die Eltern als gesetzliche Vertreter (§ 1629 Abs. 1 BGB).

Eine Zwangsbehandlung Minderjähriger ist nur in den engen Grenzen zulässig, die die Rechtsprechung für die Zwangsbehandlung für rechtlich betreute Menschen aufgestellt hat (zur Zwangsbehandlung siehe S. 180f.). Das Verfahren richtet sich nach den §§ 167 Abs. 1 Satz 1, 312 ff. FamFG (zum Unterbringungsverfahren siehe S. 162f.).

13.6 Wiederholungsfragen

? Welche Aufgaben haben der Öffentlichen Gesundheitsdienst und die Polizei im Zusammenhang mit psychiatrischen Krisen?
? Was sind die Voraussetzungen einer Unterbringung nach PsychK(H)G?
? Welche Vorgehensweisen sind im Unterbringungsverfahren geregelt?
? Was ist eine Zwangsmaßnahme?

? Für welche Zwangsmaßnahmen sieht das PsychK(H)G Regelungen vor?
? Was sind besondere Sicherungsmaßnahmen und welche Anforderungen werden an diese gestellt?

13.7 Vertiefungsmöglichkeiten

13.7.1 Internet
Für die Auseinandersetzung mit Präventionsmaßnahmen und Stationsmilieu: https://www.safewards.net/de/

13.7.2 Literatur
Löhr, M.; Schulz, M.; Nienaber, A. (2020): Safewards. Sicherheit durch Beziehung und Milieu. 2. Aufl. Köln: Psychiatrie Verlag.

Marschner, R.; Lesting, W., Stahmann, R. (2019): Freiheitsentziehung und Unterbringung. 6. Aufl. München: C.H. Beck.

Weinmann, S.; Bechdolf, A.; Greve, N. (2021): Psychiatrische Krisenintervention zu Hause. Köln: Psychiatrie Verlag.

Zinkler, M.; Laupichler, K.; Osterfeld, M. (Hg.) (2016): Prävention von Zwangsmaßnahmen. Menschenrechte und therapeutische Kulturen in der Psychiatrie. Köln: Psychiatrie Verlag.

14 Die rechtliche Betreuung von Menschen mit chronischen psychischen Erkrankungen

In diesem Kapitel geht es um die rechtliche Betreuung, ihre Voraussetzungen und ihre Unterstützungsfunktion. In diesem Zusammenhang werden die Aufgabenbereiche sowie die Pflichten und Befugnisse der Betreuerinnen und Betreuer skizziert, die sich auf Selbstbestimmung und Partizipation der betreuten Menschen richten, aber auch deren Schutz vor erheblichen Schädigungen fokussieren. Dabei nehmen Betreuerinnen und Betreuer jeweils eine an der Person und den Fähigkeiten der Betroffenen orientierte Handlung, die im Einzelfall erforderlich ist, vor.

14.1 Die rechtliche Betreuung und ihre Funktion

Menschen mit psychischen Erkrankungen haben vielfältige Unterstützungsbedarfe von unterschiedlicher Intensität oder Dauer. Können Menschen mit psychischen Erkrankungen ihre Angelegenheiten ganz oder teilweise nicht besorgen, kommt als Unterstützung die Bestellung einer rechtlichen Betreuerin durch das Betreuungsgericht in Betracht. Alternativ dazu kann auch mit einer Vollmacht, die auch Vorsorgevollmacht genannt wird (siehe S. 35), eine Vertrauensperson als rechtliche Vertretung bestellt werden.

Beide Formen der Vertretung sollen vorrangig unterstützen. Beide Instrumente können durch die Vertretungsmacht auch Entscheidungsbefugnisse haben, die geschlossene Unterbringung, freiheitsentziehende Maßnahmen oder die Zwangsbehandlung umfassen können. An die Ausübung des Zwangsbefugnisses stellt das Gesetz strenge Anforderungen, die auch die Genehmigung des Betreuungsgerichts als Ergebnis eines besonders geregelten Verfahrens erfordern.

Die rechtliche Betreuung erfüllt im Rechtssystem zwei Funktionen bei der Gewährleistung der Ausübung der rechtlichen Handlungsfähigkeit:
- die Unterstützung bei der Ausübung der Selbstbestimmung und
- den Schutz vor erheblichen Schädigungen, die auf einer eingeschränkten oder fehlenden Eigenverantwortlichkeit des oder der Betroffenen beruhen (Matta u.a. 2018; Jürgens u.a. 2019).

Das Betreuungsrecht hat das frühere Entmündigungs- und Vormundschaftsrecht abgelöst. Diese große Reform, die 1992 in Kraft trat, beinhaltete bereits die Achtung und Förderung der Selbstbestimmung. Durch die Betreuerbestellung wurde grundsätzlich keine Entscheidung über die Geschäftsunfähigkeit von Menschen mit Betreuung gefällt (siehe S. 39ff.). Dennoch zeigte sich, dass in der Praxis der rechtlichen Betreuung diese Grundsätze nicht immer beachtet werden. Besonders Art. 12 UN-BRK, der zur »gleichen Anerkennung vor dem Recht« von Menschen mit Behinderung verpflichtet, war der Ausgangspunkt für Kritik am deutschen Betreuungsrecht. Im Rahmen der Staatenprüfung Deutschlands äußerte der UN-Fachausschuss für die Rechte von Menschen mit Behinderungen im Jahr 2015 seine Besorgnis über die Unvereinbarkeit des im deutschen Bürgerlichen Gesetzbuch (BGB) festgelegten und geregelten Instruments der rechtlichen Betreuung mit der UN-BRK. Zudem forderte der Ausschuss alle Formen der ersetzenden Entscheidung abzuschaffen und ein System der unterstützten Entscheidung an ihre Stelle treten zu lassen (UN-Fachausschuss 2014).

Dabei war auch wichtig, dass die UN-BRK nicht nur eine entsprechende Gesetzeslage verlangt, sondern auch eine konventionsgerechte Anwendungspraxis. In diesem Zusammenhang wurde ein Reformprozess mit dem Ziel eingeleitet, das Selbstbestimmungsrecht der betreuten Menschen zu stärken. Das Gesetz zur Reform des Vormundschafts- und Betreuungsrechts wurde 2021 verabschiedet und tritt am 01.01.2023 in Kraft.

Reformen Die Vorschriften des Betreuungsrechts beginnen ab dem 01.01.2023 in § 1814 BGB (bis 31.12.2022: § 1896 BGB aF) mit den Voraussetzungen der Betreuerbestellung. Danach bestellt das Betreuungsgericht eine rechtliche Betreuerin für eine volljährige Person, soweit diese ihre

Angelegenheiten ganz oder teilweise rechtlich nicht besorgen kann und dies auf einer Krankheit oder Behinderung beruht. Verzichtet wird dabei im neuen Recht auf die Begriffe der »psychischen« Krankheit und der »geistigen oder seelischen« Behinderung. Der Unterstützungsbedarf wird damit in den Fokus gerückt.

Diese Grundprinzipien entsprechen im Wesentlichen denjenigen des früheren Rechts und legen fest, dass neben einem Betreuungsbedarf auch die subjektive Betreuungsbedürftigkeit sowie eine Kausalität zwischen diesen Tatbestandsmerkmalen bestehen muss. Eine Betreuerbestellung darf auch nicht erfolgen, wenn diese dem freien Willen (hierzu S. 174) des oder der Betroffenen entgegensteht (§ 1814 Abs. 2 BGB). Auch ist die Bestellung ausgeschlossen, wenn diese nicht erforderlich ist (§ 1814 Abs. 3 BGB), also ein Bevollmächtigter vorhanden ist, der die Angelegenheiten gleichermaßen besorgen kann, oder es andere Hilfen gibt, für deren Etablierung keine gesetzliche Vertretung notwendig ist. Dazu gehören insbesondere solche Unterstützungsleistungen, die auf sozialen Rechten oder anderen Vorschriften beruhen.

Geschäfts- oder Einwilligungsfähigkeit Immer wieder hervorzuheben ist, dass die Bestellung eines rechtlichen Betreuers keine Auswirkung auf die Geschäfts- oder Einwilligungsfähigkeit der Person selbst hat (hierzu S. 39ff.). Das ist ein sehr wichtiges Grundprinzip, auch im Vergleich zu der vor 30 Jahren abgeschafften Entmündigung und Vormundschaft für Volljährige. Nur ein ausnahmsweise angeordneter Einwilligungsvorbehalt schränkt das rechtliche Handeln ein und das auch nur für einen erforderlichen und festgelegten Teilbereich (§ 1825 BGB).

Einwilligungsvorbehalt Das bedeutet, dass ein betreuter Mensch für bestimmte Erklärungen, z. B. Verträge, die Zustimmung seiner Betreuerin benötigt, damit diese rechtlich wirksam werden. Hat der Betreute z. B. einen Einwilligungsvorbehalt in Mietangelegenheiten, kann er ohne die Zustimmung seiner Betreuerin weder einen neuen Vertrag rechtswirksam abschließen noch seinen Mietvertrag kündigen. Dies dient dem Schutz des betreuten Menschen vor erheblichen Schädigungen seiner Person oder seines Vermögens, die er selbst nicht erkennen kann.

Der Einwilligungsvorbehalt hat trotz der Begriffsüberschneidung nichts mit der Einwilligung in medizinische Maßnahmen zu tun. Ein Einwilligungsvorbehalt bezieht sich nur auf sogenannte Willenserklärungen (vgl. § 183 BGB und S. 39).

14.2 Die Voraussetzungen einer Betreuerbestellung

Das Betreuungsgericht hat die Wünsche des Betroffenen im Hinblick auf das Ob und Wie der Betreuung sowie auf die Auswahl des Betreuers oder der Betreuerin im Bestellungsverfahren konsequent zu ermitteln und zu berücksichtigen.

Aufgabenkreis Nach § 1815 BGB besteht der Aufgabenkreis des Betreuers aus einem oder mehreren Aufgabenbereichen. Eine Betreuerbestellung als Betreuung in »allen Angelegenheiten« ist nach dem 01.01.2023 unzulässig. Auch werden hier einige potenziell eingreifende Bereiche wie Freiheitsentziehungen oder Umgangsbestimmung einer ausdrücklichen Anordnung unterworfen (§ 1815 Abs. 2 BGB).

Formelles Verfahren Ob ein Bedarf an rechtlicher Betreuung besteht und wer als Betreuerin bestellt wird, ist Gegenstand eines formellen Gerichtsverfahrens, für das es gesetzliche Regelungen gibt (§ 271 ff. FamFG). Rechtliche Betreuerinnen und Betreuer werden nach § 1814 ff. BGB bestellt. Daraus ergeben sich folgende Prüfungspunkte als Voraussetzung:

- Volljährigkeit;
- Unfähigkeit aufgrund einer Krankheit oder Behinderung, die eigenen Angelegenheiten zu besorgen;
- die Anordnung gegen den Willen der Betroffenen ist nur zulässig, wenn kein freier Wille vorliegt (§ 1814 Abs. 2);
- Erforderlichkeit: Beschränkung auf wirklich benötigte Aufgabenbereiche;
- Subsidiarität: Die Betreuung ist nicht erforderlich, soweit die Angelegenheiten der Volljährigen durch eine Bevollmächtigte oder durch andere Hilfen, bei denen kein gesetzlicher Vertreter bestellt wird, ebenso gut wie durch eine Betreuung besorgt werden können.

Diese abstrakten Tatbestandsvoraussetzungen prüft das Betreuungsgericht in dem Betreuungsverfahren nach den §§ 271 ff. FamFG, weil es entweder einen Antrag des Volljährigen oder einen Hinweis einer Person oder Stelle zu bekommen hat, z. B. vom Sozialdienst eines Krankenhauses, von Angehörigen, Nachbarn, Assistenzleistenden (zur Schweigepflicht siehe S. 58). Auf dieser Basis wird das Gericht von Amts wegen das Verfahren eröffnen und den Sachverhalt ermitteln, um zu bestimmen, ob für die Person eine Betreuerbestellung erforderlich ist, welche Aufgabenbereiche benötigt werden, wer der Betreuer werden soll und wie lange die Betreuung bestehen soll.

Anhörung der Betroffenen Das Betreuungsgericht hat die Betroffenen vor der Betreuerbestellung persönlich anzuhören (§ 278 FamFG). Betroffene können auch verlangen, dass eine Person ihres Vertrauens angehört wird. Das Gericht hat von Amts wegen die zur Feststellung der entscheidungserheblichen Tatsachen erforderlichen Ermittlungen durchzuführen (§ 26 FamFG). Dazu gehört auch ausdrücklich ein Sachverständigengutachten, das der Frage nachgeht, ob die vorliegende Krankheit oder Behinderung einen Einfluss auf die Möglichkeit des Betroffenen hat, seine Angelegenheiten selbst zu besorgen und in welchem Ausmaß. Bei Ablehnung der Betreuung wäre gegebenenfalls noch das Nichtvorliegen eines freien Willens im Hinblick auf die Betreuerbestellung relevant (§ 280 FamFG). Zudem ist auch die sozialpädagogische Expertise der Betreuungsbehörde durch den Sozialbericht einzubeziehen (§ 279 Abs. 2 FamFG).

Im Betreuungsverfahren werden Betroffene nicht nur angehört, sondern auch mehrfach befragt, von der Gutachterin, von den Mitarbeitenden der Betreuungsbehörde, vom Betreuungsgericht und in vielen Fällen auch von der Verfahrenspflegerin (§ 276 FamFG). In dem Verfahren ist den Betroffenen auch zu erläutern, was die rechtliche Betreuung genau bedeutet. Wir wissen aus qualitativen Forschungsprojekten (Matta u.a. 2018), dass dies nicht immer hinreichend geschieht. Daher ist es wichtig, dass psychiatrische Fachkräfte Funktion, Rechtsgrundsätze und den gesetzlichen Rahmen der rechtlichen Betreuung kennen.

Beschwerde und Betreuerwechsel Hier ist wichtig, dass Betroffene das Recht haben, die Akten einzusehen und sich gegen die Entscheidung des Betreuungsgerichts mit einer Beschwerde zu wehren. Dann wird die Entscheidung von der höheren Instanz, dem Landgericht, überprüft. Auch kann sich ein Mensch mit Betreuung jederzeit an das Betreuungsgericht wenden und die Aufhebung oder Änderung der Betreuung beantragen oder sich gegen einzelne Maßnahmen seiner Betreuerin wenden. Auch der Antrag auf Wechsel der Betreuerin ist eine Möglichkeit.

Kosten Die rechtliche Betreuung ist keine Sozialleistung. Daher können für den Betroffenen Kosten anfallen, sowohl für das gerichtliche Verfahren als auch Kosten für die rechtliche Betreuung selbst. Wird ein Berufsbetreuer bestellt, so erhält dieser eine pauschlierte Vergütung nach dem VBVG. Nur in den Fällen von Mittellosigkeit übernimmt die Staatskasse die Kosten (§ 1880 BGB). Mittellosigkeit liegt vor, wenn kein Vermögen im Sinn des § 90 SGB XII einzusetzen ist (hierzu S. 92).

14.3 Betreuungstypen

Das Betreuungsrecht sieht unterschiedliche Betreuungstypen vor.

Ehrenamtliche Betreuung durch Angehörige Das Betreuungsrecht ist Teil des Familienrechts des BGB, die Bestellung von Familienangehörigen (Eltern, Geschwister, Kinder etc.) hat grundsätzlich Priorität. Aber auch hier gilt die Selbstbestimmungsmaxime, d.h., Betroffene können eine bestimmte Person wünschen oder eine bestimmte Person ablehnen. Dies ist vom Gericht zu berücksichtigen. Das Gericht hat aber auch bei Familienangehörigen zu prüfen, ob diese zur Betreuung geeignet sind, also die betreuungsrechtlichen Pflichten erfüllen werden. Wird dies verneint, bestellt das Gericht eine andere Person. Die mangelnde Eignung darf jedoch nach dem BVerfG (BVerfG vom 31.03.2021 – 1 BvR 413/20, R&P 2021, 171 ff.) nicht vorschnell angenommen werden, um anstelle der von der Betreuten gewünschten Person eine andere, aus Sicht des Gerichts besser geeignete Person zur Betreuerin oder zum Betreuer zu bestellen. Art. 6 GG erfordert hier eine sorgfältige Abwägung.

Ehrenamtliche und berufliche Betreuung Außerhalb des Kreises der Familienangehörigen oder Vertrauenspersonen sieht das Betreuungswesen sogenannte Fremdbetreuer vor, dies können ehrenamtliche Betreuerinnen sein oder berufliche Betreuer. Für alle gelten aber die gleichen Pflichten gegenüber dem betreuten Menschen.

14.4 Rechtliche Betreuerinnen und ihre Aufgaben

Rechtliche Betreuer haben die betroffenen Menschen zunächst beim rechtlichen Handeln und Entscheiden zu unterstützen. Sie dürfen nicht bevormunden oder handeln, ohne diese einbezogen zu haben. Hervorzuheben ist der Bezugspunkt zu Art. 12 UN-BRK. So wird in § 1821 BGB ausdrücklich geregelt: Der Betreuer »unterstützt den Betreuten dabei, seine Angelegenheiten rechtlich selbst zu besorgen, und macht von seiner Vertretungsmacht nach § 1823 nur Gebrauch, soweit dies erforderlich ist«.

Wunschbegriff Dieser neue § 1821 BGB normiert den Vorrang der Wünsche der Betreuten als zentralen Maßstab des Betreuungsrechts, der gleichermaßen für das Betreuerhandeln und die Wahrnehmung der gerichtlichen Aufsicht gilt. Er löst die Formel »zum Wohl der Betreuten« ab, die bis Ende 2022 u.a. noch in § 1901 BGB steht. Der Begriff des Wunsches umfasst Willensäußerungen unabhängig davon, ob sie auf einem freien Willen oder einem natürlichen Willen beruhen. Für Entscheidungen, die medizinische Maßnahmen betreffen, gilt zusätzlich § 1827 BGB, der den Vorrang von Patientenverfügungen und Behandlungswünschen sowie den mutmaßlichen Willen für Behandlungen regelt (hierzu S. 49).

Grenzen für die Beachtlichkeit der Wünsche werden in § 1821 Abs. 3 BGB definiert. Danach hat die Betreuerin den Wünschen des Betreuten nicht zu entsprechen, soweit (1.) die Person des Betreuten oder dessen Vermögen hierdurch erheblich gefährdet würde und der Betreute diese Gefahr aufgrund seiner Krankheit oder Behinderung nicht erkennen oder nicht nach dieser Einsicht handeln kann oder (2.) dies der Betreuerin nicht zuzumuten ist.

Sodann folgt § 1821 Abs. 4 BGB: »Kann der Betreuer die Wünsche des Betreuten nicht feststellen oder darf er ihnen nach Abs. 3 Nr. 1 nicht entsprechen, hat er den mutmaßlichen Willen des Betreuten aufgrund konkreter Anhaltspunkte zu ermitteln und Geltung zu verschaffen. Zu berücksichtigen sind insbesondere frühere Äußerungen, ethische oder religiöse Überzeugungen und sonstige persönliche Wertvorstellungen des Betreuten.«

Bei der Feststellung des mutmaßlichen Willens soll nahen Angehörigen und sonstigen Vertrauenspersonen des Betreuten Gelegenheit zur Äußerung gegeben werden. Das Gesetz will damit zum einen den Vorrang des freien Willens auch für das Verhätnis zwischen betreuender und betreuter Person klarstellen, aber eben auch die Partizipation sicherstellen, wenn der Betroffene mal nicht zur freien Willensbildung fähig sein sollte. Dies kann in psychiatrischen Krisensituationen oder Phasen vorkommen. Der Betroffene soll sich nicht selbst schädigen, wenn er nicht erkennen kann, dass er sich erheblich schädigt oder sich nicht schädigen will. Die Betreuerin kann dann auch gegen den natürlichen Willen entscheiden und soll dann die Entscheidung treffen, die der Betroffene treffen würde, wenn er nicht durch seine psychische Krankheit beeinträchtigt wäre. Betreuende haben in diesen Situationen entsprechend dem Art. 12 UN-BRK einen Konflikt zwischen Rechten, Wünschen und Präferenzen und dürfen sich nicht für das entscheiden, was sie selbst für das Beste halten.

Willensbegriff Für die Umsetzung von Entscheidungen gegen den Willen gibt es noch weitere Anforderungen. Das Gesetz unterscheidet hier zwischen dem »freien Willen« (siehe S. 32ff.) und dem »natürlichen Willen«. Der natürliche Wille beschreibt im Kontext von Zwang einen Willen gegen eine bestimmte Maßnahme, gegen die sich ein Betroffener ausdrücklich oder nonverbal wehrt, diese also ablehnt. Wird eine Maßnahme dennoch durchgeführt, liegt Gewalt bzw. Zwang vor, der wegen des Eingriffs in die Rechte des Betroffenen besonderen Hürden und Anforderungen unterliegt. Hier geht es um die Frage, unter welchen Voraussetzungen diese Maßnahmen gegen den entgegenstehenden sogenannten natürlichen Willen durchgesetzt werden dürfen.

14.5 Unterbringung und freiheitsentziehende Maßnahmen im Betreuungsrecht

Zur Abwendung der Gefahr einer Selbsttötung oder einer erheblichen gesundheitlichen Schädigung kann eine freiheitsentziehende Unterbringung als letzte Möglichkeit in Betracht kommen, aber auch freiheitsentziehende

Maßnahmen, die die Fortbewegungsfreiheit betreffen und der Abwendung solcher gravierender Gefahren dienen (§ 1831 Abs. 4 BGB). Es handelt sich hierbei um schwerwiegende Grundrechtsverletzungen, die nur unter strengen Voraussetzungen als letztes Mittel zulässig sein können, sofern sie verhältnismäßig sind.

Ausdrückliche Befugnis Eine Betreuerin kann für die Entscheidung über freiheitsentziehende Maßnahmen zuständig sein, wenn ihr nach § 1815 Abs. 2 Nr. 2 BGB diese Befugnisse ausdrücklich vom Betreuungsgericht übertragen wurden. Das Aufenthaltsbestimmungsrecht reicht nach dem 01.01.2023 nicht mehr aus, um über eine Freiheitsentziehung zu entscheiden. Auch ein Bevollmächtigter kann diese Befugnisse durch schriftliche und ausdrückliche Vollmacht übertragen bekommen (§ 1820 Abs. 2 Nr. 2 BGB), ebenso wie ein Ehegatte im gesundheitlichen Notfall nach § 1358 BGB.

Hat eine Betreuerin die ausdrückliche Befugnis nicht, kann sie sogar verpflichtet sein, dem Betreuungsgericht mitzuteilen, dass solche Maßnahmen nötig sind, um den Aufgabenbereich und damit die Entscheidungsbefugnis zu bekommen.

Richterliche Genehmigung Das Betreuungsgericht ist zudem auch in die konkrete Entscheidung über eine Unterbringung oder eine freiheitsentziehende Maßnahme einzubinden, denn solche Maßnahmen sind nur zulässig, wenn das Gericht die von der Betreuerin entschiedene Maßnahme genehmigt (§ 1831 Abs. 2 BGB), es sei denn, es liegt Gefahr im Verzug vor. Dann ist aber die Genehmigung unverzüglich nachzuholen.

Für die Praxis ist wichtig, dass das Betreuungsgericht informiert werden sollte, wenn Betreuerinnen oder Betreuer ihre Pflichten verletzen, damit es im Rahmen seiner Aufsichtspflicht tätig werden kann.

Entscheidungen über freiheitsentziehende Unterbringungen oder Maßnahmen sind komplex und neben der Frage nach einer Vermeidung der Freiheitsentziehung sind viele Dinge zu beachten. Das gerichtliche Genehmigungsverfahren, indem die rechtlichen Voraussetzungen geprüft werden, ist in einem eigenen Verfahren in den §§ 312 ff. FamFG geregelt, das sind überwiegend die Vorschriften, die auch für die Unterbringung nach PsychK(H)G gelten (hierzu S. 155ff.).

Ein Unterschied ist aber wichtig: Bei der Unterbringung nach BGB genehmigt das Gericht die Entscheidung des Betreuenden bzw. Bevollmächtigten. Das bedeutet auch, dass diese für die Dauer des Unterbringungsbeschlusses Verantwortung tragen. Sie haben die Unterbringung zu beenden, wenn ihre Voraussetzungen weggefallen sind (§ 1831 Abs. 3 BGB), auch wenn der Beschluss noch länger andauert. Das ist in der Praxis häufig unbekannt.

Dagegen ist es bei der Unterbringung nach PsychK(H)G nach dem Regelverfahren das Betreuungsgericht, das die Anordnung über die Unterbringung trifft. Aus den jeweiligen Landesgesetzen ergeben sich dann Vorschriften über die Art und Weise der Durchführung, also den Vollzug der Unterbringung. Solche Vorschriften gibt es wiederum im Betreuungsrecht nicht ausdrücklich. Anders als im öffentlichen Unterbringungsrecht nach PsychK(H)G liegen alle Maßnahmen während einer Unterbringung (Besuch, Ausgang, Schriftverkehr, medizinische Behandlungen, freiheitsentziehende Maßnahmen) in der Verantwortung der Betreuerin, die die Entscheidung über die Maßnahme getroffen hat.

Wichtig ist, dass die Einrichtung, die die Unterbringung durchführt, aus eigenem Recht keine Entscheidungen treffen darf (Jürgens, Marschner § 1906 BGB Rn. 46). Betreuende und Bevollmächtigte sind damit einzubeziehen und zu informieren, bevor z. B. Medikamente verabreicht werden, eine Fixierung durchgeführt wird oder Einschränkungen bei der Nutzung von Handys vorgenommen werden.

14.5.1 Voraussetzungen einer Unterbringung

Eine freiheitsentziehende Unterbringung liegt vor, wenn die Betroffenen in einer geschlossenen Einrichtung, einem Krankenhaus oder einem Heim auf einen bestimmten, eingeschränkten Raum festgehalten werden, ihr Aufenthalt ständig überwacht und die Aufnahme des Kontaktes mit Personen außerhalb des Raumes durch Sicherheitsmaßnahmen verhindert wird

(BGH vom 11.10.2000 – XII ZB 69/00). Das Verschließen der Außentür einer Wohneinrichtung kann eine Freiheitsentziehung bewirken. Betrifft dies aber nicht alle Personen, wie etwa bei fakultativ geschlossenen Wohngruppen oder offenen Stationen, auf denen einzelne Personen die Station z. B. mit einem Transponder verlassen können, dann handelt es sich um eine freiheitsentziehende Maßnahme im Sinne von § 1831 Abs. 4 BGB für diejenigen, die den Bereich nicht verlassen können. Grundsätzlich kommt eine Unterbringung nur in Betracht, wenn der Betroffene aktuell seinen Willen nicht frei bestimmen kann (BGH vom 21.10.2020 – XII ZB 183/20; BtPrax 2021, 29).

Ist der Betroffene mit seiner Unterbringung einverstanden, liegt keine Freiheitsentziehung vor. Die Einwilligung kann aber jederzeit widerrufen werden.

Die Unterbringung muss sich auf die Abwendung einer Selbsttötung oder erheblichen Gesundheitsgefahr des oder der Betroffenen beziehen. Weder finanzielle Schädigungen noch das Allgemein- oder Drittinteresse rechtfertigen eine Unterbringung nach BGB.

Es muss aufgrund der psychischen Krankheit oder geistigen oder seelischen Behinderung die Gefahr bestehen, dass die betreffende Person sich entweder tötet oder erheblichen gesundheitlichen Schaden zufügt. Eine die Unterbringung rechtfertigende Gefahr einer Eigengefährdung muss anhand konkreter Umstände benannt werden, aus denen sich Art, Umfang und Wahrscheinlichkeit der gesundheitlichen Selbstschädigung ergeben. Auch bei wiederholter Unterbringung darf sich die Begründung nicht auf floskelhafte Wendungen beschränken. Anders als bei der öffentlich-rechtlichen Unterbringung ist keine akute, unmittelbar bevorstehende Gefahr vorausgesetzt.

Der Gefährdungsbegriff bleibt auch bei länger andauernden Unterbringungen unverändert. Milderes Mittel kann dann die Aufnahme in einer betreuten, aber offenen Wohnform mit entsprechend engmaschiger Begleitung sein (BGH vom 10.06.2020 – XII ZB 215/20; BtPrax 2020, 185).

Neben einer Selbstgefährdung kann die Notwendigkeit einer Untersuchung, Heilbehandlung oder eines ärztlichen Eingriffs nach § 1831 Abs. 1 Nr. 2 BGB eine Unterbringung rechtfertigen.

Nach dem BVerfG (BVerfG vom 23.3.1998 – 2 BvR 2270/96; BtPrax 1998, 144) gebietet eine verfassungskonforme, am Verhältnismäßigkeitsgrundsatz ausgerichtete Anwendung dieser Vorschrift eine Unterbringung nur zu genehmigen, wenn sich diese als unumgänglich erweist, um eine drohende, gewichtige gesundheitliche Schädigung vom Betroffenen abzuwenden. In weniger gewichtigen Gefährdungslagen muss dem psychisch Kranken die »Freiheit zur Krankheit« zugestanden werden. Die auf konkreten Tatsachen gegründete Prognose, der Betroffene werde seine Medikamente nicht weiter nehmen und die eingetretene Besserung der Erkrankung werde deshalb keinen Bestand haben, erfüllt die Voraussetzungen einer Genehmigung zum Zwecke der Heilbehandlung.

Der Verhältnismäßigkeitsgrundsatz verlangt, dass das vom Betroffenen krankheitsbedingt gefährdete Rechtsgut von erheblichem Gewicht und die ihm drohende Gefahr erheblich ist, also eine Beeinträchtigung mit hoher Wahrscheinlichkeit und jederzeit zu erwarten ist. Überdies muss die Unterbringung auch geeignet sein, die Gefahr abzuwenden. Verspricht die beabsichtigte Heilbehandlung keinen Erfolg, ist die Unterbringung ungeeignet. Es dürfen auch keine verhältnismäßig milderen Mittel zur Verfügung stehen, z. B. ambulante fachärztliche Behandlung, die Beaufsichtigung durch Angehörige, die Beseitigung von Gefahrenquellen oder die Aufnahme in einer betreuten Wohneinrichtung.

14.5.2 Mittel und Voraussetzungen von freiheitsentziehenden Maßnahmen

Als Mittel der Freiheitsentziehung nennt das Gesetz mechanische Vorrichtungen, Medikamente oder sonstige Vorkehrungen.

Mechanische Mittel / Fixierung In der Praxis geschieht das z. B. durch Festbinden oder Fixieren der betreuten Person durch einen Leibgurt an Stuhl oder Bett, Verhindern des Verlassens des Bettes durch Bettgitter oder besondere Schutzdecken, Abschließen eines Zimmer oder Wohnbereiches, ohne dass der Betroffene einen Schlüssel erhält oder eine Pförtnerin das jederzeitige Verlassen des Wohnbereiches ermöglicht. Zu nennen sind auch Trickschlösser, die einen Betroffenen am Öffnen einer Tür hindern, und das Anbringen eines Therapietisches an Stuhl oder Rollstuhl.

Medikamente Unklarheiten bestehen bei der Gabe von sedierenden Medikamenten. Eine Freiheitsentziehung liegt dann vor, wenn die Medikamente gezielt dazu verwendet werden, den Betreuten an der Fortbewegung in der Einrichtung oder am Verlassen der Einrichtung zu hindern. Werden Medikamente zu Heilzwecken oder aus therapeutischen Gründen gegeben, ist § 1906 Abs. 4 BGB nicht anwendbar.

Genehmigungspflicht Nach § 1831 Abs. 4 BGB sind freiheitsentziehende Maßnahmen genehmigungsbedürftig. Die Freiheitsentziehung durch die genannten Mittel ist allerdings nur genehmigungspflichtig, wenn sie über einen längeren Zeitraum oder regelmäßig erfolgen. Was ein längerer Zeitraum ist, darüber wird in der Literatur gestritten. Bei 5- bzw. 7-Punkt-Fixierungen liegt der Zeitraum wegen des vollständigen Bewegungsausschlusses bei 30 Minuten (BVerfG vom 24.07.2018 – 2 BvR 309/15, 2 BvR 502/16; BtPrax 2018, 88). Regelmäßigkeit liegt vor, wenn eine freiheitsentziehende Maßnahme entweder stets zur selben Zeit erfolgt (z. B. nachts oder mittags) oder aus wiederkehrendem Anlass (z. B. bei der Gefahr, aus dem Bett zu fallen, bei Unruhezuständen). Auch hier gilt, dass zuvor eine Entscheidung durch den Betreuer getroffen werden muss und die Genehmigung des Gerichts einzuholen ist. Nur bei Gefahr im Verzug kann die Genehmigung des Gerichts unverzüglich nachgeholt werden.

Aufenthaltsort § 1831 Abs. 4 BGB regelt die Voraussetzungen freiheitsentziehender Maßnahmen nur für rechtlich Betreute, die sich in einem Krankenhaus, einem Heim oder einer sonstigen Einrichtung aufhalten. Gemeint sind z. B. stationäre Einrichtungen der Alten- und Behindertenhilfe, somatische und psychiatrische Krankenhäuser, Rehabilitationseinrichtungen oder teilstationäre Einrichtungen. Sie gelten auch, wenn die Betreffenden bereits nach § 1831 Abs. 1 BGB untergebracht sind und eine zusätzliche und vertiefende freiheitsentziehende Maßnahme wie eine Fixierung oder Isolierung in einem Raum geprüft wird. Werden freiheitsentziehende Maßnahmen im häuslichen Bereich notwendig, z. B. Abschließen der Wohnungstür, Bettgitter, Medikamente, so ist keine Genehmigung des

Gerichts erforderlich (dazu kritisch Brosey, BtPrax 2020, 94; Rodenbusch, FamRZ 2021, 411 ff.).

Soll eine Unterbringung zur Heilbehandlung nach § 1831 Abs. 1 Nr. 2 BGB erfolgen, muss sichergestellt sein, dass eine Erfolg versprechende Heilbehandlung durchgeführt werden kann (BVerfG vom 26.05.2020 – 2 BvR 1529/19, 2 BvR 1625/19; BtPrax 2020, 156 (Ls.)). Dies setzt aber voraus, dass der Betroffene in die Heilbehandlung mit natürlichem Willen zustimmt oder die Überwindung seines entgegenstehenden natürlichen Willens nach der gesetzlichen Regelung des § 1832 BGB (ärztliche Zwangsmaßnahme) möglich ist.

14.5.3 Einwilligung in eine ärztliche Zwangsmaßnahme

Bis 2013 gab es im Betreuungsrecht keine ausdrückliche Rechtsgrundlage für ärztliche Zwangsmaßnahmen. Dies wurde nach der Rechtsprechung des BVerfG (BVerfG vom 23.03.2011 – 2 BvR 882/09; R&P 2011, 168) im Jahr 2012 auch vom Bundesgerichtshof beanstandet. Zunächst gab es dann im Rahmen der Vorschriften zur Unterbringung (§ 1906 BGB aF) eine rechtliche Grundlage für eine Zwangsbehandlung im Rahmen einer geschlossenen Unterbringung. Diese wiederum wurde durch die Rechtsprechung des BVerfG für unzureichend erachtet, sodass seit 2016 eine eigenständige Regelung zur ärztlichen Zwangsmaßnahme vorliegt.

Eine ärztliche Zwangsmaßnahme liegt nach § 1832 BGB vor, wenn eine Untersuchung des Gesundheitszustands, eine Heilbehandlung oder ein ärztlicher Eingriff dem natürlichen Willen der betreuten Person widerspricht, d.h., wenn sie die Maßnahme verbal oder durch andere Äußerungen ablehnt oder sich ihr widersetzt. Betreuerinnen und Betreuer können in die ärztliche Zwangsmaßnahme nur einwilligen, wenn alle folgende sieben Voraussetzungen vorliegen:

- Die ärztliche Zwangsmaßnahme ist notwendig, um einen drohenden erheblichen gesundheitlichen Schaden abzuwenden;
- der Betreute kann aufgrund einer psychischen Krankheit oder einer geistigen oder seelischen Behinderung die Notwendigkeit der ärztlichen Maßnahme nicht erkennen oder nicht nach dieser Einsicht handeln;

- die ärztliche Zwangsmaßnahme entspricht dem nach § 1827 zu beachtenden Willen des Betreuten;
- es wurde zuvor ernsthaft, mit dem nötigen Zeitaufwand und ohne Ausübung unzulässigen Drucks versucht, den Betreuten von der Notwendigkeit der ärztlichen Maßnahme zu überzeugen;
- der drohende erhebliche gesundheitliche Schaden kann durch keine andere den Betreuten weniger belastende Maßnahme abgewendet werden;
- der zu erwartende Nutzen der ärztlichen Zwangsmaßnahme überwiegt die zu erwartenden Beeinträchtigungen deutlich und
- die ärztliche Zwangsmaßnahme wird im Rahmen eines stationären Aufenthalts in einem Krankenhaus, in dem die gebotene medizinische Versorgung des Betreuten einschließlich einer erforderlichen Nachbehandlung sichergestellt ist, durchgeführt.

Genehmigungspflicht Hervorzuheben ist wieder, dass die Einwilligung der Betreuungsperson oder des Bevollmächtigten in die ärztliche Zwangsmaßnahme der Genehmigung des Betreuungsgerichts bedarf. Hiervon gibt es im Gegensatz zu Unterbringung und freiheitsentziehenden Maßnahmen keine Ausnahme bei Gefahr im Verzug. Die Genehmigung ist daher immer vor der Vornahme einer Zwangsbehandlung einzuholen. Ist aber Eile geboten und droht die Gefahr, dass der Betroffene ohne Behandlung stirbt oder schweren und irreversiblen Schaden erleidet, so gibt es eine rechtliche Legitimation für die Vornahme einer solchen Maßnahme außerhalb des Betreuungsrecht durch eine Patientenverfügung oder die mutmaßliche Einwilligung (§ 630d BGB).

14.6 Wiederholungsfragen

? Was ist die Funktion der rechtlichen Betreuung?
? Welche Folgen hat eine rechtliche Betreuung?
? Wer kann Betreuerin oder Betreuer werden?
? Welche Bedeutung haben die Wünsche des oder der Betreuten?
? Unter welchen Voraussetzungen darf eine Betreuerin einen Wunsch ablehnen?

? Unter welchen Voraussetzungen darf ein Betreuer oder Bevollmächtigter über Zwang gegenüber der betreuten Person entscheiden?
? Wann ist eine Genehmigung durch das Gericht nötig?

14.7 Vertiefungsmöglichkeiten

14.7.1 Internet

In der Infothek des Betreuungsgerichtstags e.V. (BGT) finden sich allgemeine Informationen zum Betreuungsrecht: www.bgt-ev.de

UN-Fachausschuss für die Rechte von Menschen mit Behinderungen (2014): Abschließende Bemerkung über den ersten Staatenbericht. https://www.institut-fuer-menschenrechte.de/das-institut/abteilungen/monitoring-stelle-un-behindertenrechtskonvention/staatenberichtsverfahren

Matta, V.; Engels, D.; Brosey, D.; Köller, R.; Schmitz, A.; Maur, C.; Kosuch, R.; Engel, A. (2018): Qualität in der rechtlichen Betreuung. Abschlussbericht hg. vom BMJ. https://www.bmj.de/SharedDocs/Downloads/DE/Service/Fachpublikationen/Forschungsbericht_Qualitaet_rechtliche_Betreuung.pdf;jsessionid=2F3EE4D5B429DF7DBE2F70888DB020DE.1_cid324?__blob=publicationFile&v=2 (03.02.2022)

14.7.2 Literatur

Brosey, D.; Lesting, W.; Loer, A.; Marschner, R. (2022): Betreuungsrecht kompakt. 9. Aufl. München: C.H. Beck.

Jürgens, A. (2019): Betreuungsrecht: Kommentar. 6. Aufl. München: C.H. Beck.

15 Straftaten psychisch kranker Menschen

In diesem Kapitel geht es um die Fragen, ob Menschen mit psychischen Erkrankungen oder seelischen Beeinträchtigungen bei Begehung von Straftaten bestraft werden können und unter welchen Voraussetzungen eine Unterbringung im Maßregelvollzug in Betracht kommt.

15.1 Schuldfähigkeit

Nach § 20 StGB handelt jemand ohne Schuld (und kann daher nicht bestraft werden), wenn er bei Begehung der Tat wegen einer krankhaften seelischen Störung, einer tiefgreifenden Bewusstseinsstörung oder wegen einer Intelligenzminderung oder einer schweren anderen seelischen Störung unfähig ist, das Unrecht der Tat einzusehen oder nach dieser Einsicht zu handeln. Ist eine dieser Fähigkeiten zwar nicht aufgehoben, aber erheblich vermindert, kann die Strafe gemildert werden (§ 21 StGB). Die einzelnen Begriffe des § 20 StGB müssen psychiatrisch konkretisiert und dann bezüglich ihrer Auswirkungen auf die Einsichts- bzw. Steuerungsfähigkeit zum Tatzeitpunkt beurteilt werden. Dabei geht der Gesetzgeber auch im Strafrecht vom Grundsatz der freien Willensbestimmung und damit vom Vorliegen von Schuldfähigkeit aus.

Das Vorliegen einer psychischen Krankheit im Sinne der psychiatrischen Klassifikationssysteme (z. B. ICD-10) bedeutet nicht automatisch, dass auch eine Schuldunfähigkeit nach § 20 StGB vorliegt.

Allerdings muss in diesen Fällen die Schuldfähigkeit unter Hinzuziehung einer psychiatrischen Sachverständigen geprüft werden. Bei psychisch erkrankten Menschen geht es eher um die Beurteilung der Steuerungsfähigkeit als der Einsichtsfähigkeit, da Letztere bei psychischen Krankheiten häufig nicht beeinträchtigt ist. Nur bei akuten Psychosen ist in der Regel von einer Aufhebung der Einsichts- oder Steuerungsfähigkeit auszugehen. Demgegenüber wird in der Praxis bei dem Vorliegen von Persönlichkeitsstörungen in aller Regel allenfalls von verminderter Schuldfähigkeit ausgegangen.

15.2 Rechtsfolgen

Die Vorschriften über die Schuldunfähigkeit nach § 20 StGB und die verminderte Schuldfähigkeit nach § 21 StGB führen dazu, dass entweder keine Geld- oder Freiheitsstrafe oder nur eine niedrigere Strafe verhängt werden kann. Als strafrechtliche Reaktionen kommen aber auch die Maßregeln der Besserung und Sicherung in Form der Unterbringung in Betracht. Diese knüpfen zwar an eine begangene Straftat an, werden aber nicht als Vergeltung für begangenes Unrecht angeordnet, sondern zum Schutz der Allgemeinheit. Sie haben wie alle Unterbringungen präventiven Charakter.

15.2.1 Unterbringung in einem psychiatrischen Krankenhaus

Eine Unterbringung nach § 63 StGB in einem psychiatrischen Krankenhaus wird angeordnet, wenn jemand eine rechtswidrige Tat im Zustand der Schuldunfähigkeit oder verminderten Schuldfähigkeit begangen hat und »wenn die Gesamtwürdigung des Täters und seiner Tat ergibt, daß von ihm infolge seines Zustandes erhebliche rechtswidrige Taten, durch welche die Opfer seelisch oder körperlich erheblich geschädigt oder erheblich gefährdet werden oder schwerer wirtschaftlicher Schaden angerichtet wird, zu erwarten sind und er deshalb für die Allgemeinheit gefährlich ist«.

Erheblich bedeutet, dass zumindest Straftaten aus dem Bereich der mittleren Kriminalität zu erwarten sein müssen. Zechprellereien oder auch exhibitionistische Handlungen reichen hierfür in der Regel nicht aus. Der Grundsatz der Verhältnismäßigkeit ist auch hier zu beachten (§ 62 StGB). Die Unterbringung in einem psychiatrischen Krankenhaus kann für den Betroffenen aufgrund der grundsätzlich unbestimmten Dauer schwerwiegender sein als eine Strafe.

15.2.2 Unterbringung in einer Entziehungsanstalt

Wird wegen übermäßigen Alkohol- oder Drogenkonsums eine Straftat begangen, wird die Unterbringung nach § 64 StGB in einer Entziehungsanstalt angeordnet, wenn die Gefahr weiterer erheblicher Straftaten besteht.

Die Unterbringung in einer Entziehungsanstalt darf nur verhängt werden, wenn eine hinreichende Erfolgsaussicht besteht. Sie ist in der Regel auf zwei Jahre befristet und die Überprüfung nach § 67e StGB hat mindestens alle sechs Monate stattzufinden.

Im Fall einer Betäubungsmittelabhängigkeit kommt auch die Zurückstellung der Strafvollstreckung oder der Unterbringung in einer Entziehungsanstalt in Betracht, wenn eine der Rehabilitation dienende Behandlung der Abhängigkeit gewährleistet ist (§ 35a BtMG: Therapie statt Strafe).

15.2.3 Aussetzung der Unterbringung zur Bewährung und Erledigung der Unterbringung

Die Unterbringung kann zugleich mit der Anordnung zur Bewährung ausgesetzt werden (§ 67b StGB). Dies kommt z. B. in Betracht, wenn die oder der Betroffene eine rechtliche Betreuung hat und durch alternative Maßnahmen des rechtlichen Betreuers die von dem Betroffenen ausgehende Gefahr abgewendet oder so stark vermindert werden kann, dass auf den Vollzug der Maßregel verzichtet werden kann (BGH vom 12.07.2001 – Az. 4 StR 154/01; R&P 2002, 192). Dies gilt entsprechend bei einer bereits angeordneten zivilrechtlichen oder öffentlich-rechtlichen Unterbringung. Allerdings ist dabei zu beachten, dass die Betreuung und die zivilrechtliche Unterbringung anderen Zwecken dienen als die strafrechtliche Unterbringung.

Die Betroffenen müssen im Fall der Anordnung und Vollstreckung einer Maßregel der Besserung und Sicherung Freiheitsentzug erleiden, obwohl sie krankheitsbedingt keine Verantwortung für ihr Handeln tragen und insoweit keine Schuld auf sich geladen haben. Daher wird von einem Sonderopfer gesprochen, das sie für die Sicherheit der Allgemeinheit erbringen müssen. Allerdings werden die Voraussetzungen für die Verhältnismäßigkeit des Freiheitsentzuges umso strenger, je länger die Unterbringung dauert (BVerfG vom 08.10.1985 – Az. 2 BvR 1150/80; R&P 1986, 25).

Überprüfung Hier hat der Gesetzgeber inzwischen den Verhältnismäßigkeitsgrundsatz konkretisiert. Die Unterbringung in einem psychiatrischen Krankenhaus ist nach Ablauf von sechs Jahren nicht mehr verhältnismäßig, wenn nicht die Gefahr besteht, dass durch die zu erwartenden Straftaten die Opfer seelisch oder körperlich schwer geschädigt bzw. in die Gefahr einer solchen Schädigung gebracht werden (§ 67d Abs. 6 Satz 2 StGB). Dann wird die Maßregel für erledigt erklärt.

Nach zehn Jahren muss die Gefahr bestehen, dass die Opfer seelisch oder körperlich schwer geschädigt werden (§ 67d Abs. 6 Satz 3 StGB). In diesen Fällen bleibt es bei der grundsätzlich unbestimmten Dauer der Unterbringung mit den jährlichen Überprüfungsfristen. Ein externes Gutachten ist nach jeweils drei Jahren, ab einer Dauer des Maßregelvollzugs von sechs Jahren nach jeweils zwei Jahren einzuholen (§ 463 Abs. 4 StPO).

Beendigung Der Freiheitsentzug muss außerdem beendet werden, wenn seine Voraussetzungen weggefallen sind. Nach § 67d Abs. 2 StGB setzt das Gericht die weitere Vollstreckung der Unterbringung zur Bewährung aus, wenn zu erwarten ist, dass die oder der Untergebrachte außerhalb des Maßregelvollzugs keine Straftaten mehr begehen wird.

15.2.4 Prognoseentscheidung

Sowohl die Entscheidung über die Anordnung der Unterbringung als auch die Entscheidung über die Aussetzung der Unterbringung zur Bewährung setzen eine Prognoseentscheidung voraus. Hierfür braucht das entscheidende Gericht ein sachverständiges Gutachten. Da Prognoseentscheidungen in die Zukunft gerichtet sind, können sie naturgemäß fehlerhaft sein. Dies kann bedeuten, dass Betroffene nicht untergebracht werden, obwohl sie noch gefährlich sind, oder untergebracht werden, obwohl sie nicht mehr gefährlich sind.

Um die Risiken der Prognosen zu minimieren, bemüht sich die Prognoseforschung laufend um die Verbesserung der Konzepte. Während lange allein die klinische Erfahrung der jeweiligen Sachverständigen zählte, werden zunehmend Merkmalskataloge einbezogen, in denen vor allem das Ausgangsdelikt, die Vorgeschichte (anamnestische Daten), die aktuelle Persönlichkeitsentwicklung sowie der soziale Empfangsraum, also das

Umfeld, in das der Betroffene nach der Unterbringung zurückkehrt, eine Rolle spielen.

15.3 Maßregelvollzug

Der Vollzug der Maßregeln nach §§ 63 und 64 StGB ist in den Maßregelvollzugsgesetzen der Bundesländer geregelt, sofern diese über eigene Maßregelvollzugsgesetze verfügen. In den übrigen Ländern wird der Maßregelvollzug im PsychK(H)G geregelt. Nicht nur die Form, auch die einzelnen Regeln sind sehr unterschiedlich. Es geht in diesem Zusammenhang vor allem um die Behandlung einschließlich der Vorschriften über die Zwangsbehandlung, die Rehabilitation (Ausbildung, Beschäftigung), die Grundrechte der Untergebrachten und deren Einschränkungen bei Besuchen und Kontakten nach außen (Schriftwechsel, Telefongespräche), den Besitz von Gegenständen, besondere Sicherungsmaßnahmen und die Vollzugslockerungen.

Der Maßregelvollzug dient dem Zweck, die Betroffenen durch Behandlung und Betreuung so weit zu heilen oder ihren Zustand so weit zu bessern, dass sie nicht mehr gefährlich sind (§ 2 Abs. 1 Nds. MRVG).

Die Sicherung der Allgemeinheit ist somit am besten durch Besserung (Therapie) zu erreichen.

15.3.1 Vollzugslockerungen

Die Vollzugslockerungen in Form von Ausführung, Ausgang, Freigang und Beurlaubung bis zum offenen Vollzug spielen für die Vorbereitung der Entlassung aus dem Maßregelvollzug eine entscheidende Rolle. Die Gewährung von Vollzugslockerungen setzt eine Prognoseentscheidung dahingehend voraus, ob eine vorübergehende Freilassung im Hinblick auf das Sicherheitsinteresse der Allgemeinheit verantwortet werden kann. Gleichzeitig sind Vollzugslockerungen wichtige Behandlungsmaßnahmen und dienen der Erprobung der Behandlungsfortschritte.

Auch die Einzelheiten der Vollzugslockerungen sind in den Bundesländern sehr unterschiedlich und zum Teil lückenhaft geregelt.

15.3.2 Zwangsbehandlung im Maßregelvollzug

Die Voraussetzungen für eine Zwangsbehandlung gegen den ausdrücklichen Willen und Widerstand des Betroffenen finden sich in allen Maßregelvollzugsregelungen der Bundesländer. Allerdings erfüllen diese Gesetze nicht oder nicht hinreichend die Vorgaben der Rechtsprechung des BVerfG zur Zulässigkeit einer Zwangsbehandlung im Maßregelvollzug (BVerfG vom 23.03.2011 – Az. 2 BvR 882/09; R&P 2011, 168; zu den Vorgaben der Rechtsprechung des BVerfG siehe S. 32). Dies betrifft vor allem die Frage, ob eine Zwangsbehandlung auch bei Gefahren für Dritte (z. B. Mitpatienten oder das Pflegepersonal) zulässig ist (zur vergleichbaren Problematik bei der Unterbringung nach PsychKHG siehe S. 161ff.).

Umstritten war auch die Frage, ob die zum Teil engen Grenzen für eine Zwangsbehandlung im Maßregelvollzug durch die Bestellung einer rechtlichen Betreuerin umgangen werden können. Dies ist bezüglich der psychischen Erkrankung, die Anlass der Unterbringung in dem psychiatrischen Krankenhaus nach §§ 63, 64 StGB ist, nicht möglich, sondern nur wenn es um eine Behandlung wegen einer in der Regel körperlichen Krankheit der im Maßregelvollzug untergebrachten Person geht (zur Zwangsbehandlung bei Betreuung siehe S. 180f.).

15.3.3 Entlassung und Nachsorge

Mit der Aussetzung der Unterbringung zur Bewährung oder der Erledigung der Maßregel tritt Führungsaufsicht ein, d.h., der Betroffene untersteht einer Aufsichtsstelle und bekommt eine Bewährungshilfe (§ 68a StGB).

Führungsaufsicht Im Rahmen der Führungsaufsicht können Weisungen erteilt werden. Von besonderer Bedeutung ist die Weisung, sich zu bestimmten Zeiten oder in bestimmten Abständen in einer ärztlichen oder psychotherapeutischen Praxis oder in einer forensischen Ambulanz vorzustellen bzw. sich durch eine forensische Ambulanz betreuen und behandeln zu lassen (§ 68b Abs. 1 Nr. 11, Abs. 2 StGB). Dadurch kann auch nach der Entlassung eine Anbindung an die Maßregelklinik erreicht werden.

Die forensischen Ambulanzen sind in der Nachsorge psychisch erkrankter Straftäter von zentraler Bedeutung. Dies gilt auch für besondere Wohnformen für forensische Patientinnen und Patienten, weil diese in den betreuten Wohnformen der allgemeinen psychiatrischen Versorgung häufig nicht aufgenommen werden.

15.3.4 Wiederinvollzugsetzung zur Krisenintervention

Die Vorschrift des § 67h StGB ermöglicht eine befristete Wiederinvollzugsetzung der Unterbringung nach den §§ 63, 64 StGB zur Krisenintervention. Diese Maßnahme ist erforderlich, wenn eine akute Verschlechterung des Zustands des Betroffenen oder ein Rückfall in Suchtverhalten eingetreten ist und ein Widerruf der Aussetzung einer Unterbringung droht. Dadurch soll im Rahmen der forensischen Nachsorge Krisensituationen begegnet werden, ohne dass es zu einem Bewährungswiderruf und damit einem erneuten Maßregelvollzug mit unbestimmter Dauer kommt.

Es muss in diesen Fällen nicht auf eine öffentlich-rechtliche oder zivilrechtliche Unterbringung zurückgegriffen werden. Da die Krisenintervention in der Maßregelklinik stattfindet, sind die Ärzte und Therapeutinnen in der Regel bereits mit der Krankheit und Vorgeschichte der betroffenen Person vertraut. Außerdem können die Wohnung und die sozialen Kontakte des oder der Betroffenen eher erhalten werden.

15.4 Wiederholungsfragen

? Was bedeutet Schuldfähigkeit?
? Welche Folgen ergeben sich aus den Vorschriften über die Schuldunfähigkeit und die verminderte Schuldfähigkeit?
? Was versteht man unter einer Unterbringung in einem psychiatrischen Krankenhaus nach § 63 StGB?
? Was versteht man unter einer Unterbringung in einer Entziehungsanstalt nach § 64 StGB?
? Wann muss der Freiheitsentzug hier beendet werden?
? Was umfasst der Maßregelvollzug?

15.5 Vertiefungsmöglichkeiten

15.5.1 Internet

Fachausschuss Forensik der Deutschen Gesellschaft für Soziale Psychiatrie (DGSP): www.forensik.de

15.5.2 Literatur

Trost, A.; Rogge, S. (2016): Basiswissen: Umgang mit Menschen im Maßregelvollzug. Köln: Psychiatrie Verlag.

16 Haftung psychiatrisch Tätiger

In diesem Kapitel geht es um die rechtliche Verantwortung der in der Psychiatrie tätigen Personen für ihr Handeln und damit um die Sorgfaltspflichten im Rahmen der Berufsausübung.

16.1 Rechtliche Grundlagen der Haftung

Im Zusammenhang mit der Betreuung und Behandlung in psychiatrischen Einrichtungen stellt sich für Betroffene häufig die Frage, ob Einrichtungen oder deren Mitarbeitende für ein eventuelles Fehlverhalten zur Verantwortung gezogen werden können.

Eine rechtliche Verantwortung für das berufliche Handeln psychiatrisch Tätiger kann sich aus strafrechtlichen und zivilrechtlichen Vorschriften ergeben.

Dabei wird im Fall strafrechtlicher Verantwortung ein Strafverfahren mit dem Ziel der Bestrafung des Mitarbeitenden durchgeführt. Zivilrechtlich wird in der Regel die Zahlung von Schadensersatz an den Betroffenen oder Dritte angestrebt.

Zum Schadensersatz gehört auch das Schmerzensgeld. Im Einzelfall kommen ein strafrechtliches sowie ein zivilrechtliches Vorgehen in Betracht. Beide Bereiche schließen sich nicht aus, unterliegen aber zumindest teilweise unterschiedlichen Regelungen (insbesondere im Hinblick auf die Beweisanforderungen).

Eine Verletzung berufsrechtlicher Pflichten kann bereichsspezifisch geregelt sein (z. B. bei der Verletzung von Privatgeheimnissen nach § 203 StGB oder bei Verstoß gegen die Vorschriften des Datenschutzrechts) oder sich nach allgemeinen strafrechtlichen bzw. zivilrechtlichen Vorschriften richten. Rechtliche Betreuerinnen haften gegenüber Betreuten für schuldhafte Pflichtverletzungen (§ 1826 BGB), der gerichtliche Sachverständige für ein grob fahrlässig oder vorsätzlich unrichtig erstelltes Gutachten (§ 839a BGB). Auch in anderen Fällen kann das Erstellen eines falschen ärztlichen Attests oder Gutachtens eine Schadensersatzpflicht auslösen (BGH vom 11.04.1989 – Az. VI ZR 293/88; R&P 1989, 116).

Eine strafrechtliche Verantwortung des einzelnen psychiatrisch Tätigen kommt insbesondere bei einer Schädigung der Gesundheit in Betracht. Strafbarkeit kann insoweit bei vorsätzlicher Körperverletzung (nach § 223 StGB) oder bei fahrlässiger Körperverletzung (nach § 229 StGB) bestehen. Wird durch Fahrlässigkeit der Tod eines Patienten verursacht (z. B. in Zusammenhang mit einem Suizid), kommt Strafbarkeit nach § 222 StGB wegen fahrlässiger Tötung in Betracht. Dabei kann Strafbarkeit nach den vorgenannten Vorschriften nicht nur bei aktivem Handeln, sondern auch im Fall einer Unterlassung vorliegen, wenn eine besondere rechtliche Verantwortung dafür besteht, dass eine bestimmte Folge (Tod oder Schädigung der Gesundheit) nicht eintritt (§ 13 StGB). Die Strafbarkeit durch Unterlassen setzt somit eine sogenannte Garantenstellung (hierzu S. 193f.) voraus.

Strafbarkeit kann sowohl durch eine fehlerhafte Behandlung, die zu einer Gesundheitsschädigung oder zum Tod führt, entstehen als auch durch das Unterlassen einer gebotenen Behandlung.

Im Fall einer rechtswidrigen Unterbringung oder Fixierung kann eine Strafbarkeit wegen Freiheitsberaubung vorliegen (§ 239 StGB). Eine strafbare Körperverletzung liegt auch dann vor, wenn die Behandlung ohne rechtswirksame Einwilligung des Betroffenen oder seiner rechtlichen Betreuerin vorgenommen wird, soweit nicht eine gesetzliche Vorschrift die Behandlung ausnahmsweise ohne Einwilligung erlaubt (zur Zwangsbehandlung siehe S. 52f.).

Eine zivilrechtliche Verantwortung gegenüber Betroffenen kann sowohl bei Vertragsverletzungen als auch bei unerlaubten Handlungen gemäß §§ 823 ff. BGB bestehen und zu Schadensersatzansprüchen gegenüber dem Träger der Einrichtung und deren Mitarbeitenden führen. Die Schutzgüter

Leben, Körper, Gesundheit, Freiheit (§ 823 BGB) entsprechen insoweit den vorgenannten strafrechtlichen Vorschriften. Auch hier gehört wie im Strafrecht die Verantwortung im Fall fehlender Einwilligung sowie unterlassener Behandlungsmaßnahmen dazu. So hat der Bundesgerichtshof z. B. entschieden, dass es zu den auch vertraglich übernommenen Pflichten des Krankenhauses gehört, bei einem suizidgefährdeten Patienten alle Gefahren abzuwenden, die ihm wegen der Krankheit durch sich selbst drohen (BGH vom 23.09.1993 – Az. III ZR 107/92; R&P 1994, 141, und vom 20.05.2000 – Az. VI ZR 377/99; R&P 2001, 42). Die Sorgfaltspflichten sind unabhängig von der Rechtsgrundlage (Vertragsverletzung oder unerlaubte Handlung) gleich zu beurteilen. Wird der oder die Betroffene auf einer geschlossenen Abteilung eines psychiatrischen Krankenhauses behandelt, geht die Rechtsprechung davon aus, dass die Vorschriften der Amtshaftung nach § 839 BGB anzuwenden sind. Das gilt selbst dann, wenn keine Unterbringung vorliegt, sondern die Behandlung mit Einverständnis des Betroffenen und seines Betreuers erfolgt. Auch insoweit sind die oben genannten Schutzgüter betroffen. Der Anspruch richtet sich in diesen Fällen in erster Linie gegen den Träger des Krankenhauses und nicht gegen die Mitarbeitenden (Art. 34 GG).

16.2 Garantenstellung

Eine Garantenstellung entsteht in der Regel durch eine vertragliche Übernahme der Behandlung oder Betreuung. Es muss aber noch kein Behandlungs- oder Betreuungsvertrag zustande gekommen sein oder dieser schon rechtlich wirksam sein. Es genügt vielmehr die tatsächliche Übernahme der Verantwortung für die Gesundheit des oder der Betroffenen. Dies kann bereits bei einem ersten Behandlungskontakt geschehen oder im Rahmen der Tätigkeit in einem Krisen- oder Bereitschaftsdienst.

Für die Garantenstellung ist entscheidend, dass Betroffene darauf vertrauen können, dass ihnen geholfen wird.

Allenfalls bei niedrigschwelligen Beratungsangeboten, die dem oder der Betroffenen den Zugang und die Inanspruchnahme psychiatrischer Hilfsangebote erst ermöglichen sollen, ist zumindest am Anfang des Beratungskontakts nicht von der Verbindlichkeit, die für eine Garantenstellung erforderlich ist, auszugehen. Dies ist aber spätestens dann der Fall, wenn sich die oder der Betroffene zu einer wiederholten oder regelmäßigen Inanspruchnahme des Beratungsangebots entschließt.

Eine Garantenstellung kann sich auch aus gesetzlichen Pflichten ergeben, z. B. im Rahmen des Schutzauftrags des Jugendamts bei der Kindswohlgefährdung nach § 8a SGB VIII oder im Rahmen öffentlicher Aufgabenwahrnehmung nach den Psychisch-Kranken-Gesetzen. Eine Garantenstellung gegenüber Betroffenen besteht daher bei den meisten psychiatrischen Versorgungsangeboten, also bei stationärer und ambulanter Behandlung, in betreuten Wohnformen sowie bei Sozialpsychiatrischen Diensten und Krisendiensten, und zwar unabhängig davon, ob sie in öffentlich-rechtlicher oder privatrechtlicher Trägerschaft sind.

Weiter können sich aus gesetzlichen Aufgaben Pflichten gegenüber Dritten ergeben, z. B. nach den Unterbringungs- bzw. Psychisch-Kranken-Gesetzen, die auch der Abwehr von Gefahren für Dritte dienen. Dazu gehören u.a. die Gewährung von Vollzugslockerungen im Maßregelvollzug und die Aufsichtspflicht in der Kinder- und Jugendpsychiatrie.

16.3 Sorgfaltspflichten und berufliche Standards

Das Vorliegen einer Garantenstellung gegenüber Betroffenen oder einer gesetzlichen Pflicht gegenüber Dritten begründet für sich genommen ebenso wenig die straf- oder zivilrechtliche Verantwortung von Mitarbeitenden wie die Verletzung eines geschützten Rechtsguts.

Für eine rechtliche Verantwortung der psychiatrisch Tätigen muss die schuldhafte Verletzung der jeweiligen beruflichen Sorgfaltspflichten hinzukommen. Außerdem muss ein Eingreifen zumutbar sein.

Die Sorgfaltspflichten richten sich nach den allgemein anerkannten fachlichen Standards der jeweiligen Berufsgruppe (§ 630a Abs. 2 BGB für die medizinische und psychotherapeutische Behandlung). Weitere Berufspflichten ergeben sich aus der Musterberufsordnung für Ärztinnen und Ärzte (hierzu S. 19).

Zu den beruflichen Sorgfaltspflichten gehört es auch, andere Berufsgruppen hinzuzuziehen, wenn die eigenen Kenntnisse und Fähigkeiten nicht ausreichen. Allerdings sind die fachlichen Standards in anderen Berufsgruppen, insbesondere in der sozialen Arbeit, bei Weitem nicht so genau definiert wie in der Medizin. Die Folge ist, dass die Rechtsprechung hinsichtlich der rechtlichen Verantwortung der Mitarbeiterinnen und Mitarbeiter psychiatrischer Einrichtungen ganz überwiegend die dort tätigen Ärztinnen und Ärzte und den stationären Bereich betrifft.

Für alle beteiligten Berufsgruppen ist es wichtig, im Zweifel darlegen zu können, dass das berufliche Handeln in Übereinstimmung mit den fachlichen Standards der jeweiligen Berufsgruppe stand. Hierbei kann eine sorgfältige Dokumentation hilfreich sein.

Dabei kommt es darauf an, dass im Konfliktfall eine fachlich begründete und nachvollziehbare Entscheidung getroffen wurde. Bei schwierigen Entscheidungen kann es sinnvoll sein, Mitarbeitende anderer Berufsgruppen hinzuzuziehen oder eine Entscheidung im Team zu treffen, d.h. die fachliche Verantwortung auf mehrere Schultern zu verteilen. Bei einer begründeten fachlichen Entscheidung wird es kaum zur Annahme einer Verletzung von Sorgfaltspflichten kommen, selbst wenn Betroffenen oder Dritten Schäden entstehen.

16.3.1 Pflichten zur Verhinderung eines Suizids

Die straf- und zivilrechtliche Rechtsprechung hat sich insbesondere immer wieder mit den ärztlichen Pflichten zur Verhinderung eines Suizids im psychiatrischen Krankenhaus beschäftigt. Sie ist in ihren Grundsätzen auf die Mitarbeiterinnen und Mitarbeiter ambulanter Angebote und von betreuten Wohnformen übertragbar. Die bereits oben erwähnte Pflicht zur

Abwendung der Gefahren, die einem suizidgefährdeten Patienten durch sich selbst entstehen, besteht allerdings nur im Rahmen des Erforderlichen und des für das Krankenhauspersonal und den Betroffenen Zumutbaren. Das bedeutet konkret: Da ein Suizid auch während des Aufenthalts in einem psychiatrischen Krankenhaus niemals mit absoluter Sicherheit vermieden werden kann, können entwürdigende Überwachungs- und Sicherungsmaßnahmen nicht verlangt werden, weil sie den Aufbau einer Erfolg versprechenden, auf einer vertrauensvollen Beziehung beruhenden Therapie gefährden (BGH vom 23.09.1993 – Az. III ZR 107/92; R&P 1994, 141).

Die Abwägung zwischen Sicherungs- und Therapieerwägungen ist immer im Einzelfall vorzunehmen. Ohne besondere Umstände kann nicht verlangt werden, dass auf der offenen Station einer psychiatrischen Klinik alle Türen und Fenster verschlossen werden (BGH vom 20.05.2000 – Az. VI ZR 377/99; R&P 2001, 42).

Allerdings kann am Beginn einer Aufnahme in ein psychiatrisches Krankenhaus der Sicherungsaspekt im Vordergrund stehen und im Einzelfall auch eine geschlossene Unterbringung erfordern, wenn einer akuten Suizidgefahr anders nicht begegnet werden kann und eine therapeutische Beziehung noch nicht aufgebaut werden konnte.

Der Träger eines psychiatrischen Krankenhauses hat durch organisatorische Maßnahmen die Beobachtung einer suizidgefährdeten Patientin zu gewährleisten. Hierfür kann der Einsatz von Sitzwachen geboten sein. Auf eine unzureichende personelle Besetzung der Station kann sich der Träger des Krankenhauses nicht berufen. Übertragen auf den ambulanten Bereich bedeutet dies, dass bei Zugrundelegung einer Garantenstellung im Einzelfall bei akuter Suizidalität eine geschlossene Unterbringung nach dem PsychK(H)G durch die dafür zuständigen Institutionen veranlasst werden muss, wenn keine anderen therapeutischen Maßnahmen (ein ärztliches oder psychotherapeutisches Gespräch, Medikation, Sitzwache oder engmaschige Betreuung) greifen.

16.3.2 Sorgfaltspflichten in Heimen

Die Rechtsprechung hat sich auch immer wieder mit den Sorgfaltspflichten von Heimträgern bzw. Mitarbeitenden von Heimen gegenüber den Bewohnerinnen und Bewohnern beschäftigt, insbesondere bei sturzbedingten Verletzungen. Dabei ist grundsätzlich davon auszugehen, dass Heimverträge auch die Verpflichtung beinhalten, die Bewohner vor Schädigungen zu schützen, die diesen wegen Krankheit oder Behinderung durch sich selbst oder durch die Einrichtung und bauliche Gestaltung des Heims drohen (BGH vom 28.04.2005 – Az. III ZR 399/04; R&P 2005, 151). Entscheidend ist, ob im Einzelfall ernsthaft damit gerechnet werden musste, dass die Person sich ohne Sicherungsmaßnahmen selbst schädigen könnte (BGH vom 14.01.2021 – Az. III ZR 168/19; R&P 2021, 176).

Dies entspricht der Rechtsprechung zu den Pflichten zur Verhinderung eines Suizids im psychiatrischen Krankenhaus. Der BGH hat die Pflichten des Heimes aber begrenzt auf die in Heimen üblichen Maßnahmen, die mit einem vernünftigen finanziellen und personellen Aufwand realisierbar sind, und außerdem betont, dass im Rahmen der im Einzelfall gebotenen Abwägung auch die Würde und das Selbstbestimmungsrecht der Bewohnerinnen und Bewohner zu berücksichtigen sind. Dabei ist in der Regel auch die Entscheidung eines rechtlichen Betreuers, keinen Antrag auf Fixierung bei dem zuständigen Betreuungsgericht zu stellen, zu respektieren.

16.3.3 Schadensersatzansprüche bei Unterbringung und Fixierung

Eine rechtswidrige Unterbringung oder Fixierung kann Schadensersatzansprüche auslösen oder im Einzelfall Strafbarkeit wegen Freiheitsberaubung nach § 239 StGB begründen. Dies ist z. B. dann der Fall, wenn Betroffene ohne Einwilligung der rechtlichen Betreuer und ohne gerichtliche Entscheidung in einem psychiatrischen Krankenhaus festgehalten oder fixiert werden.

Bei einer Unterbringung nach dem PsychK(H)G bzw. im Maßregelvollzug entscheidet das Krankenhaus zunächst selbst im Rahmen der gesetzlichen Vorgaben über die Zulässigkeit weiterer Sicherungsmaßnahmen. Wenn die körpernahe Fixierung länger als 30 Minuten dauert, ist eine weitere gerichtliche Entscheidung erforderlich.

Im Fall einer Fixierung ist außerdem eine Eins-zu-eins-Betreuung durch therapeutisches oder pflegerisches Personal sicherzustellen (BVerfG vom 24.07.2018 – Az. 2 BvR 309/15 und 502/16; R&P 2018, 236). Eine Freiheitsentziehung aus dem Gesichtspunkt des rechtfertigenden Notstands (§ 34 StGB) zur Abwehr von Gefahren für Betroffene selbst oder Dritte ist im Übrigen nur vorübergehend zulässig. Unverzüglich ist eine gerichtliche Entscheidung zu beantragen bzw. sind die Einwilligung des oder der Betreuenden bzw. Bevollmächtigten sowie die betreuungsgerichtliche Genehmigung einzuholen.

16.3.4 Schadensersatzansprüche bei Medikamentenbehandlung

Schwierig zu beurteilen sind Schadensersatzansprüche wegen der Spätfolgen einer Medikamentenbehandlung. Hier geht es insbesondere um Spätdyskinesien als Folge einer Behandlung mit Neuroleptika. Dabei ist zunächst zu klären, ob die Behandlung hinsichtlich Indikation und Dosierung den fachlichen Standards entsprochen hat. Selbst wenn dies der Fall ist, kommt eine Haftung in Betracht, wenn der Betroffene nicht ausreichend über die möglichen Nebenwirkungen aufgeklärt worden ist und damit keine wirksame Einwilligung in die Behandlung erklären konnte (zur Aufklärungspflicht siehe S. 47).

16.3.5 Aufsichtspflichtverletzung

Die Haftung gegenüber Dritten stellt sich in erster Linie im Rahmen der Aufsichtspflichtverletzung nach § 832 BGB und damit im Bereich der Kinder- und Jugendpsychiatrie. Die Aufsichtspflicht wird in diesem Fall nach § 832 Abs. 2 BGB von den sorgeberechtigten Personen (Eltern) auf den Träger der Einrichtung übertragen.

Gerade bei verhaltensauffälligen und psychisch kranken Kindern und Jugendlichen kann es zur Aufsichtspflicht gehören, zu verhindern, dass diese Dritten Schaden zufügen. Dabei sind das individuelle Krankheitsbild, pädagogische und therapeutische Erfolge sowie die Förderung der Selbstständigkeit gerade älterer Jugendlicher zu berücksichtigen.

Bei der Unterbringung in einer offenen Station der Kinder- und Jugendpsychiatrie kann es erforderlich sein, das Freizeitverhalten der Patientinnen und Patienten zu überwachen, wenn es Anhaltspunkte für schädigendes oder deliktisches Verhalten in der Vorgeschichte gibt (BGH vom 19.01.1984 – Az. III ZR 172/82; NJW 1985, 677).

Im Einzelfall kann auch die Aufnahme einer volljährigen Person in einem Heim oder einer Werkstatt für behinderte Menschen eine Aufsichtspflicht begründen. Dabei ist aber das Selbstbestimmungsrecht auch behinderter Menschen zu berücksichtigen.

16.3.6 Haftung von Betreuerinnen und Betreuern

Rechtliche Betreuerinnen und Betreuer haben in der Regel keine Aufsichtspflicht im Sinn des § 832 BGB, es sei denn, ihnen ist die Aufsichtspflicht ausdrücklich als Aufgabenkreis übertragen. Gegenüber dem Betreuten besteht aber die Haftung gemäß § 1826 BGB wegen schuldhafter Pflichtverletzung im Rahmen der übernommenen Aufgabenbereiche.

16.4 Wiederholungsfragen

? Was ist unter einer Garantenstellung zu verstehen?
? Welche Sorgfaltspflichten und berufliche Standards ergeben sich für in der Psychiatrie beruflich Tätige?
? Welche Pflichten ergeben sich zur Verhinderung eines Suizids?
? Wie können die Sorgfaltspflichten von Heimträgern bzw. Mitarbeitenden von Heimen gegenüber den Heimbewohnerinnen und -bewohnern erklärt werden?
? Unter welchen Voraussetzungen sind Schadensersatzansprüche bei Unterbringung und Fixierung denkbar?
? Unter welchen Voraussetzungen ist eine Haftung wegen einer Aufsichtspflichtverletzung möglich?

17 Wege zum Recht: Rechtswahrnehmung und Interessenvertretung

In diesem Kapitel geht es darum, wie Betroffene zu ihrem Recht kommen und wer sie beraten und unterstützen kann.

17.1 Beratung und Unterstützung

Recht haben bedeutet nicht in jedem Fall, auch Recht zu bekommen. Um die Rechte in Einrichtungen durchzusetzen, gibt es die Möglichkeit, sich an die hierfür eingerichteten Kontrollinstanzen zu wenden, z. B. die Heimaufsicht für den Bereich von Heimen oder Wohnformen, die Patientenfürsprecher und die Besuchskommissionen für den Bereich psychiatrischer Krankenhäuser. Es ist auch möglich, anwaltliche Hilfe in Anspruch zu nehmen. Dies muss nicht zwangsläufig mit Kosten verbunden sein. Entsprechendes gilt für die Durchsetzung sozialer Rechte und die Rechtswahrnehmung in Betreuungs- und Unterbringungsverfahren.

17.1.1 Patientenfürsprecher, Besuchskommissionen und Beschwerdestellen

Die Krankenhausgesetze der meisten Bundesländer sehen die Bestellung von Patientenfürsprechern für den Bereich der Krankenhäuser vor. In einigen Bundesländern ist die Einsetzung von Patientenfürsprecherinnen auch im PsychK(H)G geregelt.

Patientenfürsprecher haben jederzeit Zugang zu allen Räumen der geschlossenen Stationen und zu den Betreuungsbereichen. Sie prüfen Wünsche und Beschwerden der Patientinnen und Patienten. Bei Anregungen oder Beanstandungen beraten sie die Mitarbeitenden der Einrichtungen. Werden schwerwiegende Mängel bei der Unterbringung oder Behandlung festgestellt, informiert der Patientenfürsprecher die ärztliche Leitung der Einrichtung und die Aufsichtsbehörde (§ 25 ThürPsychKG).

Die meisten PsychK(H)G sehen außerdem die Einrichtungen von Besuchskommissionen vor, die regelmäßig die Einrichtungen, in denen psychisch erkrankte Menschen untergebracht werden, besuchen und die Unterbringungsbedingungen überprüfen (z. B. Art. 37 BayPsychKHG, § 23 NRWPsychKG). Es besteht auch die Möglichkeit, sich – soweit vorhanden – an eine unabhängige Beschwerdestelle zu wenden, die eine unabhängige Information und Beratung der Betroffenen und eine nachhaltige Interessenvertretung bieten soll.

17.1.2 Heimaufsicht

Mit der Föderalismusreform 2006 wurde die Gesetzgebungszuständigkeit für das Heimrecht teilweise vom Bund auf die Bundesländer übertragen. Dies betrifft die öffentlich-rechtlichen Aufsichtspflichten, die nunmehr in jedem Bundesland in einem eigenen Gesetz geregelt sind. Das Heimrecht dient dem Schutz der Würde, der Interessen und Bedürfnisse der Bewohnerinnen und Bewohner von Einrichtungen vor Beeinträchtigungen und will insbesondere deren Selbstständigkeit, Selbstbestimmung und Selbstverantwortung wahren und fördern. Dem dienen die Sicherstellung der Mitwirkung der Heimbewohnerinnen und -bewohner in Heimbeiräten sowie eine dem allgemeinen Stand der fachlichen Erkenntnisse entsprechende Qualität des Wohnens und der Betreuung.

Traditionell versteht man unter Heimen Einrichtungen, die ältere Menschen sowie pflegebedürftige oder behinderte volljährige Menschen aufnehmen, ihnen Wohnraum überlassen sowie Betreuung und Verpflegung zur Verfügung stellen oder vorhalten und die in ihrem Bestand vom Wechsel sowie der Zahl der Bewohnerinnen und Bewohner unabhängig sind.

Für die psychiatrische Versorgung ist von Bedeutung, dass auch betreute Wohnformen in den Anwendungsbereich des Heimrechts einbezogen werden.

Zugelassene Pflegeeinrichtungen unterliegen außerdem den Qualitätsprüfungen der §§ 114 ff. SGB XI.

17.1.3 Unterstützung bei Behandlungsfehlern

Die Krankenkassen sollen ihre Mitglieder bei Behandlungsfehlern unterstützen und insbesondere über Möglichkeiten zur Durchsetzung von Rechten bei ärztlichen Pflichtverletzungen aufklären (§ 66 SGB V).

Teilweise bieten auch Verbraucherzentralen sowie die an einigen Orten bestehenden Patientenstellen Information und Unterstützung an.

17.2 Rechtswahrnehmung und Vertretung in behördlichen und gerichtlichen Verfahren

Gegen Entscheidungen der Sozialleistungsträger (z. B. der Krankenkasse, der Arbeitsagentur oder des Sozialamts) können Rechtsmittel eingelegt werden, wenn
- die Gründe für die Ablehnung nicht mitgeteilt wurden oder
- die Gründe für die Ablehnung nicht zutreffen.

17.2.1 Widerspruch

Wenn ein Antrag auf Sozialleistungen abgelehnt worden ist, kann gegen die Ablehnung Widerspruch eingelegt werden.

Widerspruchsfrist Bescheide über die Gewährung oder Ablehnung einer Sozialleistung müssen eine Rechtsbehelfsbelehrung enthalten, in der auch eine Widerspruchsfrist angegeben ist. Diese beträgt einen Monat ab Zugang des Bescheides. Fehlt diese Belehrung, beträgt die Frist zum Einlegen eines Widerspruchs ein Jahr.

17.2.2 Klage beim Sozialgericht bzw. Verwaltungsgericht

Über den Widerspruch wird durch einen Widerspruchsbescheid entschieden. Wird der Widerspruch zurückgewiesen, besteht die Möglichkeit, innerhalb eines Monats nach Zugang bei dem zuständigen, in der Rechtsmittelbelehrung bezeichneten Gericht Klage einzulegen.

Zuständigkeiten In sozialrechtlichen Angelegenheiten sind die Sozialgerichte zuständig für Fragen aus dem Bereich der Kranken-, Pflege-, Renten-, Unfallversicherung, der Sozialhilfe, des Arbeitsförderungsrechts und Teilen des Schwerbehindertenrechts. Für den Bereich des Wohngelds, der Kinder- und Jugendhilfe sowie Teile des Schwerbehindertenrechts, die zu den Aufgaben der Integrationsämter gehören, sind die Verwaltungsgerichte zuständig.

17.2.3 Antrag auf einstweilige Anordnung

In dringenden Fällen kann auch ein Antrag auf einstweilige Anordnung gestellt werden. Dies betrifft vor allem Leistungen zur Existenzsicherung sowie die Kostenübernahme für Einrichtungen und betreute Wohnformen, da hier der reguläre Verlauf des Widerspruchs- und Klageverfahrens viel zu lange dauern würde.

17.2.4 Beratungs- und Prozess- bzw. Verfahrenskostenhilfe

Personen mit geringem Einkommen können zur Rechtsberatung die Beratungshilfe und bei einem gerichtlichen Verfahren Prozess- bzw. Verfahrenskostenhilfe in Anspruch nehmen. Der Antrag auf Prozess- bzw. Verfahrenskostenhilfe ist bei dem für das Verfahren zuständigen Gericht zu stellen. In den meisten Verfahren handelt es sich um Prozesskostenhilfe. In Familiensachen sowie bei Betreuungs- und Unterbringungsverfahren wird von Verfahrenskostenhilfe gesprochen.

Für die Bewilligung von Prozesskostenhilfe muss das Gerichtsverfahren hinreichende Erfolgsaussichten bieten. Die Prozesskostenhilfe übernimmt je nach Einkommens- und Vermögensverhältnissen voll oder teilweise die anfallenden Gerichtskosten sowie die eigenen Anwaltskosten. Nicht übernommen werden jedoch die Kosten, die gegebenenfalls dem Gegner zu erstatten sind. Da Verfahren bei den Sozialgerichten gerichtskostenfrei sind und sich die Behörden in aller Regel selbst vertreten, ist das Risiko, auf Kosten sitzen zu bleiben, bei sozialrechtlichen Angelegenheiten jedoch gering.

17.3 Interessenvertretung in Betreuungs- und Unterbringungsverfahren

Da Betroffene in Betreuungs- und Unterbringungsverfahren häufig nicht über einen eigenen Rechtsanwalt verfügen, ist die gerichtliche Bestellung eines Verfahrenspflegers grundsätzlich eine wichtige Maßnahme, um die eigenen Interessen und Sichtweisen in das Verfahren einzubringen.

Verfahrenspflegerinnen und -pfleger Das Gesetz sieht, soweit dies zur Wahrnehmung der Interessen des Betroffenen erforderlich ist, im Betreuungsverfahren (§ 276 FamFG) und im Unterbringungsverfahren (§ 317 FamFG) die Bestellung eines Verfahrenspflegers vor. Die Bestellung eines Verfahrenspflegers ist grundsätzlich nicht notwendig, wenn der oder die Betroffene selbst eine Verfahrensbevollmächtigte (z. B. eine Rechtsanwältin) beauftragt hat. Aufgabe des Verfahrenspflegers ist es, dem Betroffenen im Betreuungs- bzw. Unterbringungsverfahren rechtliches Gehör zu verschaffen und die Wünsche des Betroffenen festzustellen und im Verfahren zur Geltung zu bringen. Die Aufgaben werden in der Praxis sehr unterschiedlich wahrgenommen. Erforderlich ist eine engagierte Interessenvertretung mit vorheriger Kontaktaufnahme zu der betroffenen Person und Klärung der Situation vor der richterlichen Anhörung.

Eine wichtige Voraussetzung für eine Interessenvertretung durch Verfahrenspflegerinnen und -pfleger ist, dass sie rechtzeitig bestellt werden, damit ein schneller Kontakt zu dem Betroffenen hergestellt werden kann.

Hierbei ergeben sich vor allem bei den Unterbringungsverfahren nach den landesrechtlichen Regelungen regelmäßig Probleme, weil dem gerichtlichen Unterbringungsverfahren meistens schon eine sofortige Unterbringung vorausgegangen ist. Die Kosten für eine vom Gericht bestellte Verfahrenspflegerin müssen von den Betroffenen übernommen werden, sofern keine Mittellosigkeit besteht. Anderenfalls übernimmt die Kosten die Staatskasse.

17.4 Wiederholungsfragen

? Welche Unterstützungen gibt es zur Durchsetzung von Rechten im Kontext der Psychiatrie?
? Wann ist ein Widerspruch oder eine Klage denkbar?
? Wann kommt Prozess- bzw. Verfahrenskostenhilfe in Betracht?
? Welche Aufgaben haben Verfahrenspflegerinnen und -pfleger in Betreuungs- bzw. Unterbringungsverfahren?

17.5 Vertiefungsmöglichkeiten

17.5.1 Internet

Bundesnetzwerk unabhängige Beschwerdestellen Psychiatrie mit Adressliste: http://www.beschwerde-psychiatrie.de/

Rechte in Pflegeeinrichtungen: https://www.verbraucherzentrale.de/wissen/gesundheit-pflege/pflege-im-heim/ihre-rechte-in-pflegeeinrichtungen-10786

Anhang

Wichtige Internetadressen

www.bar-frankfurt.de Die Bundesarbeitsgemeinschaft für Rehabilitation (BAR) hält Empfehlungen der Rehabilitationsträger vor.

www.beschwerde-psychiatrie.de Liste der Beschwerdestellen und Patientenfürsprecherinnen und -fürsprecher

www.bgt-ev.de In der Infothek des Betreuungsgerichtstags e.V. (BGT) finden sich allgemeine Informationen zum Betreuungsrecht.

www.bundesgerichtshof.de

www.bundessozialgericht.de

www.bundesverfassungsgericht.de

www.forensik.de Internetportal zu Fragen der forensischen Psychiatrie

www.g-ba.de Der Gemeinsame Bundesausschuss (G-BA) bestimmt in Form von Richtlinien den Leistungskatalog der gesetzlichen Krankenversicherung.

www.gesetze-im-internet.de Das gesamte Bundesrecht im Internet

www.mds-ev.de Website des Medizinischen Dienstes der Spitzenverbände der Krankenkassen

www.psychiatrie.de Psychiatrienetzwerk mit wichtigen Informationen zu Entwicklungen in der Sozialpsychiatrie

www.tacheles-sozialhilfe.de Hier finden sich wichtige Informationen und Gerichtsentscheidungen zum SGB II und SGB XII.

Zeitschriften

Die »Betreuungsrechtliche Praxis« ist die führende Fachzeitschrift auf dem Gebiet des Betreuungsrechts (BtPrax) und bietet Informationen und konkrete Praxishilfe zum Betreuungsrecht. www.btprax.de

Die »Psychosoziale Umschau« informiert Psychiatrieerfahrene, Angehörige psychisch Kranker, Bürgerhelferinnen und -helfer, Beschäftigte im Gesundheitswesen sowie Fachleute in Verwaltung und Politik. www.psychiatrie-verlag.de/zeitschriften/psychosoziale-umschau.html. Die Rubrik »Recht konkret« behandelt für die Psychiatrie typische Rechtsfragen. Alle Beiträge sind online zu finden: https://psychiatrie-verlag.de/recht-konkret/

»Recht & Psychiatrie« (R&P) ist die führende interdisziplinär ausgerichtete Fachzeitschrift, die sich mit Rechtsfragen in der Psychiatrie beschäftigt. www.psychiatrie-verlag.de/zeitschriften/recht-psychiatrie.html

Weiterführende Literatur

Brosey, D.; Lesting, W.; Loer, A.; Marschner, R. (2022): Betreuungsrecht kompakt. 9. Aufl. München: C.H. Beck.

Bundesarbeitsgemeinschaft für Rehabilitation (2020): Arbeitshilfe für die Rehabilitation und Teilhabe psychisch kranker und behinderter Menschen.

Deutscher Verein für öffentliche und private Fürsorge e.V. (Hg.) (2007): Abgrenzung von rechtlicher Betreuung und Sozialleistungen. Berlin: Lambertus.

Fasselt, U.; Schellhorn, H. (2021): Handbuch Sozialrechtsberatung. 6. Aufl. Baden-Baden: Nomos.

Jürgens, A. (2022): Betreuungsrecht: Kommentar. 7. Aufl. München: C.H. Beck.

Kammeier, H.; Pollähne, H. (2018): Maßregelvollzugsrecht. 4. Aufl. Berlin: De Gruyter.

Konrad, M. (2022): Die Assistenzleistung. Anforderungen an die Eingliederungshilfe durch das BTHG. 2. Aufl. Köln: Psychiatrie Verlag.

Konrad, M.; Dellmann, S. (2022): Rehabilitation und Teilhabe wie aus einer Hand. Vom Gesetz zur Praxis. Köln: Psychiatrie Verlag.

Marschner, R.; Lesting, W.; Stahmann, R. (2019): Freiheitsentziehung und Unterbringung. 6. Aufl. München: C.H. Beck.

Nedopil, N.; Müller, J.L. (2017): Forensische Psychiatrie. 5. Aufl. Stuttgart: Thieme.

Rosemann, M. (2018): BTHG: Die wichtigsten Neuerungen für die psychiatrische Praxis. Köln: Psychiatrie Verlag.

Welke, A. (2012): UN-Behindertenrechtskonvention: Kommentar mit rechtlichen Erläuterungen. Berlin: Lambertus.

Zinkler, M.; Laupichler, K.; Osterfeld, M. (2016): Prävention von Zwangsmaßnahmen. Menschenrechte und therapeutische Kulturen in der Psychiatrie. Köln: Psychiatrie Verlag.

Zinkler M.; Mahlke, C.; Marschner, R. (2019): Selbstbestimmung und Solidarität. Unterstützte Entscheidungsfindung in der psychiatrischen Praxis. Köln: Psychiatrie Verlag.